Bauwelt Fundamente 30

Herausgegeben von Ulrich Conrads
unter Mitarbeit von
Gerd Albers, Adolf Arndt,
Lucius Burckhardt, Werner Kallmorgen,
Hermann Mattern, Julius Posener,
Hans Scharoun

Erving Goffman

Verhalten in sozialen Situationen

Strukturen und Regeln der Interaktion im öffentlichen Raum

Bertelsmann Fachverlag

Titel der amerikanischen Originalausgabe: Behavior in Public Places
Notes on the Social Organization of Gatherings
4. Auflage 1969. The Free Press, New York
Aus dem Amerikanischen von Hannah Herkommer

© 1971 Verlagsgruppe Bertelsmann GmbH/Bertelsmann Fachverlag,
Gütersloh · 1
Umschlagentwurf von Helmut Lortz
Gesamtherstellung Mohndruck Reinhard Mohn OHG, Gütersloh
Alle Rechte vorbehalten
Printed in Germany · ISBN 3 570-08630-5

Inhalt

Geleitwort zur deutschen Ausgabe 7
Vorbemerkung 13

Teil I Einführung

1. Kapitel: Fragestellung 15
2. Kapitel: Einleitende Definitionen 24

Teil II Nicht-zentrierte Interaktion

3. Kapitel: Engagement 41
   1. Die Sprache des Körpers 41
   2. Situierte Engagements 43
   3. Abgeschirmtes Engagement 46

4. Kapitel: Einige Regeln über die Zuwendung von Engagement 50
   1. Das Handhaben untergeordneter Engagements 52
   2. Auflagen für Hauptengagements 57
   3. Spielräume für Desinteresse 65

5. Kapitel: Einige Regeln über die Objekte von Engagement 69
   1. Selbst-Engagements 69
   2. Geistige Absenz (Away) 74
   3. Okkulte Engagements 79

Teil III Zentrierte Interaktion

6. Kapitel: Blickkontakte 84
   1. Höfliche Gleichgültigkeit 84
   2. Die Struktur von Blickkontakten 89
   3. Zugänglichkeit 104
   4. Rechte auf Abgang 110

7. Kapitel: Bekanntschaft 111
   Offenes Schneiden 114

8. Kapitel: Kontakte zwischen Unbekannten 121
  1. Exponierte Positionen 122
  2. Eröffnungspositionen 125
  3. Gegenseitige Offenheit 128
  4. Umgehungen und Brüche 136
  5. Gegenkontrolle 142

Teil IV Zugängliche Begegnungen

9. Kapitel: Kommunikationsgrenzen 144
  1. Situationelle Abgrenzungen per Konvention 144
  2. Zugängliche Begegnungen 146
  3. Begegnungsabgrenzung per Konvention 148
10. Kapitel: Die Regelung wechselseitiger Engagements 157
  1. Beschränkungen 157
  2. Anlaßgemäßes wechselseitiges Engagement 160
  3. Sich-Treiben-Lassen 163
  4. Abschirmen 166
11. Kapitel: Unkonzentrierte Teilnahme 168
  1. Ablenkung von Aufmerksamkeit 168
  2. Geheimes Einverständnis
     über die Grenzen von Begegnungen hinweg 170
  3. Szenen 173
  4. Im-Stich-Lassen 176

Teil V Interpretationen

12. Kapitel: Struktur und Funktion
    situationeller Anstandsformen 179
13. Kapitel: Rigidität und Freizügigkeit 183
14. Kapitel: Die symptomatische Bedeutung
    situationeller Inadäquanzen 198
  1. Die Bezugsgruppe 202
  2. Soziale Einrichtungen 205
  3. Soziale Beziehungen 208
  4. Kontakte 211
15. Kapitel: Schlußfolgerungen 221

Geleitwort zur deutschen Ausgabe

Unsere Gesellschaft entdeckt ihre Zukunft. Die in den Medien, in der Tagungsindustrie und auf dem Büchermarkt gängigen Themen weisen das aus. Der Exodus aus der leidigen Gegenwart, von dem bisher wirkungsvollsten aller Soziologen, Karl Marx begonnen, gewinnt an Breite. Die Faszination, die noch heute von Namen wie Kennedy ausgeht, hat nicht zuletzt in deren Orientierung an der Zukunft ihren Grund.
Als die Methode, Zukunft zu bewältigen, gilt die Planung. Geplant wird heute allerorten, und immer mehr Ordnungsvollzüge werden Planung genannt. Daher steigt die Zahl der Planer. Weitaus schneller noch steigt die ihnen gegenüber gehegte Erwartung. Von ihnen wird erhofft, daß sie die Last der bestehenden Probleme wegplanen und die Gesellschaft der Zukunft errichten. Wie groß man den Abstand zwischen Erwartung und möglicher Realisierung auch einschätzen mag, sicher scheint zu sein, daß räumliche und städtebauliche Planung ein härteres Geschäft wird. Schon beginnt sich abzuzeichnen, daß Planer zu Zielfiguren allgemeinen Unmuts werden.
Für dieses Umschlagen angesichts zunehmender Erwartungen gibt es Gründe. Zum einen sehen sich die Planungsbemühungen mit immer komplexeren Umwelten konfrontiert. Zum anderen sind technische, vor allem aber soziale Entwicklungen in immer geringerem Maße prognostizierbar. Jede veröffentlichte Prognose sozialer Trends wirkt über das Bewußtsein auf das soziale Verhalten zurück. Manche Prognosen werden geradezu mit der Absicht aufgestellt, entsprechendes Verhalten zu erzeugen. Der schlichte Sachverhalt, daß Prognosen ihre wie auch immer gearteten Auswirkungen haben, vernichtet ihre Objektivität.
Derartige Schwierigkeiten entlassen nicht aus der Pflicht zur Vorausschau. Geplant muß werden. Andere an sich denkbare Wege, in der von uns hervorgebrachten Welt zu überleben, sind nicht mehr gangbar. Der sich beschleunigende technische und soziale Wandel muß, sozusagen als Materialkonstante, in die Planung mit aufgenommen werden. Das gilt in besonderer Weise gerade dort, wo unsere Gesell-

schaft ihrer eigenen Zukunft schon seit eh und je harte und langlebige Formen vorgegeben hat, nämlich in den Bereichen der rechtlichen und der baulichen Fixierung. Gesellschaftliche Normierungen und institutionalisierte Erwartungen, umbaute Räume und trassierte Verkehrswege legen Entwicklungen auf nur schwer veränderbare Weise fest. Einbeziehung des Wandels kann hier nur heißen, daß bestimmte Möglichkeiten der Entwicklung nicht völlig zugebaut werden. Entfaltungsräume und Fortschreibungsmöglichkeiten sind mit einzuplanen.
Hier entstehen immense Datenerfassungs- und Informationsverarbeitungsprobleme. Welche Faktoren sind für eine Entwicklung überhaupt relevant? Wie können sie erfaßt werden? Ehe sich Datenmassen, wie sie heute zum Beispiel in der Astronomie oder Meteorologie laufend anfallen, sinnvoll verwenden lassen, mußten in zäher Kleinarbeit die belangvollen Dimensionen eröffnet werden, in denen Informationen gesammelt werden können. Am Anfang eines solchen Vorhabens stehen Beobachtungen und Definition sogenannter Fakten. Eine Fülle von Versuchsanordnungen muß durchgespielt, Unmengen mehr oder weniger wichtiger Beobachtungen müssen registriert werden, bevor die Matrizen erstellt werden können, die die relevanten Informationen kanalisieren. Das gilt insbesondere für den so lange vernachlässigten sozialwissenschaftlichen Bereich. Gerade die hier zu erhebenden Daten sind für räumliche und städtebauliche Entwicklung von entscheidender Bedeutung. Die Steuerung solcher Entwicklungen setzt damit Forschungsvorhaben gigantischen Ausmaßes voraus.
Informationsbeschaffung ist mit Kosten verbunden. Sie können im einzelnen Fall so hoch ansteigen, daß sie den erstrebten Nutzen verzehren. Es gibt demnach Grenzen, über die hinaus weitere Informationsbemühungen nicht mehr vertretbar sind. Statt alles zu bedenken, wird man sich entscheiden müssen, was man für wesentlich halten will. Die vorliegende Untersuchung hat ihre Wahl angesichts der bisherigen thematischen Schwerpunkte der klassischen Soziologie und der heutigen soziologischen Forschung getroffen. Sie wendet sich mikrosozialen Zusammenhängen zu. Was sie untersucht, ist eher alltäglich als exzeptionell. Beim Herauspräparieren der Strukturen des Alltäglichen dient ihr das Abnorme als Folie.
Das Ergebnis dieses sozialwissenschaftlich geschulten Hinsehens besteht im wesentlichen darin, daß die Härte der Reglementierung von Verhalten sichtbar wird. Was für Familie, Schule, Militäreinheit oder Produktionsbetrieb hinlänglich belegt ist, gilt offenbar auch für Situationen im vorinstitutionellen Raum. Unser Verhalten erweist sich als sozial bedingt, auf der belebten Straße, im öffentlichen Waschraum oder auf der Ruhewiese eines Parks. Was sich als spontaner und unmittelbarer Ausdruck seiner selbst darstellt, ist disziplinierte, durch

soziale Kontrolle gesicherte Reaktion auf präformierte Situationen. Derartige Reglementierungen sind dabei so gründlich internalisiert, daß dem Einzelnen im Vollzug der Handlung gar nicht mehr bewußt wird, wie sehr er damit festliegenden Vorschriften folgt. So konnte für das alltägliche Verhalten in sozialen Situationen der Eindruck des Selbstverständlichen vorherrschen, das zu geläufig ist, um noch wissenschaftlich interessant zu sein.
Die sozialen Funktionen einer solchen Reglementierung sind dem soziologisch Interessierten aus anderen Zusammenhängen bekannt. Die Eingrenzung von Verhalten auf bestimmte Verhaltensvorlagen wird in der Regel nicht als Beengung empfunden. Der Rückgriff auf repetitiv zu vollziehende Muster befreit vom Zwang zur Originalität. Arnold Gehlen hat aufgewiesen, welche Bedeutung dieser »Entlastung« durch Routinisierung für die Entwicklung des Einzelnen und der Kultur zukommt.
Die Reglementierung von Verhalten hat neben der entlastenden eine ordnende Funktion. Arbeitsteilung, Verteilung von Chancen und Lasten, Periodisierung des Lebens, Wahrung der Positionen, all das wird durch darstellendes Verhalten gesichert und legitimiert. Reglementiertes Verhalten als Einverständnis über Situationen sichert den Beteiligten darüber hinaus ihre Selbstidentität. Die Zerbrechlichkeit und grundsätzliche Gefährdung der subjektiven Identität wird etwa bei Georg H. Mead oder bei Anselm Strauss angesprochen. Wer wir sind, das erfahren wir vom »signifikanten Anderen«. Letztlich wird uns, wer wir »wirklich« sind, aus symbolischen Sinnwelten zugesprochen. Das weiß für uns – wie Berger/Luckmann treffend formulieren – die Kirche oder die Psychiatrie oder die Partei. Was dort vorgehalten wird, wird in sozialen Situationen vermittelt, in denen sich Menschen tausendfältig gegenseitig ihre Selbstidentität garantieren.
Schließlich sichert Reglementierung von Verhalten in sozialen Situationen auch vor der direkten Bedrohung durch den Anderen. Körperliche Anwesenheit bedeutet eine grundsätzliche Gefährdung. Erst die Ordnung der Situation macht die beruhigenden Signale des Anderen verständlich. Reglementierung ermöglicht damit überhaupt erst Zusammensein.
Für die Reglementierung von Verhalten im öffentlichen Raum weist Goffman auch bei unterschiedlichen sozialen Situationen durchgängige Strukturen auf. Damit wird ein Raster angeboten, wie er für eine andere soziologische Formation – nämlich die Gruppe – von George Homans, allerdings viel eingehender, erarbeitet worden ist. Im Zusammenwirken der Arbeiter eines Elektroapparatesaals, im Leben einer Südseeinsel-Großfamilie wie auch im Umgang von dreizehn jugendlichen Bandenmitgliedern einer US-Großstadt lassen

sich jeweils ein inneres und ein äußeres System und die gleichen Mechanismen mit denselben Kategorien beschreiben. Aktivität, Interaktion, Gefühl und Norm werden seitdem in der Analyse von Gruppensituationen als Begriffe mit spezifischem Inhalt verwendet. Goffman unternimmt einen ähnlichen Versuch, und zwar für eine Form der Gesellung, die gemeinhin als unverbindlich und unstrukturiert oder vielleicht gar nicht als Gesellung gilt, nämlich für die »Zusammenkunft«. Das Fazit ist immerhin bemerkenswert. Auch hier gibt es eine angebbare Struktur und präzise Erwartungen. Das Maß der Zuwendung in bestimmten Situationen liegt genau fest. Daraus läßt sich eine Typologie der Ablehnung oder Zustimmung zu situationellem Verhalten entwickeln. Dabei scheint die in diesem Zusammenhang verwendete Kategorie des »Engagements« brauchbarer als einige andere begriffliche Differenzierungen, die im Fortgang der Untersuchung vorgeschlagen werden.

Inwiefern ist nun das hier vorgelegte Material für Planer und Architekten von Interesse? Planen und Bauen heißt Räume auszugrenzen und zu fixieren. Man kann diese Verfestigungsfunktion sehr wörtlich nehmen. Allein in den Großstädten der Bundesrepublik Deutschland sind in den letzten beiden Jahrzehnten zweieinhalb Milliarden Kubikmeter Beton verarbeitet worden; das entspricht, wie Münchens Oberbürgermeister Dr. Vogel ausrechnet, achtmal dem Montblanc-Massiv. Die erstellten Räume und Anlagen bilden die Bühne für das, was hier Zusammenkunft genannt wird. Institutionen sind ein vielbeachteter Gegenstand soziologischer Forschung. Die sozialen Abläufe in Gruppen sind sehr genau beschrieben worden. Räume und Anlagen dienen jedoch weniger als vermutet Institutionen und Gruppen. Sie haben es, quantitativ gesehen, vor allem mit schlichtem Anwesendsein, mit von mehreren gleich definierten sozialen Situationen, mit Zusammenkünften zu tun. Was mit diesen Kategorien eingefangen wird, kommt einfach häufiger vor. Es bedarf der räumlichen Bühne.

Eine Anhäufung solcher Bühnen ist die Stadt. Vielleicht macht das heute am ehesten noch ihr Wesen aus. Sie ist eine Apparatur zur Vermittlung von Kontaktalternativen. Diese Qualität von Stadt ist in bestimmten ihrer Bereiche konzentriert, in anderen verdünnt vorhanden. Man kann fragen: wie sehen diese Räume aus, wo sind sie, zu welchen Zeiten sind sie das und was kostet es, daß sie das sind? Derartige Fragen werden hier nicht als explicite angeschnitten. Sie liegen aber für den Architekten und Planer nicht allzu fern, wenn ihm dargelegt wird, wo sich soziale Kontakte ergeben und wie und unter welchen Bedingungen sie ablaufen.

Über derartige Bühnen werden eine Reihe von Feststellungen getroffen. Bühnen entsprechen der räumlichen Reichweite der wahrnehmenden Sinne. Mitunter hat auf ihnen eine ganze Hierarchie von

Anlässen Platz. In ihrer Auslegung und räumlichen Struktur haben sie rollenverändernde Auswirkungen. Verteilung und Abgrenzung solcher Bühnen sind keine absolute Setzung. Wir erleben heute mit, wie sie sich verschieben. Besonders auffällige Faktoren für solche Verlagerungen sind das zur Zeit gängige Konzept städtebaulicher Verdichtung und die Entwicklung neuer Techniken im Bau- und Kommunikationswesen. Verdichtete Bebauung wird mit ihren Terrassenhäusern und Stadtsystemen mehr von außen einsehbare und behörbare Räume schaffen. Das wird neue Absprachen über Verhaltensweisen notwendig machen und entstehen lassen. Was als »Wand« gelten soll, wird mancherorts neu definiert werden müssen. Neue Techniken in der Verwendung von Kunststoffen oder auch Glas werden die Zahl frei begehbarer, wetterunabhängiger Bereiche erhöhen. Solche Bühnen werden sich über Straße und Platz hinaus öffnen. Vielleicht ist der, etwa von Katrin Zapf, mancherorts registrierte Rückzug aus der öffentlichen Sphäre nur eine Übergangserscheinung, die mehr, als wir bisher bemerkt haben, mit den heute praktizierten Bauweisen zusammenhängt.

Manches von dem, was im folgenden vorgetragen wird, stellt methodisch gesehen ungesichertes Material dar. Es beruht auf einzelnen Beobachtungen. Aber gerade hier liegt auch ein spezieller Wert der Darstellung: sie ist eine Anleitung zum Sehen, ein Stück Schule für Beobachtungstechnik. Damit ist sie möglicherweise geeignet, eine Basisfertigkeit zu vermitteln, die sich in den Schlüsselpositionen der Zementierung von Zukunft heute als immer notwendiger erweist. Der Planer muß für das Einsammeln solcher relativ preiswerter Daten sensibilisiert werden: Was tut sich eigentlich in der Situation, die ich zu problematisieren habe? Was tut sich in vergleichbaren sozialen Situationen? Wenn das Buch auch streckenweise nicht leicht lesbar erscheint – schließlich sind seine Informationen weitgehend in einer bestimmten Schicht der Vereinigten Staaten gewonnen: diesen Impuls und diese Befähigung will es in der vorliegenden Reihe vermitteln. Für manchen wird hier ein neues Feld der Datengewinnung eröffnet.

Ein so in den Zwischenräumen konventionellen Denkens angesiedeltes Untersuchungsvorhaben ist zwangsläufig nicht nur für Planer interessant. In Verbänden, in Politik oder Verwaltung werden sich manche der vorgelegten Einsichten als genau so ergiebig erweisen wie für die Psychiatrie oder die Kommunikationswissenschaft. Zum anderen gewinnen die Themenkreise »Stadt« und »Umwelt« heute auch weit über Planerkreise hinaus an Attraktion. Das Großvorhaben, diese Welt menschlicher zu gestalten, hat seine eigene Faszination. Es kann mit Attitüden rechnen, die massenhaft wahrgenommen werden. Der Planung steht viel guter Wille ins Haus. Wenn aber diese Energien auf die richtigen Turbinen fließen sollen, so wird das nicht zuletzt davon abhängen, ob der persönliche Einsatz der vielen mit der Fähigkeit zum Sehen und Verstehen ausgerüstet ist, von der die hier vorgelegte Untersuchung Zeugnis ablegt.

Wer solches liest, ist – so darf man hoffen – fürs erste verdorben für das naive Gesellschaft-an-sich-vorbei-und-ablaufen-Lassen. Er wird sich dabei ertappen, daß ihm Straßen, durch die er promeniert oder hastet, auf andere Weise ins Bewußtsein dringen als bisher. Vielleicht ergeben sich so eines Tages auch Bauten, denen man abempfindet, daß in ihre Konstruktion solche Erfahrungen eingegangen sind.

Peter C. Dienel

Vorbemerkung

Ein großer Teil des Materials, das diesem Bericht zugrunde liegt, wurde in den Jahren 1954–1957 zusammengetragen; ich war während dieser Jahre hospitierendes Mitglied des Laboratory of Socioenvironmental Studies des National Institute of Mental Health. Die Belege aus den psychiatrischen Anstalten verdanke ich in der Hauptsache der Teilnahme an einer einjährigen Beobachtungsstudie über das soziale Zusammenleben Geisteskranker, für die das oben genannte Institut die Schirmherrschaft übernommen hatte. Ich danke dem damaligen Chef, John A. Clausen, und dem Superintendenten des Saint Elizabeths Hospital in Washington, D.C., Dr. Winfred Overholzer, daß sie mir Gelegenheit gaben, alles zu sehen, was ich zu sehen wünschte, und daß sie mir erlaubten, meine Notizen darüber zu publizieren. In gleicher Weise danke ich der Society for the Study of Human Ecology, deren Unterstützung mir es ermöglichte, im Sommer 1959 das Manuskript abzufassen. Das Center for the Integration of Social Science Theory an der Universität of California entband mich dankenswerterweise in den Jahren 1958–1960 von meinen Lehrverpflichtungen, damit ich weiter an meinem Bericht arbeiten konnte.

Ich möchte nicht versäumen, auch David Schneider, Charlotte Green Schwartz, Gregory Stone und Fred und Marcia Davis Dank zu sagen; sie alle haben an der schnellen Fertigstellung des Buches erheblichen Anteil.   E. G.

TEIL I EINFÜHRUNG

ERSTES KAPITEL

Fragestellung

Wenn Psychiater Geistesstörung diagnostizieren und den klinischen Verlauf der Krankheit darstellen, sprechen sie bezeichnenderweise von Momenten im Verhalten ihrer Patienten, welche »in der Situation inadäquat« sind. Da in dieser speziellen Art von Fehlverhalten ein klares Symptom für »geistige Krankheit« gesehen wird, haben Psychiater auf solche Inadäquanzen viel Zeit verwendet. Sie haben den zu ihrer Untersuchung erforderlichen Ansatz entwickelt und die notwendigen Fähigkeiten für ihre Beobachtung erworben; sie haben sie eingehend beschrieben, sie haben versucht, ihre Bedeutung für den Patienten zu verstehen, und sich so hinreichend legitimiert, um in der wissenschaftlichen Presse darüber schreiben zu können – sich auszuweisen war deshalb notwendig, weil viele der Verstöße entweder trivial oder peinlich sind und Tabus verletzen. Wir Soziologen sollten dankbar sein für diese Ernte, um so mehr als sie von feinfühligen Händen sorgfältig eingebracht wurde. Wir können unsere Dankbarkeit bekunden, indem wir versuchen, die Früchte auf unseren eigenen Markt zu übernehmen, im Austausch mit etlichen Beobachtungen über soziale Situationen, die wir bereits vor langer Zeit aus der Anthropologie übernommen haben.
Im großen und ganzen hat die psychiatrische Erforschung situationeller Inadäquanzen dazu geführt, daß eher derjenige untersucht wird, der Regeln verletzt und soziale Kreise stört, als daß die verletzten Regeln selber unter die Lupe genommen würden. Mit ihren Untersuchungen haben die Psychiater indessen unabsichtlich und quasi nebenbei einen wichtigen Bereich des sozialen Lebens uns deutlicher bewußt gemacht – den von Verhalten an öffentlichen und halböffentlichen Orten. Auch wenn dieser Bereich der Soziologie bislang nicht als besonderes Forschungsgebiet galt, sollte man ihn vielleicht doch zu einem solchen machen, denn die Regeln für Verhalten auf Straßen, in Parks, Restaurants, Theatern, Geschäften, Tanzlokalen, Kongreßhallen und an anderen Treffpunkten, wo irgendeine Öffentlichkeit sich versammelt, sagen eine Menge über deren diffuseste Formen sozialer Organisation.

Die Soziologie bietet keinen fertigen Rahmen, in den diese Daten sich einordneten, sieht man einmal ab von äußerlichen Vergleichen und äußeren Zusammenhängen mit dem Verhalten an privaten Versammlungsorten wie Büro, Betrieb, Wohnzimmer und Küche. Zwar ist eine bestimmte Spielart »kollektiven Verhaltens« – Aufstände, Tumulte, Paniken – als Forschungsgegenstand anerkannt. Aber der restliche Teil des Bereichs, der ganz normale Umgang miteinander, die Struktur einfacher sozialer Kontakte, ist bis jetzt kaum beachtet worden. Man weiß zum Beispiel, daß die Massen plötzlich aus dem friedlichen Fluß menschlichen Umgangs ausbrechen können, wenn die Verhältnisse danach sind. Aber man verwendet kaum Aufmerksamkeit auf die Frage, welche Struktur dieser friedliche Umgang hat, solange die Formierung der Massen kein Problem darstellt. Ziel dieses Buches ist es, einen solchen Rahmen zu entwickeln. Unsere Daten entnehmen wir zum Teil einer Untersuchung über eine psychiatrische Klinik[1] (in der Folge Central Hospital genannt), zum Teil der Untersuchung einer Gemeinde[2] auf der Insel Shetland (zitiert als »Shetland Isle«), einige stammen aus Handbüchern über Anstand und Wohlverhalten und andere aus meinem Zettelkasten, in dem ich Zitate festhalte, die mich frappiert haben. Sicherlich sind viele dieser Daten von zweifelhaftem Wert, und auch meine Interpretationen – zumindest einige – mögen fragwürdig sein, aber ich möchte meinen, daß ein tastender und vielleicht großzügiger spekulativer Ansatz zur Erforschung eines fundamentalen Verhaltensbereichs besser ist als totale Blindheit ihm gegenüber.

Ich gehe aus von der geläufigen Unterscheidung zwischen Handlungen, die Billigung haben, und Handlungen, die als falsch und ungehörig angesehen werden. Diese einfache Dichotomie ermöglicht eine ökonomische Darstellung, unlösbar erscheinende Fragen können wir beiseite lassen, um dafür solche in den Mittelpunkt zu stellen, die vielleicht zu beantworten sind. Ehe wir uns diese Freiheit nehmen, sollten allerdings noch einige der darin implizierten Probleme erwähnt werden.

Die vorliegende Abhandlung enthält zwar einige spezifische Beispiele, die Quellen über nicht-westliche Gesellschaften entstammen, aber die meisten meiner Kommentare beziehen sich auf meine eigenen,

---

[1] Saint Elizabeths Hospital, Washington, D. C., ein Bundeshospital mit 7000 Betten, das hauptsächlich als staatliche psychiatrische Klinik für den Distrikt von Columbia bestimmt ist.
[2] Eine Gemeinde von 300 Seelen, die von der Landwirtschaft lebt. Sie wurde von 1949 bis 1951 beobachtet. Ein Teilbericht ist zu finden in E. Goffman, »Communication Conduct in an Island Community« (unveröffentlichte Dissertation. Department of Sociology, University of Chicago, 1953).

in Amerika gesammelten Erfahrungen in Bezug auf Mittelschichtenverhalten.

Eine Handlung kann richtig oder falsch natürlich nur sein im Hinblick auf das Urteil einer besonderen sozialen Gruppe; und selbst innerhalb der kleinsten und intimsten Gruppe gibt es zuweilen Unstimmigkeiten und Zweifel. Der Grad der Unstimmigkeit oder Konsensus innerhalb einer Gruppe hinsichtlich der Angemessenheit einer Handlung – ja, sogar die Grenzen der Gruppe selbst – können nicht an meinen Behauptungen gemessen, sondern nur in systematischer empirischer Forschung konstatiert werden. Nun ist diese Abhandlung aber voll von solchen nicht-verifizierten Behauptungen; doch möchte ich diese eingestandene Schwäche nicht verwechselt sehen mit einer anderen, die ich von mir weise: an keiner Stelle in diesem Buch will irgendeine Handlung von mir persönlich als richtig oder falsch beurteilt sein, auch wenn die Darstellungsmethode diesen Eindruck gelegentlich vermitteln könnte.

Im Kontext des eben erwähnten mittelständischen Bezugspunkts sind auch meine Zitate aus Handbüchern des »Guten Benehmens« zu verstehen. Wenn Mrs. Emily Post sich darüber äußert, wie kultivierte Menschen sich verhalten und wie sich deshalb die übrigen zu verhalten haben, so werden Soziologen häufig ärgerlich. Sie haben einen guten Grund, Mrs. Post's Äußerungen abzutun, denn sie liefert kaum Beweise dafür, daß der Kreis, von dem sie spricht, irgendeine numerische oder soziale Signifikanz aufweist, daß die ihm Zugehörigen tatsächlich so handeln und sich so verhalten, wie sie es von ihnen behauptet, oder daß diese Personen – oder x-beliebige andere – auch nur denken, man *müßte* sich so verhalten. Solche Zweifel unterstellen indes denjenigen, die die Etikette schriftlich fixieren, weit mehr Kreativität, als sie überhaupt besitzen. Wenn diese Autoren ihre Forderungen, was als richtig einzusehen sei, auch nicht empirisch überprüfen, so scheinen sie mir doch immer wenigstens einige der Normen zu beschreiben, die das Verhalten unserer Mittelschichten *beeinflussen*, auch wenn bei vielen Gelegenheiten andere Faktoren bestimmend sind. Zudem gehören diese Bücher zu den wenigen Quellen, aus denen man etwas über die Struktur öffentlichen Verhaltens in Amerika erfahren kann. Ihr Hauptnachteil – will man sie als Datenmaterial für die Sozialwissenschaft benutzen – scheint uns nicht darin zu liegen, daß die enthaltenen Statements nicht validiert sind – denn Statements lassen sich immer empirisch überprüfen –, sondern eher darin, daß diese Bücher einen bloßen Katalog adäquater Verhaltensweisen liefern, das heißt einen Katalog dessen, was sich gehört, statt eine Analyse des Normensystems, das diesen Anstandsformen zugrunde liegt.

In Amerika haben nur wenige Soziologen, darunter *W. Lloyd*

Warner, und einige Historiker, wie *Arthur M. Schlesinger*[3], Handbücher der Etikette überhaupt beachtet; es fiele mir noch schwerer, unter den Psychiatern einen zu nennen, der bedächte, daß er mit denselben Problemen umgeht wie diese Bücher. Dabei könnte man sagen, daß ganz wesentliche Anhaltspunkte für ein systematisches Verständnis beobachtbaren Verhaltens psychisch Kranker in und außerhalb von Kliniken und der Reaktion anderer auf dieses Verhalten in solchen Handbüchern über Etikette zu finden sind.
Neben dem Problem der Beschaffung von Belegmaterial ergibt sich aus dem Gebrauch der naiven Unterscheidung zwischen gebilligtem und mißbilligtem Verhalten noch ein weiteres Problem; der Begriff der Billigung selbst ist nämlich keineswegs unschuldig, er umfaßt eine stattliche Reihe unzureichend erforschter Variablen.
Eine der Variablen betrifft das Maß an Billigung, die das Einhalten einer Regel begleitet. Manche gebilligten Handlungen werden, kaum ausgeführt, mit Beifall bedacht, so wenn Heroismus oder große Fertigkeiten im Spiele sind. Andere werden kaum wahrgenommen und stellen keinerlei Ereignis dar; so wenn eine amerikanische Schülerin statt zu ihren flachen Schuhen Nylonstrümpfe zu tragen Wadenstrümpfe anzieht[4].
Eine zweite Variable betrifft die Konsequenz des Versäumnisses, einer geltenden Regel zu entsprechen. Am einen Extrem stehen dabei Handlungen, die niemand verlangt und keiner erwartet, die aber dennoch zuweilen, wenn auch selten statthaben. Einige solcher Handlungen sind in Anstandsbüchern als exemplarische Fälle extremer Höflichkeit verzeichnet; sie sollen eher idealtypisch zeigen, wie die Gesellschaft aussehen sollte, denn als Rezept für den Alltag gelten. Am anderen Extrem finden wir obligatorische Handlungen, deren Versäumnis ins Gefängnis führen kann, wie etwa das Zahlen von Geldstrafen. Zwischen diesen Extremen liegen »tolerierte« Handlungen, die im Einzelfall höchstens mit Stirnrunzeln bedacht werden, sie stellen Kränkungen und Ärgernisse dar, die die betroffene Person, ausgehend vom allgemein Üblichen, durchgehen lassen muß.
Allerdings geben die beiden Variablen, Billigung und Mißbilligung, in ihren verschiedenen Kombinationen kein vollständiges Bild. Das ganze Problem wird nämlich dadurch weiter kompliziert, daß diese beiden Variablen häufig nicht einzelne konkrete Handlungen betreffen, wie das Ziehen des Huts vor einer Dame, sondern ganze Klassen von Handlungen, die sich zwar phänomenologisch unterscheiden,

---

[3] Vgl. sein Buch »Learning How to Behave« (New York: The Macmillan Company, 1946).
[4] C. W. Gordon, The Social System of the High School (New York: The Free Press, Glencoe, 1957), S. 118.

normativ jedoch gleich und im Normensystem austauschbar sind. Und selbst diese Kategorien unterscheiden sich wieder im Umfang. So kann zum Beispiel die Information »Abendkleid erforderlich« eine Frau zwingen, ihr einziges Abendkleid zu tragen, während die Aufforderung »Nachmittagskleid« – gleichermaßen eine normative Bestimmung – von der einzelnen Frau erfüllt werden kann in dem Gefühl der freien Auswahl zwischen ihren drei Nachmittagsensembles. Freie Wahl innerhalb einer Kategorie vorgeschriebenen Verhaltens vermag das Individuum blind zu machen gegenüber dem Zwang, den die Klasse als Ganzes ausübt.

Diese Überlegung zeigt, wieviel Schaden sich anrichten läßt, wenn zwei Situationen gleichgesetzt werden, einfach weil in beiden die gleiche Handlung »gebilligt« ist; Billigung per se kann signifikant Unterschiedliches bedeuten. Wir werden in unserer Abhandlung einer bestimmten Spezies von gebilligter Handlung zentrale Bedeutung zumessen: der »negativ bedeutsamen«, die, wird sie unterlassen, negative Sanktionen auslöst, praktiziert jedoch als irgendeine Begebenheit unbeachtet bleibt.

Einleitend ist noch eine Bemerkung zu den Begriffen zu machen. Ein Begriffsmodell, das gegenwärtig in den Sozialwissenschaften eine erhebliche Rolle spielt, ist das des »geschlossenen natürlichen Systems«. Solch ein System konkreten Verhaltens verlangt und bedeutet die Unterscheidung von Aktivitäten, deren gegenseitige Integration das Entstehen umfassender Funktionen ermöglicht, die erhalten werden durch ein Gleichgewicht der Interaktion zwischen den einzelnen konstitutiven Aktivitäten. Dabei kann das Gleichgewicht vermutlich ganz verschiedene Formen haben – die von Selbstkorrektur, von Initiative und ähnlichem.

Weniger kompliziert als Begriffsmodell ist das »Spiel«. Beim Standardtypus, dem »Aufgehspiel« (»zero-sum«), findet ein geregelter Austausch von Initiativen zwischen einer kleinen Zahl von Mannschaften statt, wobei die Initiativen nach restringierenden Regeln verlaufen. Alle Schritte, welche die eine Mannschaft tut, summieren sich zu einer einzigen Anstrengung, die darauf abzielt, die Intention, welche der Aktivität der andern Gruppe zugrunde liegt, zu durchkreuzen – das ganze Spiel ist eine einzige entfaltete Geschichte von wechselseitig aneinander orientierten, antagonistischen Handlungssträngen[5].

Unserer Erörterung hier möchte ich einen Rahmen zugrunde legen, der viel einfacher ist als der von natürlichem System oder Spiel und der doch zugleich mehr umfaßt: das Modell der »sozialen Ordnung«.

---

[5] Es gibt »non-zero-sum«-Spiele von Koordination und Kollaboration; aber auch ihre Analyse scheint mit der der »zero-sum«-Spiele zu beginnen.

Soziale Ordnung läßt sich kurz definieren als die Konsequenz jedes moralischen Normensystems, das die Art regelt, in der Personen irgendwelche Ziele verfolgen. Das Normensystem bestimmt weder die Ziele, die seine Betroffenen verfolgen, noch die Struktur, die sich in der Koordination oder Integration dieser Ziele und durch sie herausbildet, es gibt einzig die Wege an, die dorthin führen. Verkehrsregeln und die daraus sich ergebende Verkehrsordnung sind ein gutes Beispiel dafür. Zu Recht kann jedes soziale System und jedes Spiel als Beispiel einer sozialen Ordnung angesehen werden, auch wenn uns der Blick auf die sozialen Ordnungen nicht vermittelt, was an den Systemen das bezeichnend Systemhafte und an den Spielen der Spielcharakter ist.

Offensichtlich gibt es vielerlei Arten von sozialer Ordnung; wichtige Beispiele sind die rechtliche und die ökonomische. In jeder solchen Ordnung wird einfaches Verhalten transformiert in einen entsprechenden Typus von Betragen, von Verhaltensweisen. Einzelne konkrete Handlungen können dabei durchaus mit den Reglements von mehr als nur einer dieser Ordnungen übereinstimmen.

In der vorliegenden Untersuchung wollen wir versuchen, uns auf nur einen Typus von Reglementierung zu konzentrieren und zwar auf jenen, welcher bestimmt, wie ein Mensch mit sich und anderen umzugehen habe während und auf Grund seiner unmittelbaren physischen Präsenz unter eben diesen andern, auf das also, was wir als Interaktion »von Angesicht zu Angesicht« oder als unmittelbare Interaktion bezeichnen.

An dieser Stelle ist einiges zum Terminus »öffentlich« zu sagen. Die Normen, welche die öffentliche Ordnung aufrechterhalten, und zwar öffentliche Ordnung in ihrem herkömmlichem Sinne, regeln nicht nur die unmittelbare Interaktion, sondern auch Angelegenheiten, die nicht notwendig unmittelbaren Kontakt zwischen Personen zur Folge haben: wie zum Beispiel die Auflage im Mittelalter (oft mißachtet), die Schweine nicht auf die Straße zu lassen, auch wenn es dort eine Menge für sie zu fressen gab[6], oder die Auflage, Licht und Feuer zu einer bestimmten Stunde zu löschen, damit die Stadt nicht der Feuergefahr ausgesetzt sei[7]. Heutzutage ist ein Hauseigentümer verpflichtet, Straße und Trottoir in gutem Zustand und sein Stadtgrundstück frei von Müll zu halten. Außerdem betrifft die öffentliche Ordnung herkömmlich eher die Reglementierung der unmittelbaren Interaktion zwischen jenen Gliedern einer Gemeinschaft, die nicht sosehr vertraut miteinander sind, als die Interaktion, welche sich an priva-

---

[6] G. T. Salusbury, Street Life in Medieval England (Oxford: Pen-in-Hand, 1948), S. 65–69.

[7] »Curfew«, Encyclopaedia Britannica (14. Ausgabe, 1947), 6, 873–74).

ten, eingehegten Orten abspielt, wo nur Bekannte zusammentreffen. Der Tradition nach gilt der Begriff »öffentliche Orte« (public places) für alle jene Areale einer Gemeinde, die ihren Mitgliedern frei zugänglich sind; »private Orte« (private places) meinen dagegen geschlossene, schalldichte Orte, an denen nur Angehörige oder dorthin Eingeladene sich versammeln. Und der Tradition nach erhält die öffentliche Ordnung erst an dem Punkt ihre Funktion, wo eine private Zusammenkunft die Nachbarn zu belästigen beginnt. Wenn wir auch diese Termini in ihrem traditionellen Sinne verwenden, so möchten wir ihnen dadurch doch keinerlei analytische Signifikanz beigemessen wissen. Für die Untersuchung von *Gruppen* mag die Unterscheidung zwischen primärer und sekundärer und zwischen privaten und öffentlichen Versammlungsorten sehr wohl signifikant sein, bei der Untersuchung von *Zusammenkünften* jedoch lassen sich zunächst alle Gelegenheiten, wo zwei oder mehrere Personen beieinander sind und kommunizieren, als *eine* Kategorie behandeln.
Wir werden uns also mit jener Komponente von Verhalten befassen, die im direkten Kontakt zwischen Menschen eine Rolle spielt. Wenn man auch meinen könnte, es handele sich dabei um ein Verhalten mit nur trivialem Gewicht, nur um eine Frage der Etikette und des Benimms, so hat es doch immer schon Autoren gegeben, wie etwa Della Casa, die auf seine Bedeutung und deren Grund hinwiesen: »Denn auch wenn Großzügigkeit, Loyalität und Zivilcourage zweifellos noblere und rühmlichere Qualitäten sind als Charme und Höflichkeit, so kommen doch höfliche Umgangsformen und eine korrekte Sprech- und Verhaltensweise denen, die sie praktizieren, nicht weniger zustatten als anderen ein vornehmer Geist und ein weites Herz. Denn da jeder von uns täglich mit anderen Menschen zusammen sein und mit ihnen kommunizieren muß, sind wir immer wieder auf unsere Umgangsformen verwiesen. Gerechtigkeit, Standhaftigkeit und jene anderen Tugenden von höherem und vornehmerem Rang werden viel seltener gebraucht. Nicht in jeder Minute werden Generosität oder Barmherzigkeit von uns gefordert, und niemand könnte sie ständig üben. Gleichermaßen sind jene, die Mut und Stärke besitzen, selten aufgefordert, Tapferkeit in Form von Taten zu dokumentieren[8].«
Ehe wir fortfahren, sollten wir einige Antworten auf die Frage, was denn angemessenes öffentliches Verhalten sei, kurz erwähnen.
Es gibt viele soziale Schauplätze, die Personen von bestimmtem Status versperrt sind. Hier scheint es sich darum zu handeln, ein Eindringen in die Persönlichkeits-Grenzen, eine Störung durch unerwünschte Personen und physische Bedrohung zu verhindern.

[8] G. Della Casa, Galateo (London: Penguin Books, 1958), S. 21-22.

Regeln über befugtes und unbefugtes Betreten hindern beispielsweise nicht-autorisierte Personen daran, ein privates Domizil zu jedem Zeitpunkt zu betreten und ein halböffentliches außerhalb der Öffnungszeiten. Weit weniger bekannt sind die vielen Bestimmungen, die das Recht einschränken, an frei zugänglichen, nicht eingehegten öffentlichen Orten sich aufzuhalten: So zum Beispiel das Verbot im London des 19. Jahrhunderts, welches bestimmte Klassen davon ausschloß, sich in diesem oder jenem Park zu ergehen, oder der informelle Ausschluß der Allgemeinheit von Reitwegen wie Rotten Row; so die Verordnung in islamischen Städten, die in Quartiere eingeteilt sind, nach Einbruch der Dunkelheit sich aufs eigene Viertel und die eigene Nachbarschaft zu beschränken; die jeweiligen Verbote zu Zeiten, da das Kriegsrecht galt, abends und nachts außer Haus zu gehen; abendliche Polizeistunden, die es Jugendlichen unter einer bestimmten Altersgrenze verboten, ohne Begleitung durch Erwachsene unterwegs zu sein; Internatsbestimmungen, die es den Schülern untersagten, spät noch in der Stadt zu bleiben; militärische Bestimmungen, die es bestimmten Chargen verwehrten, sich da oder dort aufzuhalten; informelle Polizeibestimmungen, die nächtliche Rassentrennung auf öffentlichen Straßen in bestimmten Stadtgebieten vorsahen.
Wo solche Ausschlußbestimmungen gelten, ist es klar, daß die einfache Anwesenheit einer Person, ganz gleich welches Verhalten sie währenddessen an den Tag legt, entweder ihre Qualifikation zum Eintritt oder aber Regelwidrigkeit dokumentiert. Hierin liegt auch eines der Motive für den Wunsch, einen bestimmten Ort aufzusuchen oder dort nicht gesehen zu werden.
Ich habe gesagt, daß es bestimmten Kategorien von Personen in vielen Situationen nicht verstattet ist, anwesend zu sein, und daß, sind sie dennoch anwesend, dies in sich eine ungehörige Handlung darstellt. Der gesunde Menschenverstand hat indessen auch etwas beizutragen hinsichtlich derer, denen die Anwesenheit gestattet ist. Die Verhaltensregel, die für die Situationen zu gelten scheint und sie gleichzeitig exklusiv macht, ist die Regel, die es den Beteiligten zur Auflage macht, »dazuzupassen«. Die Worte, die man an ein Kind richtet, welches zum ersten Mal ein Restaurant besucht, dürften für jeden und immer gelten: der Mensch soll »brav« sein und keine Szene oder Störung verursachen; er soll nicht in ungebührlicher Weise die Aufmerksamkeit auf sich ziehen, indem er sich entweder der versammelten Gesellschaft aufdrängt oder sich allzu sehr von ihr zurückzuziehen versucht. Er soll sich dem Geist oder Ethos der Situation entsprechend verhalten; kein Zuviel und kein Zuwenig. Es wird sogar Gelegenheiten geben, wo jemand aufgerufen ist, sich zu verhalten, als passe er in die Situation, auch wenn er selber und

einige Anwesende wohl wissen, daß dies in Wirklichkeit keineswegs der Fall ist; um der harmonischen Situation willen ist er zum Kompromiß aufgefordert, er soll es sogar auf sich nehmen, die Miene dessen zur Schau zu tragen, der dazu gehört, obwohl sich nachweisen läßt, daß dies nicht stimmt. Ein treffendes Beispiel findet sich in einem frühen amerikanischen Buch über Etikette:
»Wenn man zufällig bei einer Familie einen Abendbesuch macht und dort zur eigenen Überraschung auf eine kleine Gesellschaft trifft, sollte man eintreten und sich genauso geben, wie man es im Falle einer Einladung getan hätte. Sich *überstürzt* mit einer Entschuldigung auf den Lippen zurückzuziehen, würde eine *Szene* heraufbeschwören und wäre außerordentlich peinlich. Man trete deshalb ein, pflege entspannt einige Augenblicke Konversation und ziehe sich dann zurück. Außerdem richte man es am nächsten Tage ein, daß die betreffende Familie erfährt, man habe nicht gewußt, daß Gäste zugegen sein würden[9].«
Zweifellos ist die Ausgesprochenheit, mit der Mitglieder in solchen Begriffen denken, bei verschiedenen sozialen Gruppierungen unterschiedlich intensiv, ebenso wie die Formulierungen differieren, in die sie ihre Gebote kleiden; aber alle Gruppierungen legen vermutlich wert auf solches »Dazupassen«.
Der gesunde Menschenverstand kennt nicht nur die Vorstellung des »Dazupassens«, er stellt eine weitere Überlegung zum Problem an: was in der einen Situation richtig sein mag, kann in einer anderen durchaus unangemessen sein. So kann es geschehen, daß die generelle Grundhaltung des Einzelnen – so er tatsächlich eine solche hat – den Erfordernissen der Situation weichen muß. Dieses Thema taucht in der sozialwissenschaftlichen Literatur in der Form des »situationellen Determinismus« auf, zum Beispiel in Untersuchungen über Rassenbeziehungen, wo nachgewiesen wird, daß kastengleiche Tabus in dem einen Lebensbereich einhergehen können mit der Lehre von der Gleichheit aller in anderen Bereichen, auch wenn der gleiche Kreis von Personen betroffen ist[10].
Zweifellos hat hier die Forschung zu beginnen und nicht zu enden. Wenn es auch sein mag, daß jemand sich nur deshalb in einer bestimmten Weise verhält, weil er den Druck der Anstandsformen verspürt, so sagt dies doch nur etwas aus über ein *mögliches* Motiv seines

---

[9] »The Laws of Etiquette«, von »A Gentleman« (Philadelphia: Carey, Lee and Blanchard, 1836), S. 77–78.
[10] Vgl. z. B. J. Lohmann und D. Reitzes, Note on Race Relations in Mass Society, in: American Journal of Sociology, 58 (1952), 240–246; C. Rogler, Some Situational Aspects of Race Relations in Puerto Rico, in: Social Forces, 27 (1949), 72–77.

konformen Verhaltens. Noch wissen wir nicht, warum gerade diese
besondere Form von Verhalten an dieser Stelle gebilligt ist, das heißt,
wie das Reglement historisch sich entwickelt hat und was seine
gegenwärtige soziale Funktion ist. Um diese Fragen anzugehen,
müssen wir zu einer etwas umfassenderen Analyse ausholen.

ZWEITES KAPITEL
Einleitende Definitionen

Der Austausch von Worten und Blicken zwischen Individuen, die
beieinander sind, ist eine allgemein verbreitete soziale Übung, und
doch sind die charakteristischen kommunikativen Eigenschaften von
Wort und Blick nur schwer bloßzulegen. Eben darum aber bedarf es
pedantischer Definitionen.
Der Mensch vermag Informationen kundzutun mit Hilfe der sprachlichen Mittel, welche die Gesellschaft zu diesem Zwecke formell
etabliert hat, das heißt mittels Rede oder anerkannter Substitute für
Rede wie Schrift, bildliche Zeichen oder auch Gesten. Man spricht
in solchem Falle von einem Menschen, der Mitteilungen an einen
anderen aussendet, der sie aufnimmt. Das Individuum kann jedoch
auch in expressiver Weise Informationen ausstreuen vermittels der
symptomatischen Bedeutung der Begleitumstände. In diesem Fall,
so könnte man sagen, strömt oder strahlt der Einzelne eine Information aus für jemanden, der sie aufliest, aufsammelt. Sprachliche Mitteilungen können »über« alles und jedes in der Welt handeln, Sender
und Mitteilung müssen in keinem notwendigen Zusammenhang
stehen, sie koinzidieren nur, wenn es sich um autobiographische
Feststellungen dreht. Expressive Botschaften handeln notwendig
»über« denselben kausalen körperlichen Komplex, dessen wesentlicher Teil die übermittelnde Agentur ist. Der Konsensus hinsichtlich
der Bedeutung sprachlicher Mitteilungen scheint fester etabliert, als
er es im Hinblick auf den Inhalt expressiver Botschaften ist. Sprachliche Mitteilungen lassen sich übersetzen, speichern und als rechtliche
Beweismittel verwenden; expressive Botschaften sind eher so beschaffen, daß der Emissär rechtlich nicht für sie verantwortlich zu
machen ist, weil er gewöhnlich von sich weisen kann, das gemeint
zu haben, was die andern herausinterpretieren. Sprachliche Mitteilungen gelten als willkürlich und beabsichtigt; expressive dagegen
bedürfen häufig der bewährten Fiktion, daß sie nicht kalkuliert,
sondern spontan und unwillkürlich seien, was in einigen Fällen auch

zutrifft[1]. Nun enthält jede sprachliche Mitteilung auch irgendeine expressive Information, zumindest stecken in den meisten konkreten Mitteilungen sowohl linguistische als auch expressive Komponenten, wobei das Verhältnis beider von Mitteilung zu Mitteilung erheblich schwankt. Die Information, die ein Mensch liefert, ganz gleich ob er sie nun einfach gibt oder ausstrahlt, kann *im Körper konkretisiert* oder *vom Körper abgelöst* sein[2]. Ein Stirnrunzeln, ein gesprochenes Wort, ein Knuffen, all dies sind Mitteilungen, die ein Sender ausstrahlt mittels seiner eigenen *aktuellen* körperlichen Aktivität; die Übermittlung hat nur statt in der Zeit, in der sein Körper anwesend ist, der diese Aktivität trägt. Vom Körper abgelöste Botschaften, wie Briefe und Postsendungen sie vermitteln, oder wie Jäger sie aus der Spur eines längst weit entfernten Tieres entnehmen, erfordern vom Empfänger, daß er etwas tue, was die Information auffängt und festhält, noch lange nachdem der Sender aufgehört hat zu senden. Unsere Untersuchung wird sich nur mit im Körper konkretisierter Information befassen.

Kein gebräuchliches englisches Verb scheint das Sehen, Hören, Schmecken, Riechen und Tasten – also alle Sinne abzudecken, die ja die einzigen Mittel sind, Informationen direkt zu übermitteln, und gleichzeitig den Apparat bilden, mit dessen Hilfe es jemandem möglich ist, Informationen zu rezipieren. Worte wie »wahrnehmen«, die einen speziellen visuellen Bezug haben, waren in einem umfassenderen Sinne zu begreifen, während Worte wie »erfahren« in ihrem Sinne eingeschränkter sind. Einige Termini wie »Prüfstand« oder »Monitor« mußten erst geprägt werden. Wenn man ganz unambitiös, quasi in Pantoffeln, über die rezeptiven Sinne nachdenkt, wird man gewahr, daß sie gewöhnlich auf eine »nackte« oder »direkte« Weise benutzt werden. Das impliziert offensichtlich eine Beschränkung in der Anwendung verstärkender Hilfsmittel – mechanischer, chemischer oder elektrischer –, es sei denn sie verhelfen den mangelhaften Sinnen eines besonderen Einzelnen zu durchschnittlicher Kraft (wie sie ohne Unterstützung da sein sollte): dies gilt z. B. für eine Brille, nicht aber für einen Feldstecher; es gilt für Hörgeräte, nicht aber für Mikrophone. Elektrisches Licht dürfte nur zugelassen sein, wenn es einen Raum so erhellt, wie es das Tageslicht tut. Wenn man sagt, man erfahre jemanden mit seinen bloßen fünf

---

[1] Die Dichotomie von willkürlich und unwillkürlich ist eine der am wenigsten keuschen in unserem Geschäft. Später werden wir versuchen, wenigstens auf einige der Probleme hinzuweisen, die sie aufwirft.

[2] Vgl. die Terminologie bei T. S. Szasz, The Myth of Mental Illness (New York: Hoeber-Harper, 1961), S. 116 ff.

Sinnen, meint man damit gewöhnlich die Rezeption von Botschaften, die im Körper des andern konkretisiert sind. Das Band zwischen bloßen Sinnen auf der einen und körperlicher Übermittlung auf der anderen Seite stellt eine der entscheidenden Kommunikationsbedingungen der Interaktion von Angesicht zu Angesicht dar. Unter dieser Voraussetzung kann jede Botschaft, die jemand aussendet, nicht qualifiziert und modifiziert werden, und zwar auf Grund reichlicher Zusatzinformation, welche der Sender gleichzeitig mitliefert, häufig von ihm selbst völlig unbemerkt; es läßt sich so auch eine große Anzahl knapper Botschaften aussenden.

Nun kann natürlich der Einzelne im Körper konkretisierte Botschaften auch dann empfangen über seine bloßen Sinne, wenn er keine Möglichkeit hat, die Kommunikationsrollen umzukehren; das ist etwa der Fall, wenn jemand Menschen durch eine Ritze in der Mauer beobachtet oder sie durch eine dünne Wand zufällig hört oder auch belauscht[3].

Solche asymmetrischen Vorkehrungen lassen sich sogar treffen als Teil eines Rahmens, innerhalb dessen ein Beruf ausgeübt wird. Psychoanalytiker oder auch Pfarrer z. B. beobachten ihre Klienten, ohne umgekehrt ebenso leicht beobachtet werden zu können. Im Normalfall jedoch stellt sich der Mensch, der seine bloßen Sinne gebraucht, um körperlich konkretisierte Botschaften von anderen zu rezipieren, diesen anderen in gleicher Weise als Quelle verkörperter Information zur Verfügung (obwohl es wahrscheinlich ist, daß diese Monitormöglichkeiten unterschiedlich genutzt werden). Damit haben wir eine zweite entscheidende Kommunikationsbedingung der Interaktion von Angesicht zu Angesicht: es wird nicht nur körperlich gesendet und mit bloßen Sinnen empfangen, sondern jeder Sender ist zugleich auch Empfänger und jeder Empfänger ist zugleich auch Sender.

---

[3] Ohne Polonius außer acht zu lassen, wirkt sich natürlich eine solche asymmetrische Kommunikationsbeziehung viel praktischer aus, wenn verstärkende Hilfsmittel benutzt werden wie zum Beispiel verborgene Mikrophone. Auf den Shetland-Inseln waren Taschenteleskope allgemein beliebt, man beobachtete die Nachbarn, ohne beim Beobachten beobachtet zu werden. Auf diese Weise konnte man ständig kontrollieren, in welcher Phase des jährlichen Arbeitszyklus sich der Nachbar gerade befand, und wer wen besuchte. Ein solcher Gebrauch des Teleskops korrelierte offensichtlich mit der räumlichen Distanz zwischen den Bauernhöfen, mit dem Fehlen von Bäumen und Mauern, welche die Wahrnehmung auf lange Distanz hätten behindern können, und mit der lebendigen maritimen Tradition der Inselbewohner. Es mag noch hinzugefügt sein, daß jede Gemeinde, ja jeder Arbeitsplatz seine eigenen speziellen Kommunikationsumstände zu haben scheint.

Die Implikationen dieses zweiten Merkmals sind fundamental. Zum einen übernimmt damit das Sehen eine zusätzliche und spezielle Rolle. Jeder Mensch kann *sehen*, daß er in einer bestimmten Weise erfahren wird, und er wird zumindest einige seiner Verhaltensweisen an der wahrgenommenen Identität und der ursprünglichen Reaktion derer, die ihn beobachten, ausrichten[4].
Außerdem kann man ihm ansehen, daß er dies sieht, wie er auch sehen kann, daß gesehen wurde, daß er beim Sehen gesehen wurde. Allgemein gesprochen: unsere bloßen Sinne zu gebrauchen, heißt sie bloß und blank zu gebrauchen und durch ihren Gebrauch entblößt zu werden. Wir sind klar zu erkennen als die Agenten unserer Handlungen, und es besteht kaum die Chance, sind sie getan, von ihnen abzurücken; weder das Signalisieren von Informationen noch ihr Empfang lassen sich ohne weiteres abstreiten, zumindest nicht im Kreise derer, die beteiligt sind[5].
Damit rückt jener Faktor in Sichtweite, den *Adam Smith, Charles Cooley* und *G. H. Mead* vielfach reflektiert haben: nämlich die besondere Gegenseitigkeit von unmittelbarer sozialer Interaktion. Das meint, wenn zwei Individuen zusammen sind, wird zumindest ein Teil ihrer Welt auf der Tatsache beruhen (und der Beachtung dieser Tatsache), daß die versuchte adaptive Aktionslinie des einen vom anderen entweder einsichtig gefördert oder daß ihr begründet entgegnet wird, oder auch beides; ebenso darauf, daß solch eine Aktionslinie ständig und immer zu verfolgen ist in dieser gleichermaßen auf kluge Weise förderlichen und hinderlichen Welt. Einfühlend übernehmen Menschen die Attitüden anderer Anwesender, ohne darauf zu achten, wo eine so gewonnene Information hinführt[6].

[4] Im asymmetrischen Fall; jemand, der auf direkte oder indirekte Weise beobachtet wird und die Vermutung hegt, er werde beobachtet, wird sein Verhalten sehr weitgehend modifizieren, auch wenn er die Identität des Publikums, das ihn möglicherweise beobachtet, gar nicht kennt. Dies ist eine der Möglichkeiten, die Orwell in seinem Buch »1984« preist, sie entspricht den Kräften, die wirksam werden, um Menschen unter sozialer Kontrolle zu halten, auch wenn sie allein sind.
[5] Koppelt man das Telefon mit Fernsehen in beiden Richtungen, ist endlich die einzigartige Möglichkeit direkter Interaktion von Personen geschaffen, die räumlich weit voneinander entfernt sind. In jedem Falle lassen sich diese mediatisierten »Punkt-zu-Punkt«-Formen von Kommunikation kennzeichnen durch das Maß, indem sie die hier erörterten kommunikativen Möglichkeiten beschränken oder mindern.
[6] Vgl. R. E. Park, Human Nature and Collective Behavior, in: American Journal of Sociology, 32 (1927), S. 738:
»In der menschlichen Gesellschaft wird jede Handlung eines jeden Menschen zur Geste, denn was man tut, ist immer ein Hinweis darauf, was man zu tun beabsichtigt. Folge davon ist, daß das Individuum in der Gesellschaft eine

Ich habe zwei entscheidende Merkmale der Interaktion von Angesicht zu Angesicht genannt: den breiten Informationsfluß und die einfache Rückkopplung. Ich meine, daß diese Merkmale ausreichend strukturierende Bedeutung haben, um als analytisches Grundprinzip für die ausschließliche Behandlung jener sozialen Normen gelten zu können, die das Verhalten von Personen in ihrer unmittelbaren gegenseitigen Anwesenheit regeln.
Die räumliche Distanz, über die eine Person eine andere mit ihren bloßen Sinnen wahrnehmen kann – wobei sie feststellt, daß die andere in »Reichweite« sich befindet –, variiert auf Grund vieler Faktoren: des dabei in Anspruch genommenen sensorischen Mediums, der etwaigen Hindernisse, sogar der Lufttemperatur. In kalten Nächten kann es auf den Shetland-Inseln geschehen, daß Besucher vom Festland, die miteinander in offensichtlicher Abgeschiedenheit am Strand entlang gehen und dabei, an den strengen lokalen Normen gemessen, etwas zu laut lachen, bei Inselbewohnern, die acht Meilen entfernt wohnen, ein Stirnrunzeln verursachen. Umgekehrt fungiert der Körper einer Person, die flüstert oder die Augensprache benutzt, erfolgreich als Sammellinse und Barriere, indem er die normale Sphäre der Übermittlung von Sinn-Stimuli einschränkt auf eine Weise, die den Empfang begrenzt auf jene, die ihm ganz nahe sind oder direkt vor ihm stehen.
Die vollen Bedingungen von *gemeinsamer Präsenz* sind in wenigen variablen Umständen anzutreffen: die Einzelnen müssen deutlich das Gefühl haben, daß sie einander nahe genug sind, um sich gegenseitig wahrzunehmen bei allem, was sie tun, einschließlich ihrer Erfahrungen der anderen, und nahe genug auch, um wahrgenommen zu werden als solche, die fühlen, daß sie wahrgenommen werden. In unserer von Mauern umschlossenen westlichen Gesellschaft geht man im allgemeinen davon aus, daß diese Umstände gegeben sind innerhalb des gesamten Raumes, der in einem Zimmer vorhanden ist, und daß sie gegeben sind für jedwede Person, die in diesem Raum anwesend ist. Auf öffentlichen Straßen (und auf anderen, relativ unversperrten Plätzen) läßt sich der Bereich, in dem gegenseitige Anwesenheit als bestimmend gesehen werden kann, nicht so klar abgrenzen. Denn die Auswahl anderer Verkehrsteilnehmer, von denen Menschen Notiz nehmen, die sich an verschiedenen Punkten einer

---

mehr oder weniger öffentliche Existenz lebt, in der alle seine Handlungen antizipiert, kontrolliert, verhindert oder modifiziert werden durch Gesten und Intentionen seiner Mitmenschen. In diesem sozialen Konflikt, in dem jeder einzelne mehr oder weniger im Bewußtsein des anderen lebt, können die menschliche Natur und das Individuum ihre ganz besonders charakteristischen und menschlichen Züge gewinnen.«

Straße befinden, kann sehr verschieden ausfallen, ebenso wie umgekehrt auch sie nicht von allen in gleichem Maße beobachtet werden.
Ich lasse indessen diese Modifizierung außer acht und gebrauche den Terminus *Zusammenkunft* hinfort für jede Gruppe von zwei oder mehr Individuen; als Mitglieder dieser Gruppen zählen für mich nur jene, die sich momentan in gegenseitigem, unmittelbarem Kontakt befinden.
Mit dem Terminus *Situation* bezeichnen wir diejenige räumliche Umgebung, und zwar in ihrem ganzen Umfang, welche jede in sie eintretende Person zum Mitglied der Versammlung macht, die gerade anwesend ist (oder dadurch konstituiert wird). Situationen entstehen, wenn gegenseitig beobachtet wird, sie vergehen, wenn die zweitletzte Person den Schauplatz verläßt. Um den vollen Umfang einer solchen Einheit zu betonen, verwende ich zuweilen den Terminus: *die Gesamtsituation.*
Neben den Grundbegriffen »Zusammenkunft« und »Situation« ist noch ein weiterer versuchsweise zu definieren. Wenn sich Personen in unmittelbare Gegenwart voneinander begeben, tun sie dies meist, um an etwas teilzunehmen, was wir eine *soziale Veranstaltung*, einen sozialen Anlaß nennen möchten. Wir verstehen darunter eine größere soziale Angelegenheit, eine Unternehmung oder ein Ereignis, zeitlich und räumlich begrenzt und jeweils durch eine eigens dafür bestimmte Ausstattung gefördert; ein sozialer Anlaß liefert den strukturellen sozialen Kontext, in dem sich viele Situationen und Zusammenkünfte bilden, auflösen und umformen, während sich ein Verhaltensmuster als angemessen und (häufig) offiziell oder als beabsichtigt herausbildet und anerkannt wird – ein »stehendes Verhaltensmuster«, um *Barkers* Terminologie zu verwenden[7].
Beispiele sozialer Veranstaltungen, sozialer Anlässe sind eine Party oder ein Arbeitstag im Büro so gut wie ein Picknick oder ein Abend in der Oper.
Für den Verlauf einer sozialen Veranstaltung kann einem oder mehreren Teilnehmern die Verantwortung übertragen werden, das Unternehmen in Gang zu setzen, das Hauptinteresse im Auge zu behalten und den Aktionsfaden weiterzuspinnen, schließlich das Ganze zu beenden; man kann auch sagen: es ist eine Ordnung zu garantieren. Zuweilen ist auch ein Unterschied festzustellen zwischen selbst Beteiligten und mehr oder minder Zuschauenden. Außerdem läßt sich häufig zwischen Anfang und Ende eine Art »Engagement-Kurve« erkennen, eine Linie, die Zunahme und Abnahme

---

[7] R. Barker und H. Wright, Midwest and Its Children (Evanston, Ill.: Row, Peterson, n. d.), S. 7 und 45–46.

allgemeiner Hingabe an die Hauptaktivität des Anlasses nachzeichnet[8].

Manche sozialen Anlässe, Begräbnisse zum Beispiel, zeichnen sich aus durch einen recht präzisen Anfang, ein ebenso genau bestimmbares Ende und die strenge Begrenzung von Teilnahme und tolerierter Aktivität. Jede Kategorie solcher Anlässe hat ihr eigenes Ethos, ihren Geist, ihre emotionale Struktur, die in angemessener Weise geschaffen, erhalten und aufgehoben werden müssen; der Teilnehmer spürt, daß er sich für die Angelegenheit engagieren muß, ganz gleich welche persönlichen Gefühle er auch hat. Solche Anlässe – sind sie meist vorausgeplant – haben eine Tagesordnung, die alles enthält, was zu tun ist; die Leitungsfunktion wird jemandem zugewiesen, bestimmte negative Sanktionen für unangemessenes Verhalten stehen zur Verfügung, der Ablauf in einzelnen Phasen und mit einem Höhepunkt liegt fest. Andere Anlässe, wie etwa ein Dienstagnachmittag in der Stadt, sind völlig diffus und können von den Beteiligten nicht als Entitäten mit eigener kalkulierbarer Entwicklung und Struktur erfaßt werden, denen man entgegensehen und die man im Nachhinein überblicken könnte. (In diesem Falle kann der Einzelne vielleicht eine Entwicklungslinie im Verlauf seiner eigenen Beteiligung erkennen, nicht aber im Anlaß als Ganzem.) Für diese Fälle mag der sehr brauchbare Terminus genügen, den *Barker* und seine Kollegen verwenden, wenn sie vom *Verhaltensrahmen*[9] sprechen. Diffuse soziale Anlässe können in ihrem Verlauf jedoch durchaus eine Struktur und eine Richtung entwickeln.

Manche sozialen Veranstaltungen, oft sagt man von ihnen, sie seien »unernst« oder »fürs Amüsement«, werden als Selbstzweck empfunden. Der Einzelne nimmt ausdrücklich und zugegebenermaßen zum reinsten Vergnügen an ihnen teil. Andere Anlässe, man bezeichnet sie als »ernst«, werden offiziell als reine Mittel zu anderen Zwecken betrachtet. Und noch andere Anlässe schließlich gelten als »üblich«, als Einzelmomente, die Teil sind von einer Reihe ähnlicher Gelegenheiten, wobei die Reihe als Einheit gesehen wird und sich als solche in täglichem, wöchentlichem oder jährlichem Zyklus entwickelt, häufig mit denselben Beteiligten. Veranstaltungen wie Gesellschaften, die der Eingebung des Augenblicks folgen, sind Eintagsfliegen, oder ihr Seriencharakter wird nicht als solcher wahrgenommen.

---

[8] Ein Beispiel für die Analyse des sozialen Anlasses bringen D. Riesman, R. Potter und J. Watson, The Vanishing Host, in: Human Organisation, 19 (1960), 17–27.
[9] Barker und Wright, a. a. O., S. 7–10 und 45–50. Die Autoren geben eine sehr nützliche Darstellung der Probleme, die im Gebrauch solcher Termini liegen.

Mit dem Begriff des sozialen Anlasses[10], der sozialen Veranstaltung, sind viele Schwierigkeiten verbunden; wir brauchen aber irgendeinen derartigen Begriff, denn wenn eine Zusammenkunft stattfindet, dann doch unter den Vorzeichen einer umfassenderen Entität dieser Art. Ich hoffe, es wird deutlich werden, daß die Verhaltensreglements, welche einzelne Situationen und ihre Zusammenkünfte bestimmen, weitgehend zurückzuführen sind auf den sozialen Anlaß, in dessen Rahmen sie in Erscheinung treten. Da die verschiedenen an einer sozialen Veranstaltung Beteiligten ganz unterschiedliche Rollen innehaben können, läßt sich sagen: was für den einen Spielcharakter hat, ist für den anderen Arbeitssituation, man denke nur an das Beispiel von Gast und Hausangestellten auf derselben Einladung. Dennoch ist allzuviel Relativität nicht gerechtfertigt. Wie unterschiedlich die einzelnen Teilnehmer auch eine vergangene soziale Begebenheit empfinden mögen, sie können sich vermutlich darüber einigen, von welcher Begebenheit sie überhaupt reden. Und jemand, der bei einer Veranstaltung, die als Spiel definiert ist, arbeiten muß, weiß immerhin noch, daß er seinen Dienst inmitten von Geselligkeit und nicht in einer tiefernsten Situation tut, eine Tatsache, die, was seine Arbeitsbedingung anbetrifft, von ziemlicher Bedeutung für ihn ist.
Aber auch in einem anderen Sinne können vielerlei soziale Realitäten am selben Ort stattfinden. Haben wir erst einmal die soziale Situation zurückgeführt auf den sozialen Anlaß, der den Ton der Zusammenkunft bestimmt, müssen wir die Möglichkeit zugeben, daß derselbe physikalische Raum in den Normenbereich zweier verschiedener sozialer Anlässe geraten kann. Dann kann die soziale Situation zur Szene eines potentiellen oder aktuellen Konflikts zwischen den Normensystemen werden, die herrschen sollten. Wir kennen alle den Definitionskonflikt jener Situation, wo Sommertouristen ihre Feriennonchalance auf die Läden und Lokale ihres Ferienortes ausdehnen wollen und die Ortsansässigen ihr gepflegtes Geschäftsdekorum wahren möchten. Selbst innerhalb derselben sozialen Institution lassen sich solche einander überlappenden Definitionen in der Situation feststellen. So dürfen in einem Bürohaus oder in einer Bibliothek, wo ziemlich strenge Sitten herrschen, die Haushandwerker die Situation durchaus anders sehen: sie können in Arbeitskleidung ihre Arbeit tun, durch die Halle eilen, wenn es rasch etwas zu reparieren gibt, die Räume betreten, wann sie wollen, quer durch den Lesesaal rufen, ein

---

[10] Eine Beschreibung der allgemeinen Merkmale sozialer Anlässe versucht »Communication Conduct«, Kap. 9. Eine gute Darstellung der damit verbundenen Schwierigkeiten stammt von K. L. Pike, Language in Relation to a Unified Theory of the Structure of Human Behavior (Glendale, California: Summer Institute of Linguistics, 1954), Teil I.

Radio in der Nähe ihres Arbeitsplatzes anschließen und ihre Unterhaltung miteinander in einer Lautstärke führen, die dem Büropersonal strikt verboten ist. Hier handelt es sich um mehr als unterschiedliche Rollen beim selben Anlaß, denn keiner der einzelnen Hauptaktivitäten kann Vorrang gegeben werden, zumindest nicht kurzfristig. Die sozialen Situationen, die in diesen sich überschneidenden Verhaltensrahmen stattfinden, fördern Zusammenkünfte von einer besonderen Art normativer Desorganisation.
Die Möglichkeit, denselben physikalischen Raum als Rahmen für mehr als einen sozialen Anlaß und damit als Ort zu verwenden, der mehr als einen Komplex von Erwartungen zu erfüllen hat, kennt die Gesellschaft schon, und bezeichnenderweise schränkt sie sie ein. So besteht in den westlichen Gesellschaften hinsichtlich jenes wichtigen Phänomens öffentlicher Straßen die Tendenz, diese Orte zu definieren als Szenerie eines umfassenden sozialen Anlasses, dem andere Anlässe unterzuordnen sind. Potentiell konkurrierende Definitionen innerhalb der Situation stehen demnach hinter einer Art öffentlicher Etikette zurück. Diese Etikette selbst wird bezeichnenderweise zeitweilig umgestoßen durch Paraden, Umzüge, Hochzeiten und Begräbnisprozessionen, Ambulanzen und die Feuerwehr, die alle für kurze Zeit dem öffentlichen Ohr ihren besonderen Ton aufnötigen.
Mit Situationen und ihren Zusammenkünften, nicht mit sozialen Anlässen wollen wir uns hier hauptsächlich befassen. Zu diesem Zwecke müssen einige Termini eingeführt werden, die uns unterscheiden helfen zwischen dem, was in der Situation relevant ist und was nicht.
Der Ausdruck »*situiert*« (»situated«)* kann für jede Begebenheit benutzt werden, die innerhalb der räumlichen Grenzen einer Situation passiert. Dementsprechend transformiert jede zweite Person auf einer Szene alles, was von ihr selbst und von einer ersten bereits anwesenden Person getan wird, in eine situierte Aktivität, auch wenn keine sichtbare Veränderung stattfindet in der Art, in der die schon vorher anwesende Person fortfährt, das zu tun, was sie bisher getan hatte. Der Neuhinzugekommene macht in der Tat aus einem einsamen Individuum und sich selber eine Zusammenkunft.
Wenn wir situierte Aktivität betrachten, stellen wir häufig fest, daß sich eine einzelne ihrer Komponenten genausogut auch außerhalb der Situation, ohne Personen oder mit nur einem Anwesenden, hätte ergeben haben können. So könnte jemand *in gewisser Weise* den Verlust, den er erleidet, wenn er in seinem Haus, mit der Schußwaffe be-

---

* Anmerkung des Übersetzers: situiert = in einer Situation befindlich und sie gleichzeitig schaffend. – Die Übersetzung wird in Zukunft den Terminus »situiert«, wie es das Original auch tut, ohne Paraphrase verwenden.

droht, ausgeraubt wird, auch erleiden, wenn seine Wohnung geplündert würde, während er im Urlaub ist. Gleichermaßen könnte einiges von dem, was in einer Unterhaltung mitgeteilt wird, auch mittels Korrespondenz anvertraut werden. Aufgaben, die ein Einzelner ausführt im Beisein von anderen, kann er zuweilen ebensogut alleine erledigen. Dieser Aspekt seiner Aktivität kann *in* Situationen eingehen, entspringt jedoch nicht *aus* Situationen; bezeichnenderweise stellt er sich auch zu anderen Zeiten außerhalb von Situationen ein. Dieses unverfestigte Moment der Realität bezeichnen wir als den *rein-situierten* (das heißt, lediglich in diese Situation geratenen)* Aspekt von situierter (das heißt, in einer Situation stattfindenden)* Aktivität. Diese Komponente von Aktivität wird normativer Reglementierung unterworfen; das macht es uns möglich, von Geboten und Übertretungen zu sprechen, die rein-situierte sind, (das heißt, nur die jeweils einzelnen Situationen betreffen)*. Unser einziges Interesse an diesen Sachverhalten besteht indes darin, sie analytisch trennen zu können von jener Komponente situierter Aktivität, um die es uns geht, das heißt von jedem Moment, das außerhalb von Situationen nicht in Erscheinung treten kann, weil es völlig abhängig ist von den Bedingungen, die drinnen herrschen. Von diesem Moment sprechen wir als von dem *situationellen* (dem momentan und nur in dieser Situation möglichen und enthaltenen)* Aspekt situierter Aktivität. Die Gefahr für Leib und Leben dessen, dem bei gezogener Schußwaffe das Haus ausgeraubt wird, ist situationell; der Verlust der Gegenstände ist, wie bereits gesagt, rein-situiert. Ein Teil der Bedeutung von Worten, welche in einer Unterhaltung fallen, ist reinsituiert; die Färbung, welche die Worte durch körperlich ausgedrückte Emotion erhalten, ist indessen entschieden situationell. So erwartet man zum Beispiel vom Besucher einer Bibliothek, daß er sich ein Buch herausnimmt, in diesem Buch liest und die Zeit nicht mit anderer Beschäftigung zubringt; Schüler erhalten häufig vom Bibliothekar diesbezügliche Informationen, wenn sie lärmend die Bibliothek zu ihrem Treffpunkt machen. Hier haben wir es mit dem situationellen Aspekt von Verhalten zu tun. Innerhalb gewisser Grenzen jedoch ist es Sache des Einzelnen oder Sache derer, die ihm die Lektüre zur Aufgabe gemacht haben, wie kundig und mit welchem Gewinn er liest. Das ist der nur-situierte Aspekt seiner Aktivität in der Bibliothek. Sind wir erst einmal in der Lage, klar zu unterscheiden zwischen dem Situierten und dem Situationellen, können wir zur Idee der öffentlichen Ordnung zurückkehren. Gemeinsame Anwesenheit macht Menschen in einzigartiger Weise erreichbar, verfügbar und einander unterworfen. Wo in der öffentlichen Ordnung unmittelbare Inter-

* (...) der Übersetzer.

aktion im Spiel ist, geht es ihr um die normative Regelung dieser Disponibilität.

Der vielleicht am sorgfältigsten erforschte Aspekt gemeinsamer Anwesenheit in einem Rahmen, der in traditionellem Sinn öffentliche Ordnung heißt, betrifft die sogenannte »öffentliche Sicherheit«. Die Zahl ihrer Grundregeln ist klein, sie sind klar, und in den westlichen Gesellschaften wird für ihre Einhaltung mit einem massiven polizeilichen Aufgebot gesorgt. Die Regelung geht aus von dem Gebrauch, den ein Mensch von seinem Körper als physikalischem Objekt machen kann; oder von Instrumenten, welche er mit Hilfe seines Körpers manipuliert. Die einzelnen Individuen – und besonders Fremde –, die ihren individuellen Geschäften nachgehen, sollen daran gehindert werden, sich gegenseitig körperliche Verletzungen zuzufügen, den Weg zu versperren, einander sexuell zu belästigen oder ansteckende Krankheiten zu verbreiten. Während diese Art von »Burgfrieden« normalerweise zu fast allen Zeiten, in den meisten unserer Straßen, in den meisten unserer Städte tatsächlich herrscht, gibt es immer noch Gegenden, wo diese Ordnung keineswegs garantiert ist; und besonders in unserer Vergangenheit gab es Zeiten und Orte, wo solche Garantie die Ausnahme und nicht die Regel war[11]. Eine Version dieses Sicherheitsproblems finden wir heutzutage in geschlossenen Abteilungen von Heilanstalten, wo manche Patienten sich den Ruf von »Essenwerfern« erwerben, weil sie zur Essenzeit eine besondere Art von Unordnung arrangieren. Überhaupt steckt in der natürlich laienhaften Vorstellung, geistesgestörten Patienten sei es durchaus zuzutrauen, daß sie unerwartet auf andere losgehen, deutlich der Hinweis auf die Inhalte von öffentlicher Ordnung, die man sonst als gesichert annehmen kann.

Das Leid, das physische Beeinträchtigung in allen ihren Formen auslöst, beruht zu einem Teil auf der sozialen Demütigung, welche die Menschen darin sehen, vor dem Angreifer und möglicherweise auch vor anderen hilflos zu erscheinen; es hat auf diese Weise ganz entschieden sozialpsychologische Komponenten. Weitere wichtige Auswirkungen von Reglementierung zum Schutze körperlicher Unversehrtheit auf nichtkörperliche Phänomene wollen wir später behandeln.

Für unsere gegenwärtigen Zwecke lassen wir jenen Aspekt öffentlicher Ordnung, welcher die persönliche Sicherheit betrifft, jetzt bei-

---

[11] Zum mittelalterlichen England vgl. L. O. Pike, A History of Crime in England (2 Bände, London: Smith, Elder 1873), bes. 1, 242–254. Einen Überblick über die öffentliche Ordnung im East End von London um die Jahrhundertwende verschafft Arthur Morrison, A Child of the Jago (erste Veröffentlichung 1896; London: Penguin Books, 1946).

seite, um uns mit der Tatsache zu befassen, daß Menschen in ihrer wechselseitigen Gegenwart nicht nur als körperlich vorhandene, sondern auch als kommunikative Instrumente fungieren können. Diese Möglichkeit ist – nicht weniger als die physische – schicksalsträchtig für jeden Betroffenen und scheint in jeder Gesellschaft einer streng normativen Regelung zu unterliegen, welche eine Art von Kommunikations-Verkehrsordnung schafft. Um diesen Aspekt von Ordnung geht es uns in dieser Arbeit hauptsächlich. (Übrigens scheint dieser Punkt der öffentlichen Ordnung als Kriterium für beginnende Krankheit die meisten Symptome von geistiger Gestörtheit sichtbar zu machen.) Die Regeln, welche diesen Verhaltensbereich betreffen, nenne ich *situationelle Anstandsformen*. Der aus ihnen abgeleitete Kodex muß unterschieden werden von anderen Moralkodizes, welche andere Aspekte des Lebens regeln (selbst wenn sie zuweilen gleichzeitig mit dem situationellen Kodex gelten): zum Beispiel von Ehrenkodizes, welche Beziehungen regeln, von Gesetzeskodizes, die in ökonomischen und politischen Angelegenheiten gelten und von ethischen Kodizes, die das Berufsleben regeln[12].
Das gegenseitige kommunikative Verhalten von unmittelbar anwesenden Personen läßt sich in zwei Schritten analysieren. Der erste befaßt sich mit *nicht-zentrierter Interaktion*. Das ist jene Art Kommunikation, die praktiziert wird, wenn jemand sich eine Information verschafft über einen anderen Anwesenden, indem er, und sei es nur für den kurzen Moment, da ihm der andere ins Blickfeld gerät, zu ihm hinschaut. Nicht-zentrierte Interaktion betrifft hauptsächlich die Handhabung bloßer gemeinsamer Anwesenheit. Der zweite Schritt befaßt sich mit der *zentrierten Interaktion*, jener Art von Interaktion, die statthat, wenn Personen eng zusammenrücken und offensichtlich kooperieren, die Aufmerksamkeit also ganz bewußt auf einen einzigen Brennpunkt gelenkt ist. Das ist z. B. typisch für eine Diskussion, an der sich alle beteiligen. Wo keine zentrierte Interaktion stattfindet, kann man von *nicht-zentrierter Zusammenkunft* reden. Wo es um zentrierte Interaktion geht, bedarf es umständlicherer Termini.
Mit den bisher erarbeiteten Definitionen können wir einen weiteren tastenden Schritt tun in der Analyse der situationellen Umgangsformen und eines der generellen Momente untadeligen Verhaltens herausarbeiten. In der amerikanischen Gesellschaft scheint an den Menschen die Erwartung gestellt zu werden, er habe seinem Körper eine Art von Disziplin und Spannkraft abzufordern, die bekundet, daß man stets über die Fähigkeit verfüge, in eine direkte Interaktion, so die

---

[12] Interessante Kommentare hierzu stammen von Simmel zu Moral, Ehre und Recht. Siehe in: Soziologie (München: Duncker und Humblot, 1923), S. 403–405.

Situation sie ergibt, einzutreten. Häufig wird diese Art kontrollierter Wachheit in der Situation ein Unterdrücken und Verbergen vieler Fähigkeiten und Rollen bedeuten, die der Einzelne in anderer Umgebung zu entfalten durchaus in der Lage wäre. Was auch seine sonstigen Interessen sein mögen und ganz gleich, wie seine situierten Interessen aussehen, der Einzelne muß, nachdem er in die Situation eingetreten ist, »ins Spiel kommen« und »im Spiel bleiben«. Wenn er in der Situation steht, muß er solche diffuse Orientierung zumindest solange auf sich nehmen, bis er sich offiziell aus der Situation entfernen kann. Kurz, eine Art »Interaktionstonus« muß erhalten werden. Ich möchte noch hinzufügen, daß er für die Analyse jenes Verhaltens, welches Aufgeschlossenheit der Situation gegenüber bezeugt, schwierig ist, nicht dem Fehlschluß zu erliegen, hier würden Zuneigung zu oder respektvolle Hochachtung für die an der Situation Beteiligten und den gesamten sozialen Anlaß bekundet. Auch bei der Betrachtung der groben Übertretungen dieser Regeln in den Abteilungen psychiatrischer Kliniken ist es schwierig, wie wir später sehen werden, nicht zu schließen, das Unvermögen, »Präsenz« zu üben, sei der normale, plausible Ausdruck von Entfremdung von der und von Feindseligkeit gegen die Gruppe an sich und die Offiziellen in ihr.

Eins der augenfälligsten Mittel, mit dem der Einzelne seine situationelle Anwesenheit belegen kann, ist die disziplinierte Handhabung seiner persönlichen Erscheinung oder seiner »persönlichen Fassade«, das heißt des Komplexes von Kleidung, Aufmachung, Frisur und anderer Oberflächendekoration seiner Person. An öffentlichen Orten in der westlichen Gesellschaft soll sich der Mann, der einer bestimmten Schicht angehört, in der Situation adrett gekleidet, rasiert, gekämmt, mit frischem Gesicht und gepflegten Händen präsentieren; für Frauen gelten ähnliche und noch weitere Auflagen. Zu beachten ist, daß in diesen Fragen der persönlichen Erscheinung nicht nur der Besitz der notwendigen Ausstattung zur Auflage gemacht wird, sondern auch die Ausübung einer ständigen Kontrolle, um alles in untadeligem Zustand zu erhalten. (Und trotz dieser Regeln, treffen wir an Orten wie der New-Yorker Untergrundbahn während der abendlichen Stoßzeiten Menschen an, die mitten auf der Szene ihre Gesichter in einer Art von zeitweise stumpfer und tiefer Erschöpfung fallen lassen, selbst wenn sie sich für eine viel diszipliniertere Haltung zurechtgemacht haben.)

Ich habe bereits angedeutet, daß das Unvermögen, sich einer Versammlung situationell gerüstet zu präsentieren, leicht als Zeichen für eine Mißachtung des Ganzen und seiner Teilnehmer gewertet wird; auch eine erhebliche kulturelle Distanz zur sozialen Welt 'der Anwesenden kann so zum Ausdruck gebracht werden. Bücher über

Etikette erörtern häufig die expressiven Implikationen gepflegter oder vernachlässigter persönlicher Erscheinung, zuweilen in recht scharfsinniger Weise:
»Selbst wenn man zufällig jemanden begegnet oder bei Anlässen, wo Kleidung mit Haltung und Gefühlen dem anderen gegenüber in keinem Zusammenhang steht, ist adrette und sorgfältige Aufmachung von großem Vorteil für Sie. Nachlässige Kleidung zeigt einen Menschen, der, mit seinen Talenten zufrieden, in seine eigenen Vorstellungen und Pläne vertieft, der Meinung anderer indifferent gegenübersteht und nicht auf Unterhaltung aus ist: solch einem Menschen gegenüber fühlt niemand sich zu Entgegenkommen ermuntert. Ein gepflegter Anzug zeigt einen Mann von Welt, jemand, der Gesellschaft und Unterhaltung zu schätzen weiß und dem dieses Vergnügen gewöhnlich auch zuteil wird; jemand, der jederzeit bereit ist, ein Gespräch anzuknüpfen mit Menschen, die er trifft. Die gepflegte Erscheinung ist eine Art von generellem Angebot, Bekanntschaften zu schließen, sie verleiht die Bereitschaft, angesprochen zu werden[13].«
Ein interessanter Ausdruck dieser Art Interaktionstonus, der hinter der untadeligen Handhabung der persönlichen Erscheinung steckt, zeigt sich zum Beispiel in der beständigen Sorgfalt, mit der Männer in unserer Gesellschaft darauf achten, daß ihre Hosen zugeknöpft sind und keine Erektion zu sehen ist[14]. Ehe sie in eine soziale Situation eintreten, inspizieren ihre Blicke rasch die relevanten Zonen ihrer persönlichen Fassade, und sind sie in der Situation, greifen sie zu der zusätzlichen Vorsichtsmaßregel einer schützenden Bedeckung, entweder indem sie ihre Beine übereinanderschlagen oder den Schritt durch eine Zeitung oder ein Buch verdecken, besonders wenn anzunehmen ist, die Selbstkontrolle lasse nach, weil man bequem sitzt. Eine Parallelerscheinung dazu ist die Sorgfalt, mit der Frauen ihre Beine zusammenhalten, damit ihre Oberschenkel und ihre Unterkleidung nicht zu sehen sind.
Die Allgemeingültigkeit dieser Art disziplinierter Handhabung der Gliedmaßen in unserer Gesellschaft lernt man zutiefst schätzen auf einer Frauenstation für chronisch Kranke, wo Frauen, aus welchen Gründen auch immer, sich hemmungslosem Kratzen ihrer Schamteile hingeben, mit weit gespreizten Beinen sitzen und so dem Forscher das

---

[13] Anon, »The Canons of Good Breeding« (Philadelphia: Lee and Blanchard, 1839), S. 14–15.
[14] Die Vorstellung, sich auf solche Weise nicht mehr schützend verhüllen zu können, gehört zu den tiefen Befürchtungen, die Männer mit Beinlähmungen offensichtlich hegen. Siehe E. Henrich und L. Kriegel (Hrsg.), Experiments in Survival (New York: Associates for the Aid of Crippled Children, 1968), S. 192.

ganze Ausmaß körperlicher Disziplin, das normalerweise als selbstverständlich gilt, erst ins Bewußtsein bringen. Auch die Bewegungen, deren korpulente Frauen bedürfen, um sich aus dem Vordersitz eines Wagens zu erheben, rufen einem die Erwartungen ins Gedächtnis, wie ein Körper diszipliniert zu bewegen sei. Wie ein Balinese ständig auf Richtung und Höhe seines Sitzes bedacht ist, so ist der Mensch in unserer Gesellschaft, solange er sich in einer Situation befindet, konstant bemüht, »körperliche« Zeichen sexueller Kapazität zu kaschieren. Man geht davon aus, daß diese Körperteile, den Blicken dargeboten, nicht nur Zeichen für Sexualität sind, sondern auch von laxer Selbstkontrolle – Beleg für ungenügende Ausrüstung des Ich im Hinblick auf die Versammelten.

Wie schon gesagt, läßt sich die Bedeutung einer disziplinierten Handhabung der persönlichen äußeren Erscheinung auf vielfältige Weise an Geistesgestörten nachweisen. Typisches Zeichen einer beginnenden Psychose ist die »Vernachlässigung« der eigenen Erscheinung und persönlichen Hygiene. Klassisches Zuhause dieser Inadäquanzen sind die »Regredierten«-Abteilungen in Heilanstalten, wo alle mit solcher Tendenz zusammengefaßt sind und die Verhältnisse gleichzeitig so sind, daß sie diese Art Verwirrung noch erheblich fördern. (Hier wird die Vernachlässigung der persönlichen Erscheinung toleriert, zuweilen sogar leise gefördert, weil so die Pflege einfacher wird.) Wenn umgekehrt ein Patient anfängt, »Interesse an seiner äußeren Erscheinung« zu entwickeln, und versucht, sich zu pflegen, billigt man ihm meist zu, er habe seinen Kampf gegen die Gesellschaft aufgegeben und sei auf dem Wege zurück in die »Realität«.

Eine der delikatesten Komponenten der persönlichen Erscheinung scheinen Gestalt und Gestaltung des Gesichts zu sein. Ein sehr augenfälliges Mittel, das dem Einzelnen gestattet zu bekunden, er sei situationell präsent, liegt in der angemessenen, durch die Gesichtsmuskeln ausgeübten Kontrolle von Form und Ausdruck der verschiedenen Teile dieses Instruments. Auch wenn diese Kontrolle nicht ständig bewußt geschieht, wird sie dennoch ausgeübt. Wir kennen die Partygesichter, die Beerdigungsgesichter und die verschiedenen Sorten von institutionellen Gesichtern, wie die folgenden Anmerkungen sie illustrieren: »Jeder neue Insasse lernt, ein Hundegesicht aufzusetzen, das heißt einen apathischen, *charakterlosen* Gesichtsausdruck und eine ebensolche Haltung anzunehmen, sobald er der Obrigkeit ins Blickfeld gerät. Das Hundegesicht ist leicht zu erreichen, man erstarrt oder erschlafft einfach bis zur Unbeweglichkeit. Es ist das typische Straßengesicht, das Gesicht der sozialen Anlässe und das allen Vertuschens. Entspannung tritt ein, wenn Gefängnisinsassen für sich allein sind: das lächelnde Überströmen der ›freundlichen‹ Partei ist übertrieben. Das Gesicht, das am Tage Schutzvorkehrungen trifft, verhärtet sich

bei Nacht aggressiv und voller Haß gegen den stationierten oder patroullierenden Wächter. Spannung und Abwehr lösen die Verstellung auf den Gesichtern ab, die Wärter reagieren darauf mit ängstlicher Erschlaffung, sie versuchen, ein »sanftes Gesicht zu zeigen, eine Anstrengung, welche häufig von einem leisen Zittern der Hände begleitet ist[15]«.
Was die richtige Darstellung des Gesichts anbelangt, so ist es interessant, daß die Leichtigkeit, mit der sich der adäquate Gesichtsausdruck herstellen läßt in unserer Gesellschaft, mit dem Alter abzunehmen pflegt. Beispielsweise wird besonders für jene sozialen Schichten, deren Frauen auf ihre sexuelle Attraktivität lange achten, die Zeit nach dem frühmorgendlichen Erwachen, in welcher die einzelne Frau in ihren eigenen Augen nicht »präsentabel« ist, zunehmend länger, und zwar um soviel, wie sie braucht, um ihr Gesicht in Form zu bringen. Eine Schwelle des Alters ist auch dann erreicht, wenn – ausgehend von diesen Jugendlichkeitsstandards, die bestimmen, wie ein Gesicht in Aktion auszusehen habe – es Blickwinkel gibt, aus denen ein ansonsten gutgestaltetes Gesicht aussieht, als leide es an Tonusinsuffizienz.
Die disziplinierte Anordnung der persönlichen Erscheinung ist also eine Möglichkeit, die der Einzelne nutzen muß, um der Umwelt seine Aufgeschlossenheit zu bekunden. Andere Mittel sind die Bereitwilligkeit, neue Stimuli in der Situation aufzunehmen, und die Gewandtheit, auf sie mit Körperbewegung zu reagieren. Ich glaube, daß die Einhaltung eines angemessenen motorischen Niveaus innerhalb von Situationen von Einzelnen so gut internalisiert und auch so generell ist, daß wir es hier mit einer Umgangsform zu tun haben, die kaum in den Griff zu bekommen ist. Auch hier helfen uns wieder die psychiatrischen Kliniken weiter. So zeigen etwa Personen, die als schizophren diagnostiziert sind, als allgemeines Symptom langsame Körperbewegungen; beim Durchschreiten einer Halle wird zum Beispiel der Patient auf die Frage eines Anwesenden reagieren, indem er langsam den Kopf in Richtung Stimme wendet und dabei seinen ganzen Rumpf bewegt, als wäre sein Hals völlig steif, sein Gesicht bleibt indessen unbeweglich. (Diese Art des Verhaltens gleicht jener, die gemeinhin beim Schlafwandeln vermutet wird, und ruft eine ganz ähnliche Reaktion hervor; d. h. das Gefühl, jemand sei zwar körperlich in einer Situation anwesend, aber zur Interaktion nicht fähig. Von *Bleuler* stammen subtile Beschreibungen solch extremer Leblosigkeit der Situation gegenüber, er schildert vielerlei schizophrene

---

[15] B. Phillips, Notes on the Prison Community, in: H. Cantine und D. Rainer (Hrsg.), Prison Etiquette (Bearsville, New York: Retort Press, 1950), S. 105–106.

Symptome und weist auf die innere Emigration hin, die vermutlich in diesen Zeiten stattfindet: »Autismus wird bei vielen Patienten äußerlich sichtbar. (Selbstverständlich geschieht dies in der Regel unabsichtlich.) Sie interessieren sich nicht für das, was in ihrer Umgebung passiert, sie sitzen da mit ständig abgewandtem Gesicht und starren auf eine kahle Wand, oder sie verschließen ihre Sinnesöffnungen völlig, indem sie Hemd oder Bettücher über den Kopf ziehen. Und in der Tat fand man früher, als man die Patienten meist völlig ihren eigenen Einfällen überließ, viele von ihnen in gebeugter, geduckter Stellung, ein Zeichen, daß sie versuchten, den sensorischen Bereich ihrer Hautoberfläche so klein wie möglich zu halten[16].«

Hier ist anzumerken, daß dieser Mangel an Präsenz sich gut nachweisen läßt in Einrichtungen, die zwar keine medizinischen sind, aber nichtsdestoweniger in vielen den Irrenanstalten ähneln:

»Im Gefängnishof und den dazugehörigen Werkstätten gibt es wohl Inhaftierte, denen Lachen, Miteinandersprechen, Wachheit und Teilnahme an ihrer Umgebung leichtfallen. Man sieht aber auch, daß die Hälfte von ihnen selten lächelt, selten spricht, sie straucheln, wenn sie in Reih und Glied gehen, Fehler in ihrer Arbeit fallen ihnen kaum auf, und auf soziale Stimuli reagieren sie normalerweise nur, wenn sie massiv oder fremd sind. Status oder soziale Bestätigung bedeutet ihnen gar nichts. Tiefe Träumerei bestimmt sie[17].«

Wenn demnach der Einzelne im allgemeinen in der Situation sozial ganz präsent sein soll, muß er ein bestimmtes Maß an Wachheit leisten als Beweis seiner Verfügbarkeit für potentielle Stimuli, und seine persönliche Erscheinung muß bis zu einem gewissen Grade organisiert und mit Bedacht gepflegt sein – als Beleg dafür, daß er sich der Zusammenkunft, in der er sich befindet, bewußt ist und auf sie reagiert. Nun ist es natürlich eine Aufgabe der Analyse, die verschiedenen Möglichkeiten, wie sich unzureichende Präsenz äußert, voneinander zu unterscheiden.

---

[16] E. Bleuler, Dementia Praecox or the Group of Schizophrenias (New York: International Universities Press, 1950), S. 65–66.
[17] D. Clemmer, The Prison Community (Neuauflage, New York: Holt, Rinehart and Winston, 1958), S. 244.

TEIL II NICHT-ZENTRIERTE INTERAKTION

DRITTES KAPITEL
Engagement

1. Die Sprache des Körpers

Wir haben bereits darauf hingewiesen, daß Individuen in unmittelbarer Gegenwart voneinander, auch wo die Umstände keinerlei gesprochene Kommunikation erfordern, einander nichts destoweniger unvermeidlich in irgendeine Art von Kommunikation verwickeln; denn in allen Situationen wird bestimmten Dingen, die nicht notwendig mit verbaler Kommunikation zusammenhängen, Bedeutung beigemessen. Dazu gehören körperliche Erscheinung und persönliches Handeln: Kleidung, Haltung, Bewegung und Gang, Stimmlage, Gesten wie Winken oder Grüßen, Make-up und offener emotionaler Ausdruck.

In jeder Gesellschaft sind diese Kommunikationsmöglichkeiten institutionalisiert. Wenn auch viele dieser gängigen Begebenheiten hier vernachlässigt werden können, einige zumindest sind regelhaft, sie haben allgemeine Bedeutung angenommen. Halb gewahr, daß ein bestimmter Aspekt seiner Aktivität von allen Anwesenden wahrgenommen werden kann, neigt der Einzelne dazu, diese seine Aktivität zu modifizieren, sie ihres öffentlichen Charakters wegen bewußt zu praktizieren. Manchmal wird er sogar seine Äußerungen nur tun, weil sie gesehen werden. Und selbst wenn sich die Anwesenden der Kommunikation, in welcher sie stecken, gar nicht ganz bewußt sind, werden sie doch genau registrieren, daß etwas nicht stimmt, wenn Ungewöhnliches signalisiert wird. Es gibt demnach eine körperliche Symbolik, eine Sprache individueller Erscheinungen und Gesten, die beim Akteur hervorruft, was sie auch bei den anderen hervorruft, bei jenen anderen, aber eben nur diesen, die unmittelbar anwesend sind[1].

---

[1] Körperliche Aktion als Basis sozialer Interaktion ist in der sozialwissenschaftlichen Literatur unter der Kategorie »nichtverbale Kommunikation« erwähnt. Die körperlichen Aspekte dieses Verhaltens hat G. W. Hewes, World Distribution of Certain Postural Habits, schematisch dargestellt, in: American Anthropologist, 57 (1955), 231–244. Eine scharfsinnige allgemeine Abhandlung darüber bringt R. Birdwhistell, Introduction to Kinesics

Nun können diese durch den Körper vermittelten, expressiven Zeichen zur Modifikation all dessen benutzt werden, was ein Einzelner mit seiner Feststellung einem andern gegenüber meinen kann, und so eine wichtige Rolle spielen in der zentrierten Interaktion zum Beispiel einer Versammlung, die zwecks Unterhaltung zusammengekommen ist. Indes ist es der besondere Charakter vieler solcher Gesten und Blicke, betrachtet man ihren Kommunikationsgehalt, daß sie nicht so leicht auf einen Punkt auszurichten oder abzuschirmen sind, sondern im Extremfall dazu tendieren, für jedermann in der Situation in ihrem ganzen Umfang erkennbar zu sein. Während außerdem im Gegensatz zur Sprache diese Zeichen sich nicht zu eignen scheinen für lange weitschweifige Botschaften, scheinen sie sehr wohl dazu angetan, Informationen über die sozialen Attribute des Agierenden zu vermitteln, über das Bild, das er von sich selbst, von den anderen und der gesamten Veranstaltung hat. Diese Zeichen bilden demnach die Basis nicht-zentrierter Interaktion, was nicht ausschließt, daß sie auch in der zentrierten eine Rolle spielen können.

In diesem Bereich von nicht-zentrierter Interaktion kann keinem Teilnehmer offiziell »das Wort erteilt werden«; es gibt kein offizielles Zentrum für allgemeine Aufmerksamkeit. Obwohl der Einzelne besondere Sorgfalt verwenden mag auf diese Art von Verhalten, um auf eine ganz bestimmte Person innerhalb der Situation einen guten Eindruck zu machen – so wenn ein Mädchen ein Parfüm benutzt, von dem es weiß, daß ihr Freund es mag – wird solches Betragen eher auf eine Weise an den Tag gelegt, als sei es in erster Linie zugunsten eines jeden im Kreis.

Körpersprache ist also konventionalisierte Unterhaltung[2]. Wir müssen uns klar darüber sein, daß sie außerdem normativ ist. Das heißt, für

(Washington, D. C.: Department of State, Foreign Service Institute, 1952). Vergleiche auch J. Ruesch und W. Kees, Nonverbal Communication: Notes on the Visual Perception of Human Relations (Berkeley: University of California Press, 1956); T. S. Szasz, The Myth of Mental Illnes (New York: Hoeber-Harper, 1961); S. Feldman, Mannerism of Speech and Gestures in Everyday Life (New York: International Universities Press, 1959), Teil II; D. Efron, Gesture and Environment (New York: King's Crown Press, 1941), M. Critchley, The Language of Gesture (London: Edward Arbold, 1939) und E. T. Hall, The Silent Language (New York: Doubleday, 1959).

[2] G. H. Meads Unterscheidung zwischen »signifikanten« und »nicht-signifikanten« Gesten ist hier nicht ganz befriedigend. Körpersprache bedeutet mehr als eine nicht-signifikante »Unterhaltung mittels Gesten«, weil diese Sprache für den Handelnden und den Zeugen dieselben Bedeutungen evoziert und vom Akteur verwandt wird gerade wegen ihrer Bedeutung für den Zeugen. Etwas weniger als signifikanter Symbolismus scheint im Spiel zu sein, indes: ausgedehnter Austausch bedeutungsvoller Handlungen ist nicht

alle besteht die Verpflichtung, im Zusammensein mit anderen bestimmte Informationen zu geben, bestimmte andere Eindrücke aber keinesfalls zu vermitteln – so wie ja auch eine bestimmte Erwartung darüber herrscht, wie sich andere zu präsentieren haben. Es scheint eine Übereinkunft zu geben nicht nur hinsichtlich der Verhaltensweisen, die spontan sichtbar werden, sondern auch derer, die gezeigt werden müssen. Ein Mensch kann aufhören zu sprechen, er kann aber nicht aufhören, mit seinem Körper zu kommunizieren; er muß damit entweder das Richtige oder das Falsche sagen; aber er kann nicht gar nichts sagen. Paradoxerweise besteht die Möglichkeit, sowenig wie möglich an Informationen über sich selbst zu geben – obwohl diese auch dann noch beträchtlich sind – darin, dazuzupassen und zu agieren, wie man es von einem erwarten kann und erwarten wird. (In der Tatsache, daß man Information über sich selbst auf diese Weise zurückhalten kann, liegt ein Motiv für die Pflege von Anstandsformen.) Schließlich darf nicht vergessen werden, daß wahrscheinlich keiner in der Gesellschaft eine Position innehat, die ihm gestattet, die expressive Sprache in ihrem vollen Umfang zu gebrauchen, oder auch nur einen erheblichen Teil von ihr, daß aber doch jeder einige Kenntnis desselben Vokabulars körperlicher Symbole besitzt. Und in der Tat ist die Kenntnis und das Verständnis einer gemeinsamen Körpersprache ein Grund dafür, eine Ansammlung von Individuen als Gesellschaft zu bezeichnen.

2. Situierte Engagements

Ausgehend davon, daß der Einzelne Information zur Verfügung stellt mittels Körpersprache, erhebt sich die Frage, was diese Information beinhalte. Wir können mit der Beantwortung dieser Frage dort ansetzen, wo gute Umgangsformen am ehesten sichtbar werden – in »anlaßgemäßer Aktivität«.
Bei jedem sozialen Anlaß können wir mit einigen Aktivitäten rechnen, die immanenter Teil der Veranstaltung sind in dem Sinne, in dem etwa eine politische Rede erwarteter Bestandteil eines politischen Treffens ist. Solche »anlaßgemäße Aktivität« wird gern als angemessen legitimiert in sozialen Situationen, die sich bilden unter der Ägide entsprechender sozialer Anlässe, damit eine Basis abgebend für

charakteristisch; der Eindruck muß erhalten bleiben, daß eine Marge unkalkulierbaren, spontanen Engagements in der Handlung stecke; der Handelnde ist gewöhnlich durchaus in der Lage, die Deutung seiner Handlung zurückzuweisen, wird ihm ihretwegen ein Vorwurf gemacht.

die sogenannte »gesunde« Vorstellung, »alles habe zu seiner Zeit und an seinem Platz zu geschehen«. Demgegenüber müssen wir allerdings fragen, warum eine bestimmte Aktivität als dem ursprünglichen sozialen Anlaß angemessen definiert wurde. Und noch wichtiger, das Praktizieren von anlaßgemäßer Aktivität scheint nur eine der allgemeinen Anstandsformen zu sein, nur eine Möglichkeit, dazuzupassen.
Es gibt indes einen vielversprechenden Punkt in diesen Überlegungen. An einer anlaßgemäßen Aktivität teilnehmen, bedeutet eine Art kognitiver und affektiver Versunkenheit darein, die Mobilisierung der eigenen psycho-biologischen Kräfte; kurz, es bedeutet Engagement[3]. Indem wir weiter jedes Moment obligatorischen situationellen Verhaltens daraufhin befragen, was es über das jeweilige Maß an Engagement von seiten des Akteurs aussage, stellt sich heraus, daß es eine begrenzte Anzahl von Kategorien gibt und daß sich jede Kategorie in vielen verschiedenen Verhaltensaspekten äußert. Kurz, indem man konkrete obligatorische Handlungen übersetzt in Termini von manifestem Engagement, hat man die Möglichkeit, die funktionale Äquivalenz nachzuweisen von Aspekten so unterschiedlicher Phänomene wie Kleidung, Haltung, Gesichtsausdruck und Erledigen von Aufgaben. Unter den augenscheinlichen Differenzen werden wir eine gemeinsame Struktur erkennen können. Um situationelle Anstandsformen zu analysieren, wird es notwendig, sich an eine Analyse der sozialen Regeln zu machen, welche die Vorstellungen des Einzelnen und seine Zuwendung von Engagement bestimmen[4].
Das Erste, was an dem Ausdruck »Engagement an Situationen« auffällt, ist seine terminologische Unschärfe und Mehrdeutigkeit. Ich

---

[3] Der Terminus »engagiert« hat zwei weitere Bedeutungen in der Alltagssprache: die von »Verpflichtung«, man fühlt sich gewissen Aktionen verpflichtet und verantwortlich; und die von »Zuneigung« im Sinne von Investition der eigenen Gefühle und Identifikation mit einer Sache. Dieser Doppeldeutigkeit wegen habe ich an anderer Stelle den Terminus »engagement« verwendet und deswegen werde ich in diesem Buch von »involvement« sprechen. Siehe »Role Distance«, in: Encounters (Indianapolis: Bobbs-Merrill, 1961).
[4] Engagement als Variable wird reflektiert bei E. F. Borgatta und L. S. Cottrell Jr., »On the Classification of Groups«, in: Sociometry, 18 (1955), S. 416–417. Den Aspekt der Intensität von Engagement hat T. S. Sarbin in »Role Theory«, Abschnitt »Organismic Dimension«, S. 233–235, in Lindzey, Handbook of Social Psychology, diskutiert (Cambridge, Mass: Addison-Wesley, 1954). Meine eigene Theorie von Engagement leitet sich her von Bateson und Mead, Balinese Charakter (New York: New York Academy of Sciences, 1942).

möchte im Augenblick nur von situierten Engagements sprechen, den *innerhalb* der Situation gezeigten; die Wendung »Engagement an der Situation« hat zwar diese Bedeutung, aber sie hat auch eine eingeschränktere, nämlich Art und Weise betreffend, in der sich ein Einzelner selbst an die Situation als Ganzes und ihre Versammlung hingegeben hat, was dann ein *situationelles* Engagement beinhaltet. Ich schlage vor, den Terminus »Engagement innerhalb der Situation« zu benutzen, wenn es um die Art geht, in der der Einzelne seine situierten Aktivitäten betreibt; von »Engagement *an* der Situation« werde ich zunächst überhaupt nicht sprechen.
Welches Engagement der Einzelne innerhalb einer bestimmten Situation entfaltet, ist Sache seines inneren Gefühls. Die Einschätzung von Engagement muß sich auf eine Art sichtbaren Ausdrucks berufen und tut es auch. An diesem Punkt können wir ansetzen mit der Analyse der Wirkung der Körpersprache, denn es ist eine interessante Tatsache, daß körperliche Aktivitäten ebensogut geeignet scheinen, ihren Informationsgehalt über die gesamte soziale Situation auszuschütten, wie sie sich auch hervorragend eignen, Information über das Engagement des Einzelnen zu vermitteln. So wie der Einzelne weiß, daß er mittels Körpersprache etwas sagen muß, und zwar das Richtige sagen soll, so weiß er auch, daß er in Gegenwart anderer unvermeidlich etwas über Maß und Zuwendung seines Engagements mitteilt, und er weiß, daß der Ausdruck eines ganz bestimmten Maßes an Zuwendung einfach obligatorisch ist. Statt von Körpersprache zu reden, können wir nun etwas spezifischer von »Engagementsprache« und von Regeln sprechen, welche die Zuwendung von Engagement betreffen.
Da die Engagementsprache einer Gruppe eine erlernte und auf Konvention beruhende Angelegenheit zu sein scheint, müssen wir eine bestimmte reale Schwierigkeit von Untersuchungen kultureller oder auch subkultureller Querschnitte antizipieren. Derselbe allgemeine Typus von Zusammenkunft kann in verschiedenen Kulturen auf der Basis ganz unterschiedlicher Anforderungen ans Engagement organisiert sein. In vielen fernöstlichen Gesellschaften zum Beispiel braucht das Publikum einer Theateraufführung viel weniger anhaltende Aufmerksamkeit und Konzentration entgegenzubringen, als man hier in Amerika in solchen Fällen von ihm fordert. Aber abgesehen von solchen Unterschieden ist es so, daß die gleiche Geste, in zweierlei Gesellschaften praktiziert, per Konvention ganz verschiedene Implikationen von Engagement hat. So können die Mitglieder der einen religiösen Gruppe dem »Haus des Herrn« tiefe Ehrerbietung erweisen, indem sie das Haupt entblößen, und die Mitglieder einer anderen können dasselbe tun, indem sie das Haupt bedecken. Wenn im situationellen Verhalten zweier Kulturen oder auch innerhalb

derselben Kultur über eine längere Zeitspanne hinweg Unterschiede festzustellen sind, ist es äußerst schwierig zu bestimmen, inwieweit diese Diskrepanzen eine Wandlung des konventionellen Sprachgestus anzeigen, welcher das zugrunde liegende Engagement ausdrückt, und inwieweit eine Veränderung im Engagement selber sich ergeben hat.

3. Abgeschirmtes Engagement

Da Engagement nicht direkt sichtbar wird, sondern nur an seinen per Konvention festgelegten Zeichen abzulesen ist, kann aktuelles Engagement (im Sinne von Beteiligung*) durchaus geringfügige Bedeutung haben. Uns geht es ums »effektive« Engagement, das heißt, um jenes Engagement, das der Handelnde bei sich selbst und die andern an ihm wahrnehmen.
Die Forderung nach Engagement ist eine Forderung ans Innere der engagierten Person. Natürlich liegt zuweilen das Herz keineswegs dort, wo es dem sozialen Anlaß nach liegen sollte. In solchen Fällen gilt es, inadäquates Engagement zu verbergen und angemessenes zur Schau zu tragen. Ist man nicht identifiziert mit der Sache, gibt es natürlich auch eine andere Lösung: man erkennt schon im voraus, daß man mit den Engagementregeln nicht wird einverstanden sein können oder wollen, und deshalb begibt man sich erst gar nicht in die Situation. In ähnlicher Weise verhalten sich zuweilen mitfühlende Mitmenschen, wenn sie sich aus der Situation heraushalten. Sind jemandem schlechte Nachrichten zu überbringen, die ihn aller Wahrscheinlichkeit nach »zusammenbrechen lassen«, wartet der Überbringer häufig einen günstigen Moment ab, in dem der Adressat ganz mit sich allein ist und nicht etwa unmittelbare situationelle Präsenz von ihm verlangt wird[5]. Der Empfänger kann dann emotional auf die Nachrichten reagieren, ohne die weitere soziale Situation zu belasten, wo seine Notlage zwar verstanden werden könnte, seine Reaktion jedoch kaum jedem Anwesenden gestattet sein dürfte.
Ausgehend von der Tatsache, daß Zeichen von Engagement signalisiert und aufgenommen sein müssen, ehe auf die Adäquanz der Zu-

---

* der Übersetzer.
[5] Ein extremes Beispiel dafür, wie mitfühlend andere den Einzelnen schützen können, liefern die protektiven Muster aus der männlichen Unterschicht: einer ist betrunken, und aus jedem Zoll seines Verhaltens wird deutlich, daß er völlig unfähig ist, sich angemessen an der Situation zu beteiligen, aber dies bleibt der Obrigkeit verborgen, weil seine Freunde und Kumpel ihn körperlich decken und abschirmen.

wendung von Engagement geschlossen werden kann, können wir mit einer ganzen Reihe von Barrieren rechnen, die *Schutzwällen gleich das Engagement gegen Wahrnehmung abschirmen sollen;* hinter ihnen können die Einzelnen in Sicherheit das tun, was normalerweise negative Sanktionen auf sich zöge. Da das Engagement des Einzelnen im Rahmen seiner gesamten Aktivität wahrgenommen wird, kann es abgeschirmt werden, indem entweder die Wahrnehmung der körperlichen Anzeichen von Engagement oder die der Gegenstände des Engagements oder alle beide blockiert werden. Schlafzimmer und Badezimmer sind die vielleicht wichtigsten Schutzräume in der anglo-amerikanischen Gesellschaft[6]; die Badezimmer sind hier von besonderem Interesse, weil sie in vielen Haushalten die einzigen Räume darstellen, in denen jemand, der allein ist, sich wirklich einschließen darf, ohne die Form zu verletzen. Und nur unter solchen sicheren Verhältnissen können sich manche Menschen überhaupt ruhig fühlen in ihrer Äußerung gewisser situationell nicht tadelsfreier Engagements[7].
Jede soziale Institution hat tatsächlich irgendwelche Spalten und Höhlen, die solchen Schutz bieten. Im Central Hospital z. B. galt es für Schwestern als »berufswidrig«, auf dem Areal zu rauchen, denn man sah im Rauchenden das Bild eines Menschen, der sich nicht hinreichend an die notleidende Welt der Kranken hingibt. Lernschwestern, die durch den Tunnel gingen, der die beiden Hälften des Komplexes verbindet, verhielten zuweilen ihren Schritt und zündeten sich aufmüpfig eine Zigarette an für die kurze Zeit, in der sie nicht so leicht zu beobachten waren. Dieser kleine Unfug war der Ausdruck eines »Rollenbruchs«, der Ausdruck von Freude an dem, was *Everett C. Hughes* »Rollenentlastung« genannt hat.
Es gibt Requisiten zur Tarnung von Engagements, die die nützliche Eigenschaft haben, tragbar zu sein. Während Frauen in der europäischen Gesellschaft keine Fächer mehr benutzen und schon gar keine

---

[6] Diese und andere Orte »hinter den Kulissen« werden untersucht in: The Presentation of Self in Everyday Life (New York: Doubleday Anchor, 1959), Kapitel 3.
[7] Situationelle Anstandsformen verfolgen natürlich einige Kategorien von Personen selbst bis hierher. Es gibt Klöster, wo Sittsamkeit auch noch allein und in der Badewanne geübt wird, offensichtlich in der Annahme, eine Gottheit sei anwesend. Und im 16. Jahrhundert, als sich Reisende in Gasthäusern das Bett mit einem Fremden ihres Geschlechts teilen mußten, hoffte man, zumindest in der Theorie, der Schlafende werde sich während der Nacht wohlanständig verhalten und die andern in der Situation nicht stören. Siehe H. Nicolson, Good Behavior (London: Constable, 1955), S. 134, und N. Elias, Über den Prozeß der Zivilisation (2 Bände, Basel: Falken, 1939), »Über das Verhalten im Schlafraum«, 1, 219–230.

Masken, um ein Erröten oder ein mangelndes Erröten zu verbergen[8], werden heute die Hände genommen, um geschlossene Augen zu bedecken, die hellwach sein müßten[9], und Zeitungen werden vor Münder gehalten, die beim Gähnen geschlossen sein sollten. Gleichermaßen kann man in Zwangsanstalten wie Gefängnissen vertuschen, daß man raucht, indem man die Zigarette in der hohlen Hand verbirgt[10].

Eine Frage, was das Abschirmen von Engagement anlangt, ist allerdings zu stellen, nämlich ob es als legitim betrachtet werden kann oder nicht, so zu verfahren, und ob es im Extremfall zulässig ist, »aus dem Feld« zu gehen, wenn man völlig allein ist. So wird jemand, der mit sich allein und völlig abgeschlafft ist, zu dem aber plötzlich ein Besucher vordringt, nicht minder verlegen sein als sein Gast. Der Überraschte hat offenbar nicht ganz das Recht, für eine Weile nicht korrekt bekleidet zu sein, und der Eindringling hat offenbar nicht ganz das Recht, den andern bei seiner Unkorrektheit zu ertappen. Die Ausnahme hiervon, das ist wichtig, hat ihre ganz eigene Bedeutung für uns: kennt man den Status des Überraschten, kann es Kategorien auf seiten der Überraschenden geben, wie Diener, Höflinge und kleine Kinder, die gar nicht die soziale Macht haben, rein-situierte Handlungen auszulösen, die viel an situationeller Verheimlichung enthalten mußten. Funktionale Begleiterscheinung solcher Ohnmacht ist häufig, daß diese »Unpersonen« das Privileg haben, unangemeldet, ohne Präliminarien wie telefonische Ankündigung oder Klopfen in ein Zimmer einzutreten, ganz im Gegensatz zu vollen Personen, die meist Regeln beachten müssen[11]. Übrigens erhalten wir gerade dann das klarste Bild davon, was der Einzelne einer Zusammenkunft verdankt, wenn er sich vor den Blicken der andern geschützt wähnt und plötzlich entdeckt, daß dies gar nicht stimmt, denn in solchen Augenblicken von Entdeckung wird der

---

[8] E. S. Turner, A History of Courting (New York: Ballantine Books, 1954), S. 73.

[9] Geschlossene Augen bedeuten natürlich nicht in jedem Falle, daß das Individuum sich aus der Versammlung zurückgezogen hat oder döst. Es gibt Augenblicke in der Liebe oder beim Musikhören, wo geschlossene Augen respektvolles Zeichen tiefen emotionalen Engagements am Geschehen bedeuten. In solchen Fällen indes sind die Augen in einer ganz bestimmten Weise geschlossen, die zeigen soll, daß die Person hinter den Lidern noch immer präsent ist, sich durchaus in adäquater Weise des Anlasses würdig erweisend.

[10] Siehe zum Beispiel G. Dendrickson und F. Thomas, The Truth About Dartmoor (London: Gollancz, 1954), S. 171.

[11] Vgl. »Communication Conduct«, Kap. 16 und »The Presentation of Self«, S. 151–153.

Entdeckte sich eilig zusammennehmen, unabsichtlich demonstrierend, was er zu lassen und was er zu tun gewillt ist der bloßen Anwesenheit anderer wegen. Um solchen Peinlichkeiten aus dem Wege zu gehen und um die Ansicht der anderen über sich im eigenen Kopf herzustellen, mag der Einzelne, selbst wenn er mit sich allein ist, präsentabel bleiben – uns so das Eingeständnis abnötigend, daß situationelles Verhalten auch in Abwesenheit einer aktuellen sozialen Situation möglich ist.
Normalerweise sprechen wir von Engagementschutz als einem Mittel, das es dem Einzelnen ermöglicht, den Eindruck angemessenen Engagements aufrechtzuerhalten, während er in Wirklichkeit seine situationellen Pflichten verletzt. Es ist interessant, daß für einen psychotischen Patienten ständiges Üben von Desinteresse zuweilen zur belastenden Notwendigkeit und Disziplin per se werden kann, während die ganz extensiven Formen periodischen situationellen Desinteresses ihm wichtig und notwendiges Mittel sind, sich gegen Vergangenheit oder Gegenwart zu wehren. So kann man Kranke beobachten, die ihr Engagement den Blicken anderer entziehen, und zwar nicht um einen momentanen Mangel an Orientierung in der Situation zu verbergen, sondern gerade weil sie sich für einen Augenblick orientieren können. Der Fernsehschirm, die sonntäglichen Bilderwitze, neue Besucher auf der Abteilung scheinen besondere Versuchungen darzustellen, und Patienten, die sich unbeobachtet fühlen, entwickeln ein lebhaftes Interesse an ihnen. Von folgenden Verhaltensweisen wird berichtet:
»Die Patientin zeigt, daß sie in der Lage ist, sich auf andere zu konzentrieren, wenn sie selbst nicht engagiert ist und wenn sie dabei unbeobachtet bleibt. Weiß oder fühlt sie sich beobachtet, kehrt sie ihre Aufmerksamkeit sofort nach innen[12].«
Aber selbst in dem üblicheren Fall, daß Schutzvorkehrungen getroffen werden, um Desinteresse an der Situation zu vertuschen, darf man die Bedeutung des Gebrauchs solcher Mittel nicht unterschätzen. Die Anwendung solchen Schutzes sagt ebensoviel aus über die Macht der situationellen Anforderungen wie über die Tendenz Einzelner, nach Mitteln zu suchen, sich ihnen zu entwinden. Erst wenn ganz offen sichtbar wird, daß ein Schutzschild des Kaschierens wegen da ist, oder wenn ganz leicht ein Tarnrequisit benutzt werden könnte, jedoch darauf verzichtet wird, liegen Fälle situationeller Insolenz vor. Ein Beispiel dazu aus unser Krankenhausuntersuchung:
Eine überfüllte Station für regredierte Frauen: Eine Patientin be-

---

[12] M. Schwartz, Social Interaction of a Disturbed Ward of a Hospital (nicht veröffentlichte Dissertation, Department of Sociology, University of Chicago, 1951), S. 94.

merkt, daß ihre Monatsbinde verrutscht ist. Sie steht von der Bank auf und beginnt offen, ganz systematisch nach der Binde zu fischen, indem sie unter ihren Rock faßt und mit ihrer Hand an ihrem Bein entlang nach oben fährt. Aber selbst wenn sie sich bückt, reicht ihre Hand nicht weit genug. Also stellt sie sich hin, streift unbekümmert ihr Kleid von den Schultern und läßt es zu Boden fallen. Nun befestigt sie in aller Ruhe ihre Binde am dafür vorgesehenen Platz und zieht hernach das Kleid wieder hoch; die ganze Zeit über demonstriert sie nicht Unkenntnis der Notwendigkeit, ihre Aktivität zu vertuschen, irgendwie listig davon abzulenken, sondern regelrechtes Desinteresse daran. Die Art, in der sie tut, was sie tut, nicht das Ziel ihrer Handlung selber, drückt Verachtung für die Situation aus.
Wir haben das Moment, Engagement eventuell den Blicken der Allgemeinheit zu entziehen, so nachdrücklich betont, weil in ihm ein sehr charakteristisches Merkmal situierten Verhaltens deutlich wird. Insofern die Sphäre situationeller Anstandsformen ihren Inhalt aus dem gewinnt, was Individuen voneinander erfahren und erleben können, während sie zusammen sind, und da die Kanäle für Erfahrung auf so vielerlei Weise gestört werden können, haben wir es nicht sosehr mit einem Netz von Regeln zu tun, die zu befolgen sind, als mit Regeln, die ständig in Rechnung zu stellen sind als etwas, das man entweder übernimmt oder sorgfältig umgeht.

VIERTES KAPITEL
Einige Regeln über die Zuwendung von Engagement

Engagement betrifft die Fähigkeit des Einzelnen, seine gesammelte Aufmerksamkeit einer Aktivität, die gerade statthat, zu widmen oder sie ihr vorzuenthalten – einer Einzelaufgabe, einer Unterhaltung, einer gemeinsamen Arbeitsanstrengung. Engagement impliziert eine gewisse eingestandene Nähe zwischen dem Einzelnen und dem Gegenstand seines Engagements, eine gewisse offene Begeisterung auf seiten dessen, der engagiert ist. Engagement an einer Aktivität wird als Ausdruck von Absicht oder Ziel des Handelnden gewertet. Um Engagement zu analysieren, können wir durchaus bei einigen allgemeingültigen Unterscheidungen ansetzen, die in unserer amerikanischen Gesellschaft und vermutlich auch in anderen institutionalisiert sind.
Menschen und Tiere haben die Fähigkeit, ihre Aufmerksamkeit in Haupt- und Neben-Engagements (im Sinne von Haupt- und Neben-

betätigung*) zu teilen. Als Hauptengagement ist das zu bezeichnen, was den wesentlichen Teil von Aufmerksamkeit und Interesse eines Einzelnen absorbiert und, klar erkennbar, die augenblicklich wichtigste Determinante seiner Handlungen ist. Mit Nebenengagement ist eine Aktivität gemeint, die ein Einzelner durchaus leicht zerstreut betreiben kann, ohne damit die gleichzeitige Pflege des Hauptengagements zu bedrohen oder zu vermengen. Ob vorübergehend oder kontinuierlich, einfach oder kompliziert, diese Nebenaktivitäten scheinen eine Art von fugenähnlicher Abspaltung geringfügiger Muskeltätigkeit von der Hauptaktionslinie des Einzelnen zu bilden. Summen beim Arbeiten und Stricken beim Zuhören sind gute Beispiele dafür.

Neben der Unterscheidung zwischen Haupt- und Nebenengagement ist eine zweite vonnöten, die mit der ersten allerdings leicht zu verwechseln ist. Wir haben zu unterscheiden zwischen *dominantem* und *untergeordnetem* Engagement. Dominant ist ein Engagement, wenn der entsprechende soziale Anlaß den Einzelnen zwingt, die im Engagement implizierten Forderungen voll und bereitwillig anzuerkennen; untergeordnet ist ein Engagement, wenn der Einzelne es nur in dem Maße und so lange pflegen darf, wie seine volle Aufmerksamkeit nicht vom dominanten Engagement gefordert ist. Untergeordnete Engagements gehen gedämpft, abgestimmt und diskontinuierlich vonstatten, ständig wird Hochachtung und Rücksicht der offiziellen und dominanten Aktivität gegenüber spürbar. So mag jemand, der auf eine Amtsperson wartet, inzwischen mit einem Freund ein paar Worte wechseln, Zeitung lesen oder auf einem Papier herumkritzeln; diese Betätigung hat seine Aufmerksamkeit aber nur bis zu dem Moment, da er aufgerufen wird, dann muß er seinen Zeitvertreib aufgeben, auch wenn er damit noch nicht zu Ende gekommen ist. Allgemein geht man davon aus, daß ein Hauptengagement dominant sei und ein Nebenengagement untergeordnet, wie etwa ein Arbeiter, ohne groß zu überlegen, eine Zigarette raucht, aber eben nur dann, wenn die Arbeit es gestattet. Dieses Verhältnis ist indes keineswegs invariant. Viele dominante Betätigungen, einzelne Gänge der Berufsarbeit etwa, lassen sich zeitweise automatisch und ohne Nachdenken ausführen und erlauben dem Einzelnen, seine Aufmerksamkeit auf ganz anderes, zum Beispiel nichtiges Geschwätz zu konzentrieren, das jedoch, wie faszinierend es auch sei, sofort abgebrochen wird, wenn die Arbeit es verlangt. Ein Telegraphist zum Beispiel kann einen Funkspruch ausstrahlen und nebenbei mit einem Kollegen plänkeln.

Haben wir erkannt, daß sich eine anspruchslose, aber sozial dominante

---

* der Übersetzer.

Aktivität betreiben läßt, auch wenn und während der Brennpunkt der Aufmerksamkeit des Einzelnen sich zeitweise auf einen anderen Punkt verschiebt, werden wir sehen, daß er, so engagiert, zusätzlichen Nebenbetätigungen gerecht werden kann, wie Rauchen, die ihrerseits wieder dem zeitweiligen und inoffiziellen Hauptengagement untergeordnet sind. Zudem sollten wir beachten, daß sich Anforderungen an den Einzelnen plötzlich wandeln können und daß das, was dominantes Engagement war, plötzlich an Status verlieren und einer neuen Quelle von Engagement untergeordnet werden kann, welche jetzt als Priorität betrachtet wird.

In unserer Gesellschaft gilt die Übereinkunft, daß bestimmte Aktivitäten nur als hauptsächliche und dominante Engagements zu betreiben sind; so etwa viele soziale Zeremonien. Ebenso weiß man, daß gewisse Aktivitäten nur nebenbei und untergeordnet Engagement erfahren dürfen, so das Kaugummikauen. (Solchen minimalen Engagements ist selbst dann keine wesentliche Aufmerksamkeit zu zollen, wenn nirgends ein Hauptengagement erforderlich ist.) Innerhalb dieser Grenzen indes kann das, was heute als dominantes Engagement definiert ist, morgen als untergeordnetes definiert sein. So kann das Trinken einer Tasse Kaffee bei der Arbeit eine untergeordnete Betätigung sein, während offizieller Kaffeepausen kann es jedoch zur bestimmenden Aktivität werden.

1. Das Handhaben untergeordneter Engagements

Wir haben gezeigt, daß untergeordnete Engagements – Neben- und Hauptbetätigungen – per definitionem zumindest einen oberflächlichen Respekt bedeuten gegenüber dem, was derzeit als herrschende Tätigkeit gilt, ohne Rücksicht darauf, wie dringend sie in Wirklichkeit sein mögen. Damit ist impliziert, daß solche untergeordneten Engagements nur das geringere und unwichtige Ich des Einzelnen betreffen sollen. Und nun wird verständlich, warum jemand, der diesen untergeordneten Engagements Gewicht beilegen möchte, sie mit dem Schein reiner Zerstreuung umhüllt, um sie so zu verbergen. Außerdem wird verständlich, warum solches Engagement eine konstante Bedrohung gewünschten Wohlverhaltens darstellt: es könnte nämlich jederzeit mehr als das als angemessen empfundene Interesse einer Person absorbieren. Dies gilt besonders für Betätigungen, die längst als untergeordnete und als Nebenengagements etabliert und anerkannt sind; denn solche Engagements, in der Umgangssprache als »mindere« definiert und beschrieben, werden in der Situation niemals völlig verboten sein und stehen deshalb stets als Ausgangsbasis für eine Lossagung zur Verfügung.

Die Sprache untergeordneter Engagements unterscheidet sich zutiefst von einer kulturellen Gruppe zur anderen. Selbst zwischen dem englischen und dem amerikanischen Muster besteht ein sichtbarer Unterschied, was *Dickens* uns in seiner britischen Reaktion auf eine amerikanische Sitte noch einmal verdeutlichen möge:
»Wo Washington doch als Ursprung des mit Tabak verseuchten Speichelflusses bezeichnet werden kann, ist es an der Zeit, unverhohlen zu bekennen, daß mir nun die beiden garstigen allgemein verbreiteten Unsitten des Kauens und des Spuckens anfingen, gegen den Strich zu gehen und bald höchst ärgerlich und ekelhaft wurden. Überall in Amerika herrscht dieser lausige Brauch. Im Gericht hat der Richter seinen Spucknapf, der Gerichtsdiener den seinen und auch der Zeuge und der Häftling jeder einen; die Geschworenen und das Publikum sind ebenfalls versorgt, wohl weil all diese Leute unaufhörlich zu spucken wünschen. In den Krankenhäusern werden die Medizinstudenten durch Hinweisschilder an den Wänden gebeten, ihren Tabaksaft in die dafür vorgesehenen Behälter zu spucken und nicht die Treppen zu verfärben. In öffentlichen Gebäuden werden die Besucher eindringlich gebeten, den Extrakt ihres Priems, ihres »Tobaks«, wie Gentlemen, die von diesem süßen Zeug etwas verstehen, ihn nennen, in die staatlichen Spucknäpfe und nicht an die Sockel der Marmorsäulen zu spucken. Aber irgendwie ist diese Sitte unauflöslich vermischt mit jeder Mahlzeit, mit jedem Morgengruß und mit jeder Transaktion im Zusammenleben mit anderen[1].«
Natürlich sprach *Dickens* 1842 das aus, was heute viele Amerikaner sagen würden, woraus hervorgehen dürfte, daß die Sprache des Engagements sich innerhalb einer Nation im Laufe der Zeit wandeln kann. So kommen einige Sprachsymbole, wie Schnipsen, Schnupfen, mit der Schlüsselkette spielen aus der Mode, sind nicht länger Bestandteil des gängigen Vokabulars; andere, so etwa Spinnen, sind aus der amerikanischen Sprache völlig verschwunden, und wieder andere, wie »mit dem Ohr am Radio oder Plattenspieler hängen«, sind noch keine drei Generationen alt; und solche wie Rauchen haben die Bedeutung gewandelt und lassen nicht länger auf das Maß an situationeller Freiheit schließen, wie sie es früher taten.
Unterschiedliche soziale Gruppierungen haben unterschiedliche Nebenengagements zu ihrer Verfügung. Im Central Hospital zum Beispiel pflegten während der Pausen zwischen den Proben zu einer Theateraufführung der Patienten einige der Mittelschicht entstammende weibliche Insassen mit ihrem ganzen Körper durch Ballettbewegungen zu »sprechen«; den Frauen aus der Unterschicht stand

---

[1] Übersetzt nach Charles Dickens, American Notes (Greenwich, Conn.: Premier Americana, Fawcett Publications, 1961), S. 134–135.

diese Sprache nicht zur Verfügung. In unserer Gesellschaft ist Strikken eine Nebenbeschäftigung, die Männern normalerweise verboten ist, wie das Pfeiferauchen den Frauen. Und wie in allen Fragen der Zuwendung von Engagement werden in den zugelassenen Nebenengagements die Altersunterschiede besonders deutlich sichtbar. In vielen amerikanischen Kinos herrscht ein täglicher und wöchentlicher Zyklus einer Art bürgerlicher Ordnung, nach welcher der Tag und besonders die Samstag- und Sonntagnachmittage als die Zeit gelten, da eine breite Skala von Nebenengagements gestattet ist, während die übrigen Zeiten als Anlässe definiert sind, wo kaum Nebenbeschäftigungen sein dürfen. In Chicago gibt es Lichtspielhäuser, die sich spezialisiert haben auf die Art sozialer Ordnung, wie sie für Kinder gilt:
»Das Theater zeichnet sich dadurch aus, daß es vornehmlich alte Filme zeigt. Nur kleine Kinder lassen sich von veralteten Filmen faszinieren. Das Theater ist deshalb als Kindertheater klassifiziert. Da es kein Ort ist, wo es ernst zugeht, ist es zu einer Art Jugendfreizeithaus geworden für ältere Kinder, ein Ort, an dem sie sich gegenseitig mehr Aufmerksamkeit widmen als der Leinwand[2].«
Ähnlich kann ein Kind auf der Straße am Daumen oder an seinem Sauger nuckeln, Bubble-gum aufblasen, bis er platzt, mit einem Stock an einem Zaun entlang schaben, oder auch seine Hauptaktivität völlig unterbrechen, um einen Stein aus seinem Schuh zu holen. Dasselbe Verhalten, beobachtet an Patienten im Central Hospital, wurde vom Personal als »symptomatisch« bezeichnet.
In jeder einzelnen Kategorie sozialer Zusammenkünfte können wir mit Reglements darüber rechnen, welche Arten von Nebenengagement toleriert sind. Wie schon gezeigt, scheint diese Auswahl auf der Einschätzung zu beruhen, wieviel Aufmerksamkeit und wieviel vom Ich durch die Tätigkeiten absorbiert würde; und wieviel dementsprechend übrig bliebe für das dominante Engagement. So wird zum Beispiel berichtet, daß man es während einer Gruppentherapiesitzung, die vom und für das Personal eines Kindertherapiezentrums veranstaltet wurde, für akzeptabel hielt, daß ein Angehöriger des Personals eine Katze auf dem Schoß hatte; dem Tier mehr als gelegentlich einen Klaps zu geben, sah man allerdings für ein Zeichen von Desinteresse an der Sitzung an[3].
Wie für die anderen Aspekte der Engagementstruktur, gibt es auch für die Nebenbeschäftigung eine Ökologie. Man hat beispielsweise

---

[2] E. Freidson, An Audience and Its Taste (unveröffentlichte Dissertation, Department of Sociology, University of Chicago, 1952), S. 216.
[3] Hannah Meara, The Group Therapy Session as a Social Situation, unveröffentlichtes Manuskript.

gesagt, daß es zwischen den Kriegen in London Bezirke wie Bond Street gab, wo eine Dame nicht zu Fuß gehen und nicht mehr in der Hand halten durfte als Handschuhe, eine Hundeleine oder einen Schirm, und wo für Herren ähnliche Beschränkungen galten. Ein kleines Paket unter dem Arm war nicht comme il faut, denn solche unübersehbar die Muskeln betätigende Beschäftigung bedeutete offenkundig eine Beeinträchtigung jener vollendeten ausgewogenen Erscheinung, die als untadelig galt. Ausgehend von diesem Extrem, verlief ein Kontinuum innerhalb derselben Stadt bis zu Orten, wo Leute, ohne den Normen im geringsten zuwiderzuhandeln, einhergingen und sich abmühten mit ganzen Ladungen oder schweren Gegenständen, wie Kisten oder überdimensionalen Arbeitsgeräten, die sie unterm Arm schleppten[4].

Im Gegensatz zu vielen anderen Normen, die das Engagement betreffen, werden Verbote von Nebenbeschäftigungen meist eindeutig und offen ausgesprochen. Viele Veranstaltungen zeigen Hinweisschilder, die etwa das Rauchen oder Kauen untersagen. In disziplinarischen Einrichtungen wie Gefängnissen können solche Regeln bis zu dem Verbot reichen, während der Mahlzeiten zu sprechen. Und in manchen Klöstern bestimmen sie sogar »das Verhalten der Augen« während der Meditation und des Gebets, so daß der Akt bloßen Umherblickens im Raum eine nicht zu billigende Nebenbeschäftigung darstellen kann[5].

---

[4] In jenen bäuerlichen Gesellschaften, wo die Menschen daran gewöhnt sind, all ihre wachen Stunden mit Arbeit zuzubringen und nicht wie in unserer Gesellschaft nur die dafür vorgesehene Zeit am Tag, scheint eine große Menge von Nebenengagements zugelassen, ja verordnet zu sein, zumindest wenn man unsere Engagementsprache als Maßstab nimmt. Zum Beispiel hören wir über Indianer in Südamerika: »Es gilt als typisch für Indianerfrauen, am Spinnrad beschäftigt zu sein, auch während sie auf der Straße gehen, auf dem Markt verkaufen oder miteinander reden, und ähnlich verhalten sich die Männer, sie arbeiten Tressen und drehen Schnüre oder spinnen ebenfalls Garn, während sie umhergehen.« Aus B. R. Salz, The Human Element of Industrialization, in: American Anthropological Association Memoir Nr. 85, 1955, S. 101.

[5] Nonnen sind offensichtlich darin geschult, größere Zurückgezogenheit von der Situation im Ganzen zu üben als Laien: ein wesentlicher Bestandteil ihrer Heranbildung für die Aufnahme in den Ordensstand und ein Rückhalt gegen allzu rasche Anpassung an das Weltliche, kommen sie je aus dem Kloster heraus. Vgl. Kathryn Hulme, The Nun's Story (London: Muller, 1956), S. 67, und Schwester Mary Francis, A Right to be Merry (New York: Sheed and Ward, 1956), S. 18: »Zurück zur Eisenbahnfahrt; wenn sich eine Nonne außerhalb ihres Klosters befindet, ist sie dennoch eine abgeschieden lebende Nonne. Sie lebt im Geist ihrer gelobten Zurückgezogenheit von der Welt, gleich wo sie ist, und hält sich an die praktischen Bestimmungen so eng

Es gibt interessante historische Veränderungen hinsichtlich zulässiger und unzulässiger Nebenengagements in besonderen Situationen. In vielen Universitätsräumen haben sich in den letzten zwei Jahrzehnten zum Beispiel Rauchen und Stricken eingebürgert, was wahrscheinlich die Würde der Veranstaltung mindert und den Status der Studenten im Verhältnis zum Lehrkörper aufwertet. Eine ähnliche Veränderung in Ausdruck und Regelung von Engagement hat sich bei den amerikanischen Jugendlichen ergeben. Diese Gruppe scheint sich, was informelles Verhalten an öffentlichen Orten anlangt, größerer Freiheit zu erfreuen als die vorherige Generation. Gleichzeitig ist mit der Welle der tragbaren Transistorgeräte eine Möglichkeit gegeben, untergeordnetes Engagement zu konzentrieren und zu absorbieren, eine Möglichkeit, die sich zudem auf eine Vielzahl unterschiedlichster Situationen übertragen läßt[6].

Wir gehen also davon aus, daß ein untergeordnetes Engagement eine Ablenkung des Ich vom dominanten Engagement darstellt. Selbst wenn diese Ablenkung als geringfügig empfunden wird, können wir damit rechnen, daß jemand, dessen Selbstsicherheit und Selbstkontrolle innerhalb einer Situation durch ein dominantes Engagement bedroht scheint, ein untergeordnetes Engagement initiieren oder vorgeben wird, um zu beweisen, daß er seine Lage beherrscht. Einfühlsame Menschen, die Quelle der Bedrohung sind, können ihm diesen Ausweg selbst eröffnen; indem sie ihm zum Beispiel eine Zigarette anbieten[7].

---

wie möglich. So ist eine besinnliche Nonne unvorstellbar als Reisende, die durch den Zug geht, ›Bekanntschaften schließt‹ oder zufällige Konversation aufnimmt. Sie blickt auch nicht neugierig um sich, um alles und jeden in ihrem Hör- oder Blickfeld zu begaffen.«

[6] Der Gebrauch von tragbaren Radiogeräten ist nur widerwillig akzeptiert worden, zumindest in einigen Ländern. Eine Reuter-Nachricht aus Dijon (San Francisco Chronicle, 28. Mai 1961) besagt: Der Domherr Felix Kir, linksgerichteter Bürgermeister von Dijon, verbot heute das Spielen von Kofferradios in der Öffentlichkeit. Der Kleriker, der zugleich Dekan der Französischen Nationalversammlung ist, welcher er als Abgeordneter angehört, sprach das Verbot aus, nachdem er Dutzende von Beschwerdebriefen erhalten und persönlich das örtliche Schwimmbad aufgesucht hatte.
»Ich mußte dort weg«, sagte er. »Ich konnte die Kakophonie von Lärm aus all den Radios nicht ertragen, es war wie auf dem Jahrmarkt.«

[7] Das Wohlgefühl, hergestellt durchs Rauchen, kann allerdings neutralisiert werden durch ein Zittern, das vielleicht sichtbar wird beim Feuernehmen und Halten der Zigarette. So weiß zuweilen jemand, der voraus entscheiden soll, nicht, ob er lieber rauchen oder besser darauf verzichten sollte.

2. Auflagen für Hauptengagements

In vielen sozialen Situationen wird ein lebhaftes Hauptengagement als innerster Bestandteil des sozialen Anlasses betrachtet, in welchen die soziale Situation eingebettet ist; es ist als erwünscht, wenn nicht gar als verbindlich definiert. Beim Kartenspiel zum Beispiel kann man von den Mitspielern erwarten, daß ihre Aufmerksamkeit den Karten gilt; die Zuwendung von Engagement läßt sich rechtfertigen mit dem Hinweis auf die Natur des sozialen Anlasses. Wie bereits gesagt, können wir hier von anlaßgemäßem Hauptengagement sprechen.

Wie wichtig ein anlaßgemäßes Hauptengagement ist, wird klar erkennbar, wenn man umgekehrt untersucht, was passiert, wenn ein Einzelner die Bedeutung dessen, was vorgeht, nicht zu erfassen weiß. In solchen Momenten wird es ihm schwer, seine Aufmerksamkeit wachzuhalten und damit überhaupt das geforderte Engagement innerhalb der Situation zu entwickeln. Mit diesem Problem schlagen sich Ausländer herum, die englischem Unterricht folgen sollen, oder Nichtbriten bei einem Cricket-Spiel. Ähnlich unbehaglich fühlt sich auch ein Laie, der unter den Blicken fremder Passanten den Motor seines Wagens inspiziert, um herauszufinden, warum er nicht läuft; er fühlt sich unbehaglich nicht nur, weil das Auto den anderen im Wege ist und sein Unvermögen demonstriert, sondern auch weil er sichtbar in seine Arbeit vertieft sein muß, während er vielleicht gar nicht genug von Motoren versteht, um wirklich gefangen von der Situation nach dem Grund des Versagens forschen zu können[8].

Wenn jemand in einer Sache zu wenig bewandert ist, um von ihr direkt hingerissen zu werden, und versucht, seine Unkenntnis und Abneigung zu kompensieren, indem er die genau richtige Kleidung trägt, die genau richtige Ausrüstung benutzt oder die genau richtige Haltung einnimmt, dann sagen bezeichnenderweise die anderen um ihn herum zuweilen, er sei »überidentifiziert mit der Situation«. Es wäre indes wahrscheinlich richtiger zu sagen, er sei ungenügend engagiert am anlaßgemäßen Hauptengagement und allzu abhängig von einzelnen Symbolen, die dokumentieren, er sei eins mit seiner Tätigkeit. Auf diese Weise ließe sich vielleicht auch das leise Unbehagen erklären, das eine entfernte Verwandte bei den übrigen Hinter-

---

[8] Mangelnde Erfahrung ist nicht der einzige Grund für solch eine mißliche Lage. Wenn die Gäste einer kleinen Geselligkeit von ihrem Gastgeber für einen Augenblick ihren eigenen Ideen überlassen bleiben, ergibt sich ein ähnliches Problem: in der Erwartung der ihnen zugesicherten geselligen Interaktion fällt ihnen oft nichts ein, woran sie sich legitimerweise vordringlich engagieren könnten, und sie fühlen sich überhaupt nicht wohl.

bliebenen auslöst, wenn sie zur Beerdigung in einem hochmodischen, besonders ausgesuchten schwarzen Kostüm erscheint.
Jemandes Beteiligung am Hauptengagement innerhalb einer sozialen Situation kann den unverhüllten Zweck von dessen Anwesenheit bedeuten; die Auflage, sich angemessen zu engagieren, impliziert die Auflage, einen besonderen Zweck zu verfolgen. Indes, darauf haben wir hingewiesen, gibt es soziale Situationen, in denen die Anwesenden sehr wohl einen Zweck verfolgen, sogar einen obligatorischen, der aber in sich einfach kein Hauptengagement verlangt, zuweilen nicht einmal zuläßt, wie zum Beispiel die Situation, wo jemand in einem öffentlichen Verkehrsmittel sitzt oder steht und auf sein Fahrziel wartet. In solchen Fällen mag sich der Einzelne ausgesprochen absorbierenden Hauptbetätigungen hingeben, die offenkundig einem dominanten Engagement, das noch nicht statthat, untergeordnet sind.
Gleich ob eine anlaßgemäße Hauptbetätigung vorgeschrieben ist oder nicht, der Teilnehmer einer sozialen Veranstaltung – zumindest aus der Mittelschicht – ist verpflichtet, wenigstens ein gewisses *minimales Hauptengagement* zu entwickeln, um den Anschein des ausgesprochen Indifferenten zu vermeiden. Dies ist ein Grund dafür, warum Wartezimmer, Salonwagen und Passagierflugzeuge häufig vom Gastgeber mit Ausweichsurrogaten ausgestattet sind, wie Zeitschriften und Zeitungen, die als Minimalengagement herhalten können und denen auch Gewicht sich beilegen läßt (wenn außer Warten nichts zu tun ist), die man aber in dem Moment fallen lassen kann, in dem man an der Reihe oder am Ziel ist. Insbesondere Zeitungen spielen hier eine Rolle; sie sind eine tragbare Quelle von Engagement, zu der man immer greifen kann, wenn man meint, man müsse eine Beschäftigung haben, aber keine hat[9].
In unserer Gesellschaft ist es interessant zu sehen, welches Engagement den Mahlzeiten zugewendet wird. Essen in einem Restaurant gilt als Hauptbetätigung, und doch wird es auch wieder betrachtet als etwas, dem vielleicht nicht allzuviel von der Aufmerksamkeit des Einzelnen zuteil werden sollte. Deshalb wird häufig nach Nebenengagements gesucht, um unübliches Interesse daran abzuleiten. So bringt zum Beispiel jemand, der sieht, daß er allein essen muß, ohne den Schutz einer Konversation, die ein ebenfalls speisender

---

[9] Offensichtlich bestand ein wesentliches Verlustmoment beim Zeitungsstreik in England 1954 darin, daß die Pendler in der Untergrundbahn nichts hatten, um sich dahinter zu verstecken, nichts, um sich, allseitiger Billigung sicher, zurückzuziehen. Das bedeutete, sie mußten offen nichts tun, was für einen Briten aus der Mittelschicht schon eine leise Desorientierung in der Situation bedeuten kann, eine Art Selbstentblößung und »Überanwesenheit«.

Partner ihm gewährt, eine Zeitung mit oder eine Zeitschrift, einen Ersatzgesellschafter[10]. Und hat er nichts zu lesen, kann er sich an die Bar setzen und durch ein schnelles und einfaches Mahl zu erkennen geben, daß er anderweitig engagiert ist und rasch dorthin muß. Er blickt nicht auf die Anwesenden, sondern zur Bar hin und vermag auf diese Weise sein Ausgesetztsein in der Situation zu korrigieren, indem er sich an ihrem Rande, wenn nicht gar außerhalb aufhält[11]. Es gibt Situationen, in denen kleinere Engagements ausdrücklich gefordert sind, wobei die Implikation zugrunde liegt, daß die Veranstaltung nicht wichtig genug sei, um völliges Aufgehen in anlaßgemäßem Engagement zu rechtfertigen. Auf den Shetlandinseln mußten zuweilen junge Frauen, die an der abendlichen Unterhaltung im Familienkreis teilnahmen, stricken, eine Nebentätigkeit, die eine wichtige Einnahmequelle für den Haushalt darstellte. Und von einem Nonnenkloster hören wir folgendes:
»Zur Freizeit kam man mit dem Arbeitskorb; in diesem Korb lag die Arbeit, die die Hände zu tun hatten, während man im Kreis zusammensaß; denn niemandes Hände durften untätig im Schoß liegen. Zudem mußte die Arbeit eine manuelle sein, etwa Ausbessern oder Stricken. Es durfte nichts sein, was einen auf sich selbst konzentrierte, wie Briefeschreiben, Zeichnen oder Lesen, denn solches Tun würde die Aufmerksamkeit von den Schwestern in der Runde abziehen[12].«
Diese Beispiele von Gleichgewicht, welches zwischen Haupt- und Nebenengagements vorhanden sein muß, scheinen lediglich triviale Aspekte des Verhaltens zu berühren, es gibt jedoch Umstände, welche die Bedeutung dieses Problems in den Vordergrund treten lassen. So klagen Patienten in den Aufnahmeabteilungen psychiatrischer Kliniken ständig, es gebe buchstäblich nichts zu tun. Die medizinische Behandlung, die Anlaß zu Engagement geben könnte, wird nicht konkret, und auch die üblichen Sicherheitsvorkehrungen, aus denen wenigstens untergeordnete Engagements abgeleitet werden könnten,

---

[10] Würde der Mensch in solchen Situationen in einem wissenschaftlichen Buch lesen, gälte dies dem öffentlichen Geschmack als zu sehr absorbierend, als zu weit ablenkend von der dominanten Aktivität; und außerdem wäre er zu wenig verfügbar für die Situation im Ganzen, die schließlich seine Aufmerksamkeit plötzlich für sich fordern könnte. Dabei fällt auf, daß Taschenbücher, auch wenn ihr Inhalt ernsthaft ist, diese Regel zu unterlaufen pflegen, ihres Äußeren und ihres Preises wegen; vielleicht ein Grund für ihre Popularität.
[11] In einigen europäischen Restaurants steht ein großer Tisch bereit für Einzelgäste, die nicht alleine speisen möchten; daß es dies in Amerika nicht gibt, weist auf interessante Unterschiede hin zwischen amerikanischen und kontinentalen Regeln hinsichtlich sozialen Kontakts und Essens.
[12] K. Hulme, The Nun's Story, a. a. O., S. 59.

stehen dafür nicht zur Verfügung, und wenn, müssen sie länger vorhalten, als sie augenscheinlich dazu die Möglichkeit geben. In diesem Fall muß es zu inkorrekter Handhabung von Engagement innerhalb der Situation kommen, und zwar ausgerechnet unter Umständen, in denen es sehr bedrohlich sein kann, durch andere beobachtet zu werden. Kurz, der Patient ist gezwungen, merkwürdig zu handeln gerade zu einer Zeit und an einem Ort, wo es ihm in erster Linie darum gehen muß, seine Normalität zu demonstrieren. Wehrt sich der Patient sehr heftig gegen die Umstände, so wird er möglicherweise in eine »Leerzelle« gebracht, wo ihm buchstäblich nichts zur Verfügung steht, woran er seine Aufmerksamkeit hängen könnte. Allein in einem kahlen Raum, ist es ihm nahezu unmöglich, angemessen engagiert zu agieren, das heißt normal zu reagieren; der Patient wird deshalb versuchen, den Spion in der Zellentür zuzudecken, damit Vorbeigehende aus der privaten Notlage nicht eine soziale Situation machen können.

Die Unfähigkeit, ein Hauptengagement in erforderlichem Maß und angemessener Weise aufrechtzuerhalten, ergibt sich nicht nur aus einem Mangel an Beurteilungsvermögen gegenüber dem, was vorgeht, oder aus einer reduzierten Umgebung. Jemand, der an einer Zusammenkunft teilnimmt, muß oft feststellen, daß seine Belange und Interessen gar nicht hier verhandelt werden; sie liegen außerhalb und sind so, daß sie zwar in einer aktuellen Situation durchaus zu befriedigen sind, nicht aber von der gegenwärtigen[13]. Die offene Ungeduld, die daraus resultieren kann, das Gefühl, an den Ketten der Situation zu zerren, kennt jeder aus eigener Anschauung und Erfahrung. Geläufig sind auch die Verhältnisse, die jemanden zu der Äußerung veranlassen, er langweile sich, und die ihn zu phlegmatisch und lustlos machen, um an einer angemessenen Hauptbetätigung teilzunehmen. Es kann aber auch – eine andere Möglichkeit – jemand zu ängstlich und zu aufgeregt sein, um sich überhaupt richtig beteiligen zu können. Wie die verfügbaren Hauptengagements in der Situation auch aussehen, der Einzelne kann zu sehr aufgewühlt sein, um sich in der geforderten Weise auszugeben[14]. Personen, die herumzappeln und auf- und abgehen, nähern sich dieser Situation; und manischen Patienten in psychiatrischen Kliniken ist sie wohlbekannt. Eine der ergreifendsten Szenen in Heilanstalten ist die: Patienten, zu erregt oder verwirrt, um sich irgendwo in der Situation festzumachen, bemühen sich dennoch verzweifelt darum. Was da vorgeht, berichtet

---

[13] Das Parallelphänomen in der Konversation erörtert E. Goffman, Alienation from Interaction, in: Human Relations, 10 (1957), S. 47–60.
[14] Diese Art von Inanspruchnahme ist z. B. festgehalten in der Karikatur des ›werdenden Vaters‹.

ein ehemaliger Patient, indem er seine Anstrengungen schildert, sich in Phasen der Erregung zu kontrollieren:
»Oft habe ich diese (›ungesunde geistige Erregung‹) empfunden und auch gespürt, daß sie zu kontrollieren sein würde mit Hilfe einer entschlossenen Willensanstrengung. Oft bin ich aufgestanden und fest im Zimmer oder draußen auf- und abgegangen, mich zügelnd wie ein Pferd, das auszubrechen versucht trotz Kandare, Zaum und Zügel[15].«
Zuweilen macht der Patient den Eindruck, als wisse er, daß er sich nicht ganz auf die Situation konzentrieren kann, und ist nun ausschließlich damit beschäftigt, den andern den Eindruck zu vermitteln, er sei voll anwesend. Im Central Hospital habe ich einen Kranken beobachtet, der vom einen Ende des Tagesraums zum andern ging, wo ein kleiner Flur zu einem Windfang führte, und dabei tapfer versuchte, den Eindruck zu erwecken, an diesem Windfang sei irgend etwas, das er betrachten müsse, und der dann, ohne den Windfang zu betreten, seine Schritte zurücklenkte und den Kreislauf wiederholte.
Ein anderer Patient, eine junge psychotische Frau, versuchte mit der unglaublichen Hast einer Kranken, die motorisch erregt ist, sich in die Situation hineinzupressen, indem sie einen Aschenbecher in den andern stellte, eine Wasserschüssel in die andere, einen Teller in den anderen, offensichtlich in der eitlen Hoffnung, dies sehe so aus, als tue sie etwas Brauchbares und Sinnvolles. Eine andere, die immer wieder von ihrem Stuhl in der Cafeteria aufstand, zum Flur ging und wieder zurückkam, versuchte, diese aufgeregte Handlung dadurch zu kaschieren, daß sie ihrem Gesicht den einstudierten Ausdruck von jemanden gab, der zu einer bestimmten Zeit irgendwo zu sein hat. Es gibt viele soziale Situationen, wo Einzelne vorgeben, in das vertieft zu sein, was der Anlaß gerade an Aktivität vorschreibt, während sie in Wirklichkeit ihren eigenen gesonderten Tätigkeiten nachgehen und damit ihr Engagement etwas Eigenem zuwenden. Die schöne Wendung »in der Menge untertauchen« ist meist Kriminellen, Detektiven, Reportern und anderen Helden von Täuschungsmanövern vorbehalten, in Wirklichkeit jedoch gilt sie ganz allgemein[16]. So kommen in manchen öffentlichen Bibliotheken Personal und Penner stillschweigend darin überein, Dösen sei gestattet, solange der Dösende zuvor ein Buch zur Hand nimmt und es sich unter die Nase hält. Im Central Hospital fand ich ein interessantes Beispiel solcher

---

[15] The Philosophy of Insanity, geschrieben von einem ehemaligen Insassen des Glasgow Royal Asylum for Lunatics at Gartnavel (New York: Greenberg, 1947) S. 23.
[16] The Presentation of Self, S. 145–149.

Art Tarnung, es betraf wohlgelittene Wärter, die an der organisierten Freizeitaktivität von Patienten in der Phase der Bewährung sich beteiligten und die von den Patienten auch voll akzeptiert wurden. Wenn es dabei allerdings zu einem Streit oder Kampf zwischen Patienten kam, oder jemand zu fliehen versuchte, hatte der Wärter häufig schon eingegriffen, ehe manche der anwesenden Patienten überhaupt bemerkt hatten, was geschehen war. In solchen Augenblicken wurden die Patienten ein wenig desillusioniert; sie realisierten, daß die Beteiligung des Wärters an ihrer Aktivität nur Schein war, daß er innerlich gar nicht gefangen war von der Situation und die ganze Zeit weiterhin aufmerksam die Aufsicht geführt hatte. Wird in solchen Fällen der Schein echten Engagements fallengelassen, liegen uns die Zwänge, die gewöhnlich unsichtbar und unfühlbar sind, klar und deutlich vor Augen.

Innerhalb des Bereichs einer sozialen Institution bestimmen gewöhnlich formelle Regeln, wie anlaßgemäßes Hauptengagement auszusehen habe. So läßt sich eine wichtige Statuslinie in der Industrie entlang jenen Punkten ziehen, an denen Arbeiter explizit »an die Arbeit« befohlen werden können. (Extrem gilt dies offensichtlich für einige Arbeitslager in Alabama, wo »Gleichgültigkeit der Arbeit gegenüber« mit der Peitsche oder mit »Handschellen« geahndet wird.) Es ist bekannt, daß unter solchen Umständen das berühmte »So-tun-als-ob« praktiziert wird; der äußere Schein von Aktivität wird gewahrt, anlaßgemäßes Hauptengagement in Augenblicken gemimt, da jemand kontrolliert. Solche Aktivität kann rein situationell sein, häufig bewirkt sie nichts als eben den Schein.

Das Problem, angemessenes Hauptengagement zu entfalten, betrifft im besonderen das Verhalten auf Straßen. Der Akt von »zielgerichtetem Unterwegs-Sein«, die Miene, »als komme man von irgendwoher oder als gehe man irgendwohin[17]«, implizieren ein dominantes Ziel, das den gegenwärtigen Brennpunkt der Aufmerksamkeit frei läßt für andere Dinge; das Ziel und damit das dominante Engagement liegen außerhalb der Situation. Wo die untergeordneten Hauptengagements, die sich ergeben können, an Intensität gewinnen, wie in einem hitzigen Streit oder in einer zärtlichen Umarmung, wird der Einzelne von den anderen oft als pflichtvergessen beurteilt; er läßt es an der Rücksicht mangeln, die er der Zusammenkunft als Ganzem schuldet.

Menschen können außer dem Eindruck, sie seien von dem abgelenkt worden, was wichtig sein sollte, auch den Eindruck erwecken, es gebe überhaupt nichts für sie, dem sie nachgehen wollten. Anwesenheit

---

[17] E. G. Love, Subways are for Sleeping (New York: Harcourt, Brace and World, 1957), S. 28.

an einem öffentlichen Ort ohne Orientierung an erkennbaren Zielen außerhalb der Situation wird zuweilen als Herumlungern bezeichnet, und zwar dann, wenn an ein und derselben Stelle herumgestanden wird, und als Herumstreunen, wenn man so umherzieht. Beides kann als hinlänglich unzulässig gelten, um gesetzlich verfolgt zu werden. In vielen unserer Straßen, besonders zu gewissen Stunden, kontrolliert die Polizei jeden, der nichts zu tun zu haben scheint, und fordert ihn auf, »weiter zu gehen«. (In London stellte ein Gericht neulich fest, daß der Mensch das Recht hat, auf der Straße zu gehen, nicht aber das Recht, auf der Straße herumzustehen.) In Chicago kann einer in einem gewissen Bezirk (»on the stom«) in Landstreicherkluft herumlungern, ist er aber aus diesem Schonbereich heraus, muß er so aussehen, als beabsichtige er, gerade zur Arbeit zu gehen. Ähnlich verdanken manche Geisteskranke ihre Einweisung dem Umstand, daß die Polizei sie aufgriff, als sie zu unangemessener Zeit ziel- und zwecklos durch die Straßen irrten. Ein Beispiel dieser Straßenreglements gibt Samuel Beckett in der Beschreibung der mißlichen Lage seines verkrüppelten Romanhelden Molloy, der den Versuch macht, mit seinem Fahrrad, seinen Krücken und seiner Müdigkeit gleichzeitig zurechtzukommen:
»Auf diese Weise brachten wir diesen schwierigen Durchgang zur gleichen Zeit hinter uns, mein Rad und ich. Aber nach ein paar Schritten hörte ich, wie jemand mich anrief. Ich hob den Kopf und sah einen Polizisten. Das ist eine elliptische Art und Weise, sich auszudrücken, denn erst später erfuhr ich auf dem Wege der Induktion oder Deduktion – ich weiß es nicht mehr –, was da vor mir stand. Was machen Sie da? fragte er. Diese Frage war mir nichts Neues, ich verstand sie sofort. Ich ruhe mich aus, sagte ich. Sie ruhen sich aus, sagte er. Ich ruhe mich aus, sagte ich. Wollen Sie wohl auf meine Frage antworten, schrie er. Das passiert mir regelmäßig, wenn ich zu reden gezwungen bin; ich glaube, ehrlich auf Fragen, die man mir stellt, geantwortet zu haben, und in Wirklichkeit ist es nichts damit. Ich will diese Unterhaltung nicht in allen ihren Verzweigungen wiedergeben. Ich begriff schließlich, daß meine Art mich auszuruhen, meine Stellung während des Ausruhens, nämlich rittlings über meinem Fahrrad, die Arme auf der Lenkstange, den Kopf auf den Armen, ein Attentat auf irgend etwas, woran ich mich nicht mehr erinnere, die Ordnung oder die guten Sitten, darstellte...[18]«
Danach kommt Molloy ins Gefängnis, wird vernommen und entlassen.
»... Sicher habe ich mich nie wieder in dieser Stellung ausgeruht, mit unanständig gespreizten Beinen dastehend, die Arme auf der Lenkstange, und auf den Armen meinen verlassenen hin und her

---

[18] Samuel Beckett, Molloy (Suhrkamp, 1954), S. 36–37.

schaukelnden Kopf. Das war wirklich ein trauriger Anblick – ein trauriges Beispiel für die Städter, die es so nötig haben, in ihrer harten Arbeit ermutigt zu werden und nichts anderes um sich herum zu sehen als Beweise der Kraft, des Schneids und der Freude, denn ohne das möchten sie vielleicht am Ende des Tages umfallen und sich auf dem Boden wälzen[19].«

Lungern und Streunen sind oft, aber nicht immer verboten. In Gesellschaften, die das Kaffeehausleben institutionalisiert haben, kann viel und erlaubt herumgelungert werden. Selbst in unserer eigenen Gesellschaft sind in bestimmtem Ausmaß »lungernde Gruppen« geduldet, deren Mitglieder sich allem, was auch nur flüchtig die Aufmerksamkeit auf sich zieht, überlassen und die es ablehnen, eine kontinuierliche Unterhaltung zu führen, außer sie haben gerade Lust dazu. Solche Cliquen, die auf diese Weise den Tag zubringen, sind anzutreffen an den Ecken der Slumviertel, vor Geschäften und Friseurläden in Kleinstädten[20] und, so das Wetter gnädig ist, auch in den Straßen einiger Großstadtbezirke, die ganz vom Konfektionsgroßhandel beherrscht sind, paradoxerweise aber auch auf dem Rasen vor Gerichtsgebäuden in kleinen Städten[21].

Die Norm, die verbietet, »keinen Zweck zu verfolgen« oder freischwebend zu sein, wird sichtbar in der Ausnutzung nicht anstrengender Tätigkeiten als Rationalisierung ersehnten Nichtstuns oder auch in dessen Vertuschung. Beides bietet die Möglichkeit, physische Anwesenheit in einer Situation unter der Tünche einer akzeptablen, sichtbaren Aktivität zu verbergen. So können Leute, die eine »Pause« in ihrer Routinearbeit einlegen wollen, sich an einen Ort zurückziehen, wo Rauchen gestattet ist und dort ganz bewußt rauchen. Auch gewisse minimale »Erholungs«-Aktivitäten dienen als Schleier für Indifferenz, wie im Falle des Fischens an Ufern, wo einen garantiert kein Fisch beim Träumen stört, oder des »Braunwerdens« am Strand, eine Aktivität, die zum Schutz von Träumen und Schlafen werden kann. Gleiches gilt, wenn im Falle des Landstreichers eine besondere Uniform getragen werden muß, welche eine relative Inaktivität proklamiert und institutionalisiert. Wie zu erwarten, sind engagiertes Schauen aus dem Fenster, Träumen oder Schlafen durchaus zulässig,

[19] a. a. O., S. 47.
[20] Vgl. J. West, Plainville, USA (New York: Columbia University Press, 1945), S. 99–103, und H. Lewis, Blackways of Kent (Chapel Hill: University of North Carolina Press, 1955), »The Idling Complex«, S. 68–72.
[21] Vgl. den Aufsatz über »petty offenders« von I. Deutscher, The White Petty Offender in the Small City, in: Social Problems, 1 (1953), 70–73; The Petty Offender: A Sociological Alien, in: Journal of Criminal Law, Criminology and Police Science, 44 (1954), 592–595; The Petty Offender: Society's Orphan, in: Federal Probation, 19 (1955), 12–18.

wenn aus dem Kontext das dominante Engagement außerhalb der
Situation klar hervorgeht, wie bei Eisenbahn- oder Flugreisen. Kurz,
je mehr eine Veranstaltung dafür garantiert, daß der Teilnehmer
sich nicht von dem zurückgezogen hat, woran er engagiert sein sollte,
um so mehr Freiheit scheint ihm gewährt, alles das zu demonstrieren,
was sonst als Rückzug aus der Situation gewertet werden müßte.
An dieser Stelle ist es angebracht, uns noch einmal in die Betrachtung
von untergeordneten Engagements einzulassen, wie es Zeitunglesen
oder Schaufensterbetrachten sind. Da solche Betätigung in unserer
Gesellschaft als legitime momentane Ablenkungen vom legitimen
Ziel, der eigenen Arbeit nachzugehen, gelten, bedient man sich ihrer
gern als Deckmantel, wenn das eigentliche Ziel nicht legitim ist;
wir kennen das sehr gut aus der Kunst des »Beschattens bei Verdacht«. Wenn Sam Spede so tut, als betrachte er eingehend den Anzug im Schaufenster, besteht seine tiefere Absicht nicht in dem Versuch zu suggerieren, er interessiere sich für Anzüge, sondern er habe
dieselben Wünsche und Ziele wie irgend jemand auf der Straße, der,
indem er in ein Schaufenster blickt, einen Moment lang vergißt, daß
er seiner Arbeit nachgeht. Ähnlich berichtet uns ein Ex-Stromer,
daß ein betont korrektes untergeordnetes Engagement ungeheuer
wichtig sein könne, wenn es darauf ankommt, die andern davon
zu überzeugen, das verfolgte dominante Engagement hänge eng mit
dem untergeordneten zusammen; solches Auftreten sei besonders
dann wichtig, wenn persönliche Erscheinung und persönliches Tun
einen aus dem gängigen Verhaltensrahmen völlig aussondern:
»Eine Idiosynkrasie, die er (ein Freund) entdeckt hat, aber nicht zu
erklären vermag, ist die Haltung der Bahnhofspolizisten Leuten
gegenüber, die in Büchern lesen. Nach $\frac{1}{2}$ 8 Uhr abends muß jemand,
will er in Grand Central oder Penn Station ein Buch lesen, entweder
eine dicke Hornbrille tragen oder ausnehmend wohlhabend aussehen.
Jeder andere wird überwacht. Zeitungsleser dagegen scheinen niemals
Aufmerksamkeit auf sich zu ziehen, und selbst der schäbigste Vaga-
bund kann die ganze Nacht im Grand Central sitzen, ohne belästigt
zu werden, wenn er nur immer seine Zeitung liest[22].«

3. Spielräume für Desinteresse

Alle Abweichungen, die wir betrachtet haben, leugnen in gewisser
Weise die Beherrschung des Einzelnen durch den sozialen Anlaß, in
dem er sich befindet. Daraus sollte aber nicht geschlossen werden, daß
Wohlverhalten in Situationen schon garantiert sei durch volle Hin-

---

[22] E. G. Love, Subways are for Sleeping, a. a. O., S. 28.

gabe des Ich an ein dem Anlaß entsprechendes Hauptengagement. Was auch die vorgeschriebenen Hauptengagements sein mögen und ganz unabhängig von der ihnen zugebilligten Intensität geht es im allgemeinen, zumindest in unserer Mittelstandsgesellschaft, so zu, daß der Einzelne den sichtbaren Beweis zu liefern hat, er sei nicht völlig an diesen einen hauptsächlichen Brennpunkt von Aufmerksamkeit fixiert. Ein schmaler Spielraum von Selbstbestimmung und Selbstkontrolle wird gefordert und demonstriert. Dies gilt, obwohl diese Auflage häufig erst in Einklang gebracht werden muß mit dem früher erwähnten Gebot, ein Minimum an akzeptablem Hauptengagement aufrechtzuerhalten.

Normalerweise vermag der Einzelne den Eindruck von geziemendem Desinteresse so erfolgreich zu erwecken, daß wir dieses Erfordernis meist übersehen. Tritt nun eine echte Krise ein, die völliges Aufgehen in einer situierten Aufgabe mit sich bringt, kann die Krisis selbst, als ein neuer sozialer Anlaß das verdecken, entlasten, ja sogar verlangen, was sonst ein situationelles Vergehen wäre. Während kleinerer Krisen indes, wo der Einzelne zwar Grund hat, sich nicht mehr generell an der Zusammenkunft zu orientieren, aber nicht so handeln darf, läßt sich ausgezeichnet beobachten, wie trotz Schwierigkeiten in bewundernswerter Weise versucht wird, schickliches Desinteresse zu demonstrieren. Wenn sich jemand voll ausgibt, um den Bus noch zu erreichen, oder auf gefrorenem Pflaster ausrutscht, kann er optimistisch seinen Körper aufrecht und steif halten, ein peinliches kleines Lächeln auf den Lippen, als wolle er sagen, daß ihm die Sache ja gar nicht so wichtig sei und er sich, durchaus der Situation angemessen, in der Hand habe.

Offensichtlich gibt es verschiedene Spielarten von Überengagement an situierten Aktivitäten, so wenn jemand laut und selbstvergessen einen Amateurboxkampf anfeuert oder überstumm sich in ein Schachproblem versenkt. Wieder sieht man, wie Aktivitäten, die sich an der Oberfläche doch ganz stark unterscheiden, dieselbe expressive Bedeutung haben können. Bemerkenswert ist dabei, daß die ruhigere Art von Überengagement uns oft bei einer besonderen Art fugenartig ineinander verschachtelter Nebenbeschäftigungen entgegentritt, wobei diese sich wiederholenden Handlungen ein zutiefst in eine Aufgabe – oft eine im Anlaß enthaltene – eingesponnenes Individuum implizieren[23].

---

[23] Hand in Hand mit solcher, einer Fuge ähnelnden Betätigung geht meist ein »Zerfall« der Haltung (und per Implikation ist hier einiges Material zu gewinnen über die Normen, wie ordentliche Haltung zu sein habe). Einer der frühen und zugleich seltenen Erforscher gewöhnlicher sozialer Zusammenkünfte kommentiert: »Wenn ein Student im Hörsaal sich so richtig in

Es scheint wenige Situationen zu geben, die per definitionem solchen Rückzug in eine Aktivität gestatten. Jemand, der, intensiv engagiert, bei einer solchen nicht-integrierten Nebenbeschäftigung ertappt wird, reagiert fast immer mit Verlegenheit und verteilt hastig sein Engagement wieder so, daß es für die Situation tragbar ist und Bejahung dokumentiert. Nur in Situationen wie Examina oder bei Sportwettkämpfen, wo intensives situiertes Engagement fest gebunden ist an den Zweck der Veranstaltung, wird Versunkenheit in die jeweilige Aufgabe anstandslos toleriert.

Eine gängige Form von Engagementkontrolle findet bei den Mahlzeiten statt. Es gilt für weite Teile der angloamerikanischen Gesellschaft, daß der Einzelne relativ langsam essen, keine Nahrung vom Teller seines Tischgenossen nehmen und sich im allgemeinen so verhalten soll, als sei es ganz bestimmt nicht das Wichtigste in der Welt, satt zu werden; er soll sich eher so verhalten, als ob Essen nur wenig Aufmerksamkeit erfordere. (Auf den Shetlandinseln zum Beispiel, in einer Gemeinde, deren Mitglieder immer etwas hungrig waren, geschah es kaum, daß jemand bei Tisch ein zweites Mal nahm, ohne gleichzeitig zu bemerken, er habe eigentlich schon genug gehabt, und nun habe er sichtlich zuviel bekommen.) In Heilanstalten zollt das Personal solchen Reglements Achtung, indem es soziale Typen konstruiert, um die Patienten, welche offen dagegen verstoßen, bezeichnen zu können. Da gibt es den »Stopfer«, der das Essen in seinen Mund stopft, bis die Backen sich blähen, er rot wird und nach Luft schnappt; und den »Essengrapscher«, dem man, weil nicht damit zu rechnen ist, daß er den Teller seines Nachbarn respektiert, allein serviert oder den man während der Mahlzeit mit einer Schlinge, die durch seinen Hemdkragen gezogen ist, wie einen Hund mit Hilfe einer Leine an dem Stuhl festbindet, um ihn vom Territorium der anderen fernzuhalten. Andere, weniger extreme Fälle im Hospital bilden den Übergang zu einem Verhalten, wie es auch in der freien Gesellschaft praktiziert wird. Im Central Hospital z. B. aßen oft einige »kränkere« erwachsene Patienten ihren Nachtisch zuerst, womit sie zeigten, daß sie ihre Gier nach Süßem nicht kontrollieren konnten und am Essen allzusehr interessiert waren. Das ist natürlich ein Delikt, auf das man auch bei kleinen Kindern häufig trifft; sie müssen

ein Problem vertieft, läßt er die Schultern hängen, streckt die Füße aus, wühlt in den Haaren und verhält sich auch sonst unkonventionell. Ist der Bann gebrochen, richtet er sich auf, ordnet seine Kleidung und wird sozusagen sozial wieder proper.« Aus: C. H. Woolbert, The Audience, in: Psychological Monographs, 21 (1916), S. 48-49.

erst lernen, ihre »Gier« nach oraler Befriedigung und die »Überbefriedigung« im Akt des Verzehrens zu verbergen[24].
In unserer Gesellschaft gilt Schwitzen als Zeichen für Überengagement, ebenso die »zittrige Stimme«. Wichtiger noch ist das Phänomen zittriger Hände, ein besonderes Problem alter Leute. Menschen mit solch chronischem Zittern werden zu »Personen mit einem Defekt«, die jede einfache Interaktion mit einem Verhalten belasten, das als ungenügende Selbstkontrolle gewertet werden kann. Bestimmte Strategien, vielleicht ganz unabhängig davon entdeckt, werden zur Vertuschung angewandt und um zu verhindern, daß der Rest des Körpers, der eine korrekte Fassade von Engagement aufrechterhält, Lügen gestraft wird. Eine bewährte Technik besteht darin, die Hände in die Tasche zu stecken; eine andere, sie auf den Tisch zu pressen, und eine dritte darin, die zittrige Hand mit der anderen festzuhalten und dabei einen Ellbogen als Stütze auf den Tisch zu setzen.
Es ist anzunehmen, daß die Tendenz, einen Teil von sich ständig in Reserve zu halten, die Aktivität des Einzelnen so färbt, daß er in jenen besonderen Situationen, welche nahezu völlige Hingabe an ein Hauptengagement verlangen, sich gar nicht mehr gehen lassen kann. Vielleicht läßt sich auf dieser Grundlage die Mittelschichtenfrigidität teilweise erklären. Auf jeden Fall wird der Sexualverkehr in unserer Gesellschaft vorzugsweise im Schutze der Dunkelheit vollzogen; denn die Dunkelheit gestattet den Beteiligten, ein wenig von jener Freiheit zu kosten und zu genießen, sich in überhaupt keiner Situation zu befinden. Dasselbe Problem, nicht jedoch seine Lösung, findet sich natürlich auch in anderen Rahmen. Einen Büroraum mit einem zweiten teilen zu müssen, bedeutet zugleich oft eine Begrenzung der Arbeitsfähigkeit, weil extreme Konzentration und Versunkenheit in die Arbeit der Situation dann nicht mehr angemessen sind. Manche Kollegen lösen offensichtlich das Problem, indem sie einander allmählich den Status von »Unpersonen« beilegen, was eine Lockerung der situationellen Anstandsformen und eine Steigerung der für die Situation nötigen Konzentration zuläßt. Das kann bis zu einem Punkt getrieben werden, wo einer sich ein halbhörbares »Aufmunterungsgrunzen« gestattet, wie »wer sagt's denn«, »Hm, hm«, »Laß mal

---

[24] Selbstkontrolle in bezug auf Eßlust und andere Reglements, welche Engagement betreffen, ist wichtiger Bestandteil dessen, was Eltern ihren Kindern beibringen müssen. Ein realer Grund für die immer wieder zitierte Ähnlichkeit zwischen Geistesgestörten und Kindern besteht darin, daß beide Gruppen von den für sie Verantwortlichen zur Einhaltung der Engagementregeln gezwungen werden müssen. Man kann demnach behaupten, daß »Regression« nicht die Rückkehr in einen infantilen Zustand libidinöser Organisation bedeutet, sondern eher die Manifestation jener Probleme situationeller Disziplin, wie wir sie auch bei Kindern antreffen.

sehen«, ohne sich beim Mitarbeiter zu entschuldigen[25]. An anderen zusammenhanglosen Nebenengagements, wie an den Haaren zu spielen, kann man sich unter solchen Umständen zuweilen gütlich tun, manchmal sind sie toleriert.

FÜNFTES KAPITEL
Einige Regeln über die Objekte von Engagement

Ich habe gesagt, daß der Mensch in sozialen Situationen sein Engagement an Haupt- und an Nebenbetätigungen, an dominante und an untergeordnete, aufteilt und daß in jeder Situation eine ganz bestimmte Verteilung als angemessen definiert ist. Daneben haben wir einige allgemeine Abweichungen vom engagierten Wohlverhalten beschrieben: überforderndes untergeordnetes Engagement; Mangel an anlaßgemäßem Hauptengagement und Überengagement. In diesem Kapitel wollen wir nun die spezifischen *Gegenstände* oder *Richtungen* von Engagement betrachten, und zwar ebenso solche, die im Mittelpunkt der Reglements von Engagement zu stehen scheinen, wie solche, die deren Verletzung bedeuten. Ich werde deshalb auf dasselbe Verhalten zurückkommen, aber aus einer etwas anderen Perspektive.

1. Selbst-Engagement[5]

Der eigene Körper des Menschen oder ein seinem Körper direkt zugeordneter Gegenstand sind gängiges Engagementobjekt. Wenn solche Aktivität auch ihren technischen, instrumentellen Zweck haben kann – so etwa, wenn jemand versucht, einen Splitter mit einer Nadel zu entfernen –, wird gewöhnlich doch eher der Hang zur Genüßlichkeit oder zum Sich-schmücken sichtbar. Jedenfalls kennen wir alle die folgenden Beispiele von Selbst-Engagement, von egozentrierten, selbstvergessenen Handlungen: Essen, Trinken, sich Ankleiden, in den Zähnen Stochern, Fingernägel Reinigen, Dösen und Schlafen[1].

[25] Edgar Schein hat vorgeschlagen, jemand, der sich genötigt fühle, tiefe Versunkenheit in etwas vorzugeben, könne natürlich zu ebensolchen Mitteln greifen.
[1] Viele Beispiele bringt M. H. Krout, Autistic Gestures, Psychological Monographs, 46 (1935).

Diese Aktivitäten wollen wir als »Selbst-Engagements« bezeichnen. Der simplere Begriff »Beschäftigung mit sich selbst« würde nämlich auch die Hingabe an weniger eindeutige somatische Angelegenheiten einschließen, wie Diskussionen und Phantasien, die um die eigene Person kreisen.
Es bestehen erhebliche regionale Unterschiede darin, welche Selbst-Engagements in Gegenwart anderer zugelassen sind. In den Geschäftsstraßen amerikanischer Innenstädte ist es Erwachsenen gestattet, Kaugummi zu kauen und sich Bonbons in den Mund zu stecken. Die Eßpraktiken der Strandpromenaden jedoch würden hier als deplaciert gelten, da sie zu selbstvergessen sind, um nicht zum Affront gegen die anderen in der Situation zu werden.
Im großen und ganzen wird solches Interesse am »eigenen Körper« als untergeordnetes Nebenengagement betrachtet. Eine interessante Gruppe von Beispielen zitiert Saul Bellow; etwas indigniert und verwundert übernimmt er in seinen Aufsatz über Ablenkung und Zerstreutheit das folgende:
»*Bei der Hausarbeit:* Das Gesicht kann mit Crème bedeckt, die Haare dürfen aufgewickelt sein, aufrechte Haltung und guter Gang können geübt werden; während man kartoffelschälend am Küchentisch sitzt, kann man Knöchel- und Fußübungen machen und obendrein auf die Haltung beim Sitzen achten ... *Beim Telefonieren:* (zu Hause natürlich) man macht Halsübungen, bürstet sein Haar, betreibt Knöchelgymnastik, bewegt die Augen und stärkt die Füße, strafft Kinn und Hals, übt aufrechtes Sitzen und Stehen; massiert vielleicht sogar das Zahnfleisch (während man dem andern zuhört) ... *Beim Lesen oder Fernsehen:* man bürstet sein Haar, massiert das Zahnfleisch, bewegt Knöchel, Hände und Füße, macht Brust- und Rückenübungen; massiert sich den Kopf und nimmt eine Enthaarungsbehandlung vor[2].«
Sind jedoch andere zugegen, gelten diese Selbst-Engagements oft als unangemessen starke Ablenkung vom dominanten Engagement; in jedem Falle werden ihnen situationelle Einschränkungen auferlegt. Anstandsbücher warnen natürlich vor solchen Engagements in Gegenwart anderer:
»Männer sollten in Öffentlichkeit niemals in den Spiegel schauen oder sich die Haare kämmen. Ein Mann darf höchstens seine Krawatte zurechtrücken und sein Haar mit der Hand glätten. Es ist wahrscheinlich unnötig hinzuzusetzen, daß es abstoßend ist, sich am Kopf zu kratzen, sich das Gesicht zu reiben, die Zähne zu berühren, oder auch

---

[2] Saul Bellow, Distractions of a Fiction Writer, in: New World Writing, Nr. 12 (New York: New American Library, 1957), S. 231, zitiert nach einem bekannten Büchlein von Constance Hart, The Handbook of Beauty.

die Fingernägel in der Öffentlichkeit zu reinigen. All dies sollte man tun, wenn man alleine ist; selbst eine kleine Manie, die Angewohnheit, mit dem Finger über die Backe oder hinter dem Ohr entlang zu streichen, kann äußerst abstoßend sein, besonders wenn es zerstreut und mit suchendem Blick geschieht[3].«
Wie der Anfang dieses Zitates zeigt, stellt sich eine Art von Selbst-Engagement dann ein, wenn der Mensch den Zustand seiner persönlichen Erscheinung überprüft oder korrigiert. Ein Zeichen dafür, daß manche Situationen heute in unserer Gesellschaft etwas laxer definiert sind, ist darin zu sehen, daß es immer weniger unschicklich ist, wenn eine Frau ihre äußere Erscheinung in der Öffentlichkeit begutachtet, statt sich dafür in einen besonderen Raum zu begeben; sie benutzt im Restaurant den Lippenstift am Tisch oder setzt ihren Hut hier zurecht. Diese Ausbesserungsarbeit gilt immerhin als strategisch so notwendig, daß häufig Vorkehrungen getroffen sind für entsprechende Engagement-Paravents, wo solcher Aktivität sorglos nachgegangen werden kann. In vielen Büros zum Beispiel gibt es halbverdeckte Waschbecken, wo die Sekretärin in den Spiegel schauen und ihr Make-up auffrischen, sich frisieren, den Eindruck ihres Gesichts überprüfen und ähnliches tun kann. Hier darf sie sich in einem Maß dem Auto-Engagement überlassen, das anderswo unzulässig ist.
Spiegel sind wichtige Studienobjekte, will man dem Problem der Handhabung von Selbst-Engagement näherkommen. In der amerikanischen Gesellschaft ist offensichtlich der Versuchung, von erreichbaren Spiegeln auch Gebrauch zu machen, kaum zu widerstehen; hier versagt zuweilen eine Stufe von Selbstkontrolle, die normalerweise untragbares Selbst-Engagement verhindert. Immer wieder ertappt man Erwachsene bei einem flüchtigen Engagement dieser Art; sie erinnern einen damit sogleich daran, daß sie als Kinder durch eine Phase ausgesprochenen Trainings hindurchgingen, sich in Gegenwart anderer nicht im Spiegel (oder in reflektierenden Scheiben) zu begucken.
Achtsamkeit der persönlichen Erscheinung gegenüber bringt häufig vergnügliche Selbststimulierung mit sich, ein zusätzlicher Grund, solche Termini wie »sich putzen« und »sich striegeln« aus der Tiersoziologie zu übernehmen, um menschliches soziales Verhalten zu beschreiben[4]. Extremes Beispiel dieser Art selbstvergessenen Engagements sind die am Strand zugestandenen Freiheiten; man darf z. B. die eigene Haut langsam und sorgfältig mit Sonnenöl einreiben. Aber selbst bei recht formell definierten Gelegenheiten kann sich der Ein-

---

[3] Millicent Fenwick, Vogue's Book of Etiquette (New York: Simon and Schuster, 1948), S. 11.
[4] Ich beziehe mich hier auf Ray Birdwhistell.

zelne zuweilen die Freiheit nehmen, rasch eine unbedeckte Stelle seines Körpers sanft zu berühren.
Die extremste Form von Selbst-Engagement ist in unserer Mittelstandsgesellschaft wahrscheinlich die Masturbation. Wir erkennen an, daß die Masturbation in einigen Heilanstalten als tolerabel definiert ist, übersehen aber die Implikationen, welche dies für die durchweg eingeschlechtlichen, für die Unterschicht eingerichteten Abteilungen hat. So gab es im Central Hospital Abteilungen für chronisch kranke Männer, wo zweierlei Arten von Masturbation auftraten: solche von Personen, die als psychotisch lax oder undiszipliniert galten, und die »normale« Masturbation, welche meist halbheimlich jene Patienten übten, deren Aufenthalt in der Abteilung von ihren Leidensgenossen und den Wärtern weniger auf geistige Verwirrung zurückgeführt wurde als darauf, daß sie irgendwie in »Not« geraten waren. Hier haben wir ein Beispiel dafür, daß die Handlung gewissermaßen dieselbe ist, die psychodynamischen Implikationen hingegen völlig verschiedene sind[5]. Die »normale« Form von Masturbation und die damit verbundenen »laxen« Definitionen werden natürlich auch aus anderen nur für Männer und vorwiegend für die Unterschicht eingerichteten Institutionen, wie Gefängnissen, berichtet[6]. Auch Einrichtungen für Frauen liefern Beispiele für diese Art von Selbst-Engagement, ebenfalls sozusagen im Rahmen dessen, was man normale Psychologie nennt:
»Während eines Besuchs, den ich einer Uniformfabrik abstattete«, so schreibt Pouillet, »wurde ich Zeuge folgender Szene. Aus dem einheitlichen Lärm, den 30 Nähmaschinen erzeugten, hörte ich plötzlich eine Maschine heraus, die viel schneller lief als die anderen. Ich schaute mich um, wer an dieser Maschine saß; eine Brünette von 18 oder 20. Während sie sich völlig automatisch mit den Hosen beschäftigte, die sie auf der Maschine nähte, belebte sich ihr Gesicht, ihr Mund öffnete sich leicht, ihre Nasenflügel zitterten und ihre Füße traten die Maschine zunehmend schneller. Bald sah ich einen starren Blick in ihren Augen, ihre Lider senkten sich, ihr Gesicht wurde blaß, sie warf es zurück, Hände und Beine hielten inne und streckten sich aus; ein erstickter kleiner Schrei, dem ein langer Seufzer folgte, ging

---

[5] Die nützliche Zusammenstellung einiger psychodynamischer Implikationen unangemessenen Selbst-Engagements bringt T. S. Szasz, The Psychology of Bodily Feelings in Schizophrenia, in: Psychosomatic Medicine, 19 (1957), 11–16.
[6] Vgl. z. B. A. Hassler, Diary of a Self-Made Convict (Chicago: Regnery, 1954), S. 63: »... es ist durchaus nichts Ungewöhnliches, in den Waschraum zu kommen und dort einen oder mehrere Männer ins Becken masturbieren zu sehen.«

im Lärm des Saales unter. Das Mädchen war einige Sekunden bewegungslos, zog ihr Taschentuch hervor, um die Schweißperlen von ihrer Stirn zu wischen und nahm, nach einem scheuen und verschämten Blick auf ihre Kolleginnen, ihre Arbeit wieder auf. Die Vorarbeiterin, die mich führte, bemerkte, in welcher Richtung mein Blick gegangen war, brachte mich zu dem Mädchen, das errötete, ihren Kopf senkte und einige zusammenhanglose Worte murmelte, ehe die Vorarbeiterin ihren Mund auftun konnte, um zu sagen, das Mädchen möge sich richtig auf den Stuhl und nicht nur auf die Kante setzen.
Als ich den Saal verließ, hörte ich eine andere Maschine in einer anderen Ecke des Raums in beschleunigter Bewegung. Die Vorarbeiterin lächelte und sagte, das komme so oft vor, daß niemand darauf achte. Besonders häufig sei es bei jungen Arbeiterinnen, Lehrlingen und jenen, die auf der Stuhlkante säßen, was die Reibung der Labien erleichtere und befördere[7].«
Es gibt noch eine weitere Kategorie von Selbst-Engagements, die zu untersuchen ist; man könnte sie »kreatürliche Ventile« nennen. Sie bestehen aus flüchtigen Handlungen, die der Selbstkontrolle des Einzelnen entgehen und für einen Augenblick seine »animalische Natur« sichtbar machen. Sie scheinen eine kurze Befreiung von Spannung zu gewähren, unter welcher der Mensch leidet, wenn er sich ständig und gänzlich im sozialen Gewande aufhält – momentane Kapitulationen vor dem Jucken, das den Schauspieler plagt, der in seiner Rolle nicht niesen will. Die momentane Aufgabe von Kontrolle über diese kreatürlichen Ventile ist ein wichtiges Mittel für den Einzelnen, will er demonstrieren, er sei situationell nur wenig präsent. Es scheint ein Kontinuum oder eine Hierarchie dieser kreatürlichen Ventile zu geben, und zwar entsprechend dem Grad, in dem sie die Bereitschaft des Einzelnen dem gegenüber, was die Situation wahrscheinlich bringen wird, diskreditieren. Am einen Ende stehen die einfacheren Ventile wie Kratzen, Hüsteln, Augenreiben, Seufzen, Gähnen usw.; am andern die von unkontrollierten Blähungen und anderen Unmäßigkeiten, und auf der Mitte des Kontinuums finden wir Dösen, Aufstoßen, Nasepopeln oder Gürtel-Aufmachen. Das Kontinuum überspannt verschiedene Stärken plötzlicher, sogenannter emotionaler Entladungen, wie offenes Lachen, Schreien oder Weinen, einen unterdrückten Fluch; solche Handlungen können den momentanen Verlust von Kontrolle über einen Affekt bedeuten, welcher bislang in annehmbarer Weise gezügelt war. Es mag hinzugefügt sein,

---

[7] Havelock Ellis, Studies in the Psychology of Sex (2 Bände; New York: Random House, 1936), 1, 176–177, zitiert bei Pouillet, L'Onanisme chez la Femme, Paris, 1880.

daß diese kreatürlichen Ventile, da sie von Natur aus nur kurz wirksam werden, ganz leicht flüchtig und verdeckt ihre Äußerung finden können, so etwa, wenn ein Mann sein Gähnen hinter der Hand verbirgt, oder seine Genitalien durch seine Hosentasche hindurch kratzt, oder sich umständlich seine juckende Nase mit einem schützendem Taschentuch putzt.

2. Geistige Absenz (Away[8])

Äußerlich an der Aktivität einer sozialen Situation beteiligt, kann jemand seine Aufmerksamkeit dem entziehen, was er und alle andern als die wirkliche oder ernsthafte Welt betrachten, um sich eine Zeitlang in eine spielerische Welt zu begeben, in der er allein ist. Diese Art von innerer Emigration aus der Zusammenkunft kann man als »geistige Absenz« bezeichnen, und auch dafür gelten strenge situationelle Regeln.

Die wichtigste Spielart von »geistiger Absenz« dürfte das Wiederauflebenlassen von Erfahrungen oder das Einstudieren von zukünftigen Handlungen sein. Das äußert sich normalerweise in Form von Träumerei, Geistesabwesenheit, Spintisieren, Tagträumen oder autistischem Denken[9].

In solchen Zeiten kann der Einzelne seine Abwesenheit von der aktuellen Situation bezeugen, indem er seine Augen gedankenverloren in die Ferne schweifen läßt oder seine Körperglieder wie in der Ruhe des Schlafs entspannt; ebensogut aber durch die Ausübung jener speziellen Kategorie von Nebenbetätigungen, die man auch in äußerst »unbewußter«, zerstreuter Weise unterhalten kann – wie summen, kritzeln, mit dem Finger auf den Tisch trommeln, an den Haaren spielen, Nasepopeln oder kratzen. (Übrigens ist an diesen fugenartig eingepaßten Nebenbetätigungen – wir haben es schon angedeutet – zugleich auch abzulesen, daß die Grübelei, der sich jemand gerade hingibt, ihn weit vom Ort der augenblicklichen Handlung entfernt hat.) Auf jeden Fall ist Träumerei ein beredtes Zeichen für Entfernung von allen öffentlichen konkreten Angelegenheiten innerhalb der Situation.

[8] Der Begriff »away« stammt von G. Bateson und M. Mead, Balinese Character (New York: New York Academy of Sciences, 1942), S. 68–69. Vgl. auch »Communication Conduct in an Island Community«, Kap. 17.
[9] Eine psychiatrische Version des Autismus präsentiert E. Bleuler. Vgl. seine »Dementia Praecox«, auch »Autistic Thinking«, in: D. Rapaport (Übers.), Organization and Pathology of Thought (New York: Columbia University Press, 1951), Kap. 20.

Das Maß, in dem jemand sich normalerweise aus einer Situation entfernt, an der er teilnimmt, sei sein Desinteresse nun kaschiert oder nicht, ist wenig erforscht. Es ist indes anzunehmen, daß jede Umgebung zumindest einige Schlupflöcher für geistige Absenz bereithält. Einige Beschäftigungen eignen sich besonders dafür. Im Touristenhotel auf der Shetlandinsel z. B. waren die Tellerwäscher durchaus in der Lage, ihrer Arbeit nachzukommen und gleichzeitig ihre Gedanken umherschweifen zu lassen; zuweilen ging solche Träumerei in zerstreutes Singen über, sie waren offenkundig so weit weg, daß ihr Patron ihrem Gesang ein Ende setzte. Und bei Gemeindeveranstaltungen saßen die ortsansässigen Musiker zwar auf der Bühne und spielten, in ihren Gedanken aber waren sie weit weg; am Ende einer Programmnummer tauchten sie alle aus ihren verschiedenen Träumen wieder auf, meist mit einem kleinen Scherz, welcher zeigte, wie weit sie sich von den Tänzern tatsächlich entfernt hatten. Bestimmte Berufe, wie etwa der des Nachtwächters, werden zuweilen eigens im Hinblick auf diese Möglichkeiten gewählt.

Einige soziale Einrichtungen scheinen besonders an ihren allzureichen Gelegenheiten zum Träumen zu kranken. Der Biograph einer ehemaligen Nonne zum Beispiel schreibt über eine Gruppe junger Novizinnen im Kloster: »Ihre Mitschwestern kamen wie gewöhnlich mit ihren kleinen schwarzen Beuteln, einige jedoch, so konnte man beobachten, hatten den Blick von Schlafwandlerinnen. Ihre weitgeöffneten Augen schienen auf einen weit entfernten Glorienschein gerichtet, als sie sich vor der Äbtissin verbeugten und den nächstbesten Stuhl nahmen, ohne sich wie früher umzusehen und einen Platz in der Runde zu wählen, wo ihre Anwesenheit am ehesten angebracht sein würde...

Die Neigung zum Mystizismus ist in einem gemischten Orden wie dem unseren, wo Arbeit und Kontemplation Hand in Hand gehen sollen, immer ein Problem. Besonders deutlich wird dies bei den Neueingesegneten; es ist zwar wunderschön zu sehen, wie eine junge Nonne offensichtlich direkt mit Gott kommuniziert; aber unter diesem Bann und im Geiste eines anderen lebend, ist sie einfach verloren für die Gemeinschaft, in der währenddessen ihre Hände und Füße dennoch ihre Arbeit tun sollen. Man weiß natürlich nie, ob dies wirklich so ist, oder ob einfach einer jener unbewußten Isolationsversuche vorliegt, denen wir alle von Zeit zu Zeit zum Opfer fallen...

Das Schweigen der Gedankenverlorenen entging der Aufmerksamkeit der Äbtissin nicht. Sie holte die Träumer mit direkten Fragen über ihre Aufgabe in den Kreis der Nähenden zurück[10].«

Manche Heilanstalten bestrafen solches Aus-dem-Feld-Gehen nicht

---

[10] K. Hulme, The Nun's Story (London: Muller, 1956), S. 69–70.

direkt, die Patienten können jahrelang die Gänge auf- und abgehen und Erinnerungen an draußen zurückgelassene Verwandte wiederkäuen; sie tauchen aus ihrer Gedankenverlorenheit nur auf, wenn der Krankenhausbetrieb sie dazu zwingt[11]. In solchen Einrichtungen wird geistige Absenz zuweilen nicht nur geduldet, sondern auch erzeugt, so wenn ein Patient in seiner Einzelzelle rein gar nichts vorfindet, an dem sein Geist sich festhalten könnte, oder wenn man alle Patienten auf einer 90-Betten-Station in den einen der beiden Aufenthaltsräume zwängt, um den andern putzen und bohnern zu können; sie fühlen sich dann so eng zusammengepfercht, daß es einfach sinnvoller Schutz ist, wenn sie sich zurückziehen und eine Orientierung in Richtung der anderen unterdrücken. In diesem Zusammenhang lernt der teilnehmende Beobachter schnell, mangelnde körperliche Kontrolle in allen Bereichen und Halluzinationen, auch wenn sie nur einen halben Meter entfernt auftreten, zu übersehen. Ebenso wissen wir, daß es in solchem Rahmen außerordentlich schwierig ist für den Einzelnen, sich aus der Absenz zu lösen, um am Gespräch der Anwesenden teilzunehmen[12]. Vielleicht können diese Fakten das Verständnis jenes klassischen Phänomens bei einem Patienten in geschlossener Anstalt erleichtern, der zwar hinreichend »anwesend« ist, um höflich um eine Zigarette zu bitten, aber auch so gedankenverloren, daß er die Zigarette so weit abglimmen läßt, bis sie seine Finger ansengt.

Im Zusammenhang mit dem Phänomen des Streunens haben wir davon gesprochen, daß Menschen vielerlei nichtanstrengende Tätigkeiten entwickeln als Deckmantel für Träumereien. Die Kaffee- und Zigarettenpause, die man sich selber gönnt, ist dafür ein Beispiel. Öffentliche Speiselokale tragen dieser Taktik Rechnung, indem sie Sitzgelegenheiten für solche, die allein essen, vor Drehspiegeln placieren, um es dem Gast zu erleichtern, »absent« zu sein; er kann auf diese Weise ungesehen sich selbst betrachten. Menschen, die das gesamte System situationeller Anforderungen in der Gesellschaft nicht mögen, können solche Orte aufsuchen, wo Träumerei aller Wahrscheinlichkeit nach gestattet ist. Ein sehr gebildeter Patient des Central Hospital hat gesagt:

»Um Klatsch zu meiden, begann ich Spelunken aller Art aufzu-

---

[11] Eine gute Beschreibung dieses Zustands gibt H. S. Sullivan im Rahmen dessen, was er »chronische Demoralisierung« und »Verzweiflung« nennt, siehe »Psychiatric Aspects of Morale«, in: American Journal of Sociology, 47 (1941), S. 281.
[12] Vgl. z. B. M. L. Hayward und J. E. Taylor, A Schizophrenic Patient Describes the Action of Intensive Psychotherapy, in: Psychiatric Quarterly, 30 (1956), 1–38.

suchen, von denen ich annahm, daß niemand dort mich kennen werde. Ich saß nur da, stundenlang, grübelte, guckte in die Luft und spielte mit einem konfusen Gedankengespinst.«
Gedankenverlorenheit ist zwar die vielleicht wesentlichste Art von geistiger Absenz, aber es gibt noch andere. Da ist zunächst das Phänomen des »Zu-sich-selber-Sprechens«, knapp zu definieren als eine Unterhaltung mit den Mitteln von Sprache und Gestik, in welcher die Person, zu der man spricht, man selbst ist. Auf der Bühne nennt man solche Handlungen Monologe, sie sind als zulässige dramaturgische Mittel institutionalisiert. In der Realität unserer Gesellschaft indes ist man geneigt anzunehmen, nur geistig Kranke, noch nicht geschulte und tumbe Menschen agierten so. Tatsächlich aber gibt es viele Umstände, wo Menschen zu sich selber sprechen und feststellen, daß niemand daran Anstoß nimmt. Wenn zum Beispiel jemand ungeschickt ist, kann er durchaus hörbar auf sich selber fluchen, um zu zeigen, daß auch er solche Ungeschicklichkeit mißlich findet und obendrein als nicht gerade charakteristisch für seine Person ansieht; er zieht es vor, einer zu sein, der mit sich selber spricht, statt einer, der normalerweise solche Fehler macht wie den eben fabrizierten. Ähnlich steht es mit dem »Murmeln«. Jemand will lieber als einer gelten, der zu sich selbst redet, als einer, der Kränkungen entgegennimmt, ohne darauf überhaupt auch nur zu reagieren. Abgesehen jedoch von der Möglichkeit, auf diese Weise das Gesicht zu wahren, achten die Menschen sehr darauf, daß sie nur zu sich selber sprechen, wenn sie sicher sind, niemand – und damit auch keine soziale Situation – trete ihnen entgegen. Zu sich selbst Sprechende, die besonders umsichtig dafür Sorge tragen, daß niemand sie dabei ertappt, tarnen ihr potentielles Mißverhalten, indem sie ständig den Mund ein wenig offen haben, wodurch Zeichen einer Vokalisation, sollte überraschend jemand auftauchen, weniger leicht zu bemerken sind.
Eine andere Spielart von Selbstvergessenheit liegt dann vor, wenn jemand hörbar eine Unterhaltung vorwegnimmt oder noch einmal aufleben läßt nicht mit sich selbst, sondern mit einer anderen, aber nicht anwesenden Person. Natürlich sprechen Menschen häufig auf diese Art »im Geiste« mit jemanden, etwa wenn sie sich vornehmen, was sie ihrem Chef oder irgendeinem Publikum sagen werden. Aber selten, so scheint es, wird ihre Absenz hörbar.
Schließlich wäre noch eine weitere Kategorie von Absenz zu erwähnen. Wenn jemand auf einer Veranstaltung sich befindet, deren Aktivitäten er sich entziehen möchte, kann er sich seiner Phantasie überlassen (in diesem Sinne ähnlich jener vorgestellten Welt des Traums), seine Aufmerksamkeit dem Illusionären zuwenden und, um diese ferne Welt aufzurichten, durchaus Materialien verwenden,

die ?den andern sichtbar sind. Eine Komponente desinteressierter intellektueller Betätigung ist das Gegenwärtige, das Vorhandene. Solche Art Aktivität übt zum Beispiel jemand, der kunstvolle Kritzeleien verfertigt, Streichholztürme auf Flaschenhälsen errichtet oder Zusammensetzspiele macht; oder auch das Kind, das auf dem Trottoir seine Füßchen so setzt, daß es die Ritzen im Pflaster nicht berührt, das eine lange Strecke auf einem Bein hüpft, mit einem Stock am Zaun entlang kratzt oder eine Blechdose vor sich her kickt[13]. Die amerikanische Gesellschaft liefert ein weiteres Beispiel in der Mutter, die sich kurzfristig aus der Situation löst, in der sie körperlich festgehalten ist, indem sie einen Augenblick lang mit ihrem Baby spielt, auch wenn währenddessen ein anderer Erwachsener das Wort richten sollte an jene Gruppe Konversierender, deren konstitutives Mitglied diese Mutter ist. Die positive Sanktion, die auf Mutterliebe steht, und – zeremoniell gesprochen – die Vorstellung, Kinder seien keine vollwertigen Menschen und deshalb auch keine vollwertige Ablenkung, bedeuten einen Schutzschild für alle, die diese Strategie anwenden; sie gehen straflos aus. Auf der Shetlandinsel hatte die allgegenwärtige Hauskatze eine ähnliche Funktion: ein Shetländer, der in einer Versammlung festgehalten war, die ihm keinen Spaß machte, fing an, mit der Katze zu spielen; dabei wiederholte er halblaut die Antwort, die seine Albereien vermutlich hervorrufen würde, könnte die Katze sprechen. So konnte ein Mann, den die Küche ihrer Wärme und des Tees wegen zwar anzog, den der Kreis der dort anwesenden Frauen jedoch abschreckte, anstandslos seine Behaglichkeit und Ruhe finden, indem er die Katze als Mittel nahm, sich aus dem Frauenzirkel herauszuhalten.

Chronisch Kranke im Central Hospital benutzten häufig solche »Spielzeug-Engagements« für Absenz. Wenn alle Patienten nach dem Essen hintereinander die Treppen hinaufstiegen, bückte sich plötzlich einer, um voller Eifer einen kleinen Farbklecks im Beton genau anzusehen. Andere Patienten, besonders solche, die als stark regrediert und sehr krank galten, widmeten ihre gesamte Aufmerksamkeit oft und lange einem Schmutzpartikelchen auf ihrer Fingerspitze, zuweilen den Dreckfleck beleckend, sie konzentrierten sich auf Staubkullen am Boden, sie spürten langsam und sorgfältig mit den Fingerspitzen dem Gefüge oder anderen Unebenheiten im Fußboden nach, dort wo sie gerade hockten oder herumkrochen. Auf diese Weise saugten sie die ganze Welt an sich heran, bis der Umkreis ihrer Realität nur noch einen Fuß Durchmesser hatte, Mittelpunkt

---

[13] Solche Arten konzentrierter Ablenkung sind gut beschrieben in H. Wright und R. Barker, Methods in Psychological Ecology (Topeka, Kansas: Ray's Printing Service, 1950), bes. S. 166.

war ihre Nase. Natürlich gab es durchaus auch Spielpraktiken, die sich von denen im normalen Leben kaum unterschieden. Während zum Beispiel ein Lieferwagen vor der Patientenkantine parkte, malte irgendein Patient mit dem Finger Muster auf die staubige Karosserie, oder auf der Abteilung vertrieb sich jemand die Zeit damit, aus Zeitungen Ketten auszuschneiden.

Abschließend ist zu sagen: Kurzes überschäumendes Gebaren kann natürlich mehr sichtbar machen als nur eine Art unangemessenen Verhaltens; die Aufwallung bezeugt in vielerlei Hinsicht die unzureichende situationelle Präsenz des Einzelnen. Z. B. treten mangelnde kreatürliche Kontrolle und der Zustand von Gedankenverlorenheit häufig gemeinsam auf. So konnte man im Central Hospital eine Patientin beobachten, die ihr gekautes Huhn wieder aus ihrem vollgestopften Mund ausspuckte und es sorgfältig mit beiden Händen selbstvergessen untersuchte; dasselbe tat sie mit dem Schleim, den sie aus ihrer Nase holte. Eine andere Frau wollte mit Speichel ihr Kleid säubern, spuckte aber nicht weit genug, und nun beobachtete sie höchst konzentriert, wie der Speichel langsam auf dem Stoff zerfloß und einsickerte. Ein ärgerlicher älterer Mann pflegte Schleim auszuhusten, dann auf dem Tisch damit zu spielen, bis er ihn schließlich wegwischte.

3. Okkulte Engagements

Charakteristisch für Monologe und hörbare innere Dialoge ist das Wissen davon, daß die Person, mit der man spricht, entweder man selbst ist oder die Unterhaltung mit ihr nicht in Wirklichkeit stattfindet. Mit Träumen ist es ähnlich: der Mensch weiß genau, er befindet sich nicht wirklich in der Welt, in die zu entschwinden er sich gestattet, zumindest kann man ihn leicht daran erinnern. Indessen gibt es auch eine Art von geistiger Absenz, die den übrigen Anwesenden zu Recht oder zu Unrecht den Eindruck vermittelt, jemand bemerke gar nicht, daß er »absent« ist. In diesem Falle spricht die Psychiatrie von »Halluzinationen« und »Wahnvorstellungen«. Solchen »unnatürlichen« verbalen Aktivitäten entsprechen unnatürliche körperliche; die sichtbare Aktivität des Einzelnen hat dabei offenkundig den Charakter der Erledigung einer Aufgabe, ist aber weder »verständlich« noch »sinnvoll«. Solch widernatürliches Handeln kann sogar Festhalten von oder Greifen nach etwas einschließen, z. B. wenn ein erwachsener Patient sich an einer Puppe oder einem fetischisierten Kleidungsstück festhält. Hierher gehören die Termini »Manierismus«, »Ritual«, »Posieren«, die ebenso wie die Beurteilung »unnatürlich« auf ihre Weise zwar klar sind, uns aber kaum spezifi-

ziert angeben, was denn »natürliche« Handlungen seien. Ich möchte von diesen irgendwie unnatürlichen Sprach- und Körperaktivitäten als »okkulten Engagements« sprechen.
Okkulte Engagements lassen sich eindeutig unterscheiden von geistiger Absenz anhand der unterschiedlichen Konsequenz ihrer Aufdekkung. Jemand, der sich der Träumerei hingibt, dabei ertappt wird oder sich selbst dabei ertappt, schnellt sofort zurück zur interaktionellen Aufmerksamkeit und nimmt die Orientierung an der Situation im ganzen wieder auf; wer jedoch in einem okkulten Engagement steckt, reagiert gerade nicht in dieser Weise. Ein vierjähriges Kind mag kundtun, es wolle nicht gestört werden, während es in verschiedenen Rollen mit sich spreche; von einem Erwachsenen aber, der dieses Recht in Anspruch nimmt, weiß man, daß sein Engagement ein okkultes, den anderen verborgenes ist.
Störend und bezeichnend zugleich am okkulten Engagement, dem sprachlichen wie dem körperlichen, ist, daß Mitanwesende die zugrunde liegende Intention, die den Agierenden offensichtlich treibt, nicht »mitbekommen« und folglich dem, was der auf solche Weise Abweichende* eventuell sagt, nicht trauen können. Das bedeutet, daß normalerweise die Erwartung herrscht, alle situierte Aktivität, ist sie nicht direkt »anlaßgemäß«, also durch den Anlaß erklärt, solle auf jeden Fall ein gewisses Maß an Transparenz, an unmittelbarer Verstehbarkeit für alle Anwesenden aufweisen. Nicht daß die spezifischen Handlungen des Agierenden voll und ganz verstanden werden müssen – dem ist bestimmt nicht so, wenn zum Beispiel die Familie dem Mechaniker zuschaut, wie er das Fernsehgerät repariert –, sie bedürfen nur eines situationellen Anstrichs in der Form, daß sie in einem Kontext von bekannten Zielen oder allgemein anerkannten Techniken stehen. Wenn die Mitanwesenden keine Garantie dafür haben, daß der Geist des Handelnden sich an dem (bekannten und natürlichen) Platz befindet, wo er hingehört, haben sie zuweilen das Gefühl, sein Geist sei zu weit weg, um angemessenes Engagement am Anlaß aufbringen zu können. Okkulte Engagements gehören natürlich zu den klassischen psychiatrischen Symptomen, die häufig Einweisung nach sich ziehen. Jemand, der weint oder ohne ersichtlichen Grund große Angst empfindet, der seine Habseligkeiten verbrennt, sein Postsparbuch zerreißt oder seine Bibel in eine Schüssel mit Wasser taucht, macht den Eindruck von jemandem, der in der Situation nicht in dem Sinne anwesend ist, in dem seine Partner es vermutlich sind. Eine Patientin sagte in der Gruppentherapie:
»Es scheint, daß Kranke, wenn sie irgendwohin gehen wollen, immer

---

* der Abweichende steht für denjenigen, der die Normen der Situation verletzt (Übersetzer).

in Schwierigkeiten geraten. Ich bin zwei Tage lang gegangen, dann griffen mich die Bullen auf; ich wollte, so hatte ich es mir vorgenommen, zu einer kleinen Insel gehen, um wegzukommen. Ich hatte Brot und Angelhaken bei mir.«
Vielleicht ist es viel eher diese Art, gar nicht anwesend und nicht jederzeit erreichbar für die Versammelten zu sein, als die jeweilige Besonderheit des unvorschriftmäßigen Verhaltens selber, die den störenden Eindruck entstehen läßt. Sicherlich ist die Neigung, diesen Eindruck von Entfremdung und Entfernung von der Aktivität innerhalb der Situation zu erwecken, eines der wenigen all diesen ganz unterschiedlichen Verhaltensweisen gemeinsamen Momente.
Eindrücke von okkultem Engagement stellen sich häufig nicht deshalb her, weil jemand sich an irgend etwas nicht Vorhandenem direkt orientiert, sondern sind Nebenprodukt seiner Art, mit etwas umzugehen, von dem alle genau wissen, daß es vorhanden ist. Zum Beispiel kann die psychiatrische Vorstellung von einem falschen, unangemessenen oder flachen Affekt durchaus einer fröhlichen, heiteren Reaktion des Patienten gelten, einer Reaktion auf etwas, was ihn ernsthaft beschäftigt. Es ist zu spüren, daß der Patient, wendet er solchen Dingen diese Art von Engagement zu, sein ernsthaftes Interesse an etwas festgemacht hat, das weder natürlich noch vorhanden ist. Einen ähnlichen Eindruck ruft der Patient hervor, der, draußen vom Regen überrascht, nicht wie die anderen seine Schritte beschleunigt oder seine Kleider fester umnimmt. Da er nicht den Umständen entsprechend an sein körperliches Wohlbefinden denkt, ist es eine offene Frage, was ihn statt dessen interessiert. An der Grenze zu solcher Form okkulten Engagements liegt übrigens der Topos vom zerstreuten Professor – einem Menschen, der viel zu versunken ist in ferne, möglicherweise abstruse Gedanken, um die trivialen situierten Details so wahrzunehmen und zu beachten wie der Normal-Spaziergänger. Aber diesen Gestalten verleiht das gerade Vorhandensein professoraler Probleme von intellektuellem Interesse den Anspruch auf natürliche Zerstreutheit und das Anrecht auf Geistesabwesenheit[14].
Wenn jemand bei einem okkulten Engagement wahrgenommen wird, spüren die Beobachter meist nicht nur, daß sie ihn im Augenblick nicht herholen können, sondern sie sind häufig auch der Meinung,

---

[14] Einen klassischen Grenzfall stellt Albert Einstein dar, dessen Bekleidungspraktiken ein einzigartiges Beispiel fürs zulässig Unkonventionelle sind. Obwohl sein Äußeres nahelegte, er lebe völlig in seiner eigenen Welt, war diese besondere exklusive Welt als reale und sinnvolle zu erkennen und zu akzeptieren. Derjenige, der mit der Art eines Einstein, sich zu kleiden, am besten zurechtkam, war Einstein.

daß des so Abweichenden gesamte bisherige Aktivität fälschlich als Zeichen von Beteiligung genommen worden ist und er die ganze Zeit ihrer Welt weit entrückt war. (Das scheint besonders zu gelten für jene lebhaften okkulten Betätigungen, wo der sich an den Normen Vergehende seiner speziellen Begeisterung für einen Gegenstand einen lebhaften Ausdruck zu geben vermag, dem die übrigen Anwesenden allerdings keinen so rechten Glauben schenken mögen.) Diesem retrospektiven Aspekt des Verstoßes folgt häufig das Gefühl, alles weitere Tun des Betreffenden sei suspekt[15]. Das gegenseitige Vertrauen, welches Voraussetzung ist, wenn Menschen zusammen sein und mit ihren eigenen Angelegenheiten vorankommen sollen, kann verlorengehen, und der Abweichende kann als Kandidat für sozialen Verkehr ruiniert sein. In diesem Sinne ist also ein paranoider Mensch einer, der sich so verhalten hat, daß die anderen argwöhnisch geworden sind und aufmerksam alles beobachten, was er tut; die Gefühle von Verfolgung, die daraus entstehen, können voll gerechtfertigt sein[16].

Während das Tabu auf okkultem Engagement besonders Gewicht annimmt für Menschen, die bereits geistesgestört sind oder an dieser Krankheit erkranken, hat es ansonsten in unserer Gesellschaft einen breiten, kontrollierenden Effekt, und wahrscheinlich ist hier, unter den Nicht-Kranken, seine erhellendste Bedeutung zu suchen. Auch wenn jemand de facto niemals ein okkultes Engagement pflegt, so findet er sich bestimmt in der einen oder anderen Situation wieder, in der er sich so verhält, daß die andern daraus zumindest einen Augenblick lang okkultes Handeln ablesen könnten. In solchen Fällen muß er sein Tun modifizieren, um seinen Ruf zu stützen. So wird ein Mann, der auf allen vieren im Gras herumkriecht und nach seinem Manschettenknopf sucht, in dem Moment, da ein Spaziergänger ihn plötzlich auf dieser einsamen Suche ertappt, wahrscheinlich die Norm brechen und hörbar zu sich selbst zu sprechen, um keinen Zweifel darüber aufkommen zu lassen, daß seine Betätigung eine völlig natürliche sei. Oder wenn jemand an einem Eingang steht, um einen anderen zu erwarten, und ein Dritter taucht auf, dann kann der Wartende auf die Uhr blicken, die Straße hinauf und hinunter schauen, um seine Intention in einer sichtbaren, verstehbaren Form auszudrücken, die ihm den Schutz einer angemessenen dominanten Aktivität garantiert, einer Aktivität, die im Augenblick eben Inaktivität erfordert.

---

[15] Hierzu verdanke ich Wesentliches der unveröffentlichten Arbeit von Harold Garfinkel.
[16] Vgl. in diesem Zusammenhang den luziden Aufsatz von E. Lemert, Paranoia and the Dynamics of Exclusion, in: Sociometry, 25 (1962), S. 2–20.

Zwei Einschränkungen des bisher Vorgetragenen über okkulte Engagements sind zu machen. Erstens: die Tatsache, daß andere immer wieder die Aktivität eines Menschen als »sinnlos« oder »verrückt« auslegen, ist nicht schon Beweis dafür, daß sie verrückt ist, ja nicht einmal der Beleg dafür, dem Sinn sei nur auf die Spur zu kommen, wenn man es mit jener Art von ausgedehnter symbolischer Interpretation versucht, wie es die Psychoanalyse zuweilen tut[17].
Zweitens: die Okkultheit einer Handlung ist ihr nicht immanent und muß natürlich auf die Gruppe bezogen werden, welche sie als solche definiert. Es gibt Gesellschaften, in denen ein Gespräch mit einem Geist ebenso normal ist, wird es von den entsprechend autorisierten Leuten geführt, wie eine Unterhaltung übers Telephon in Amerika. Und selbst in der amerikanischen Gesellschaft betrachten diejenigen, die einer Séance beiwohnen, es nicht als anormal, wenn das Medium mit »jemand von drüben« interagiert, gleich ob sie dies nun für eine gestellte oder eine genuine Interaktion halten. Und ganz sicher gilt uns Beten als akzeptabel, wenn es zu den richtigen Gelegenheiten geschieht. Aber in all diesen Fällen glauben die Beobachter entweder, der Akteur kommuniziere tatsächlich mit jemandem oder etwas, oder sie nehmen taktvoll wahr, daß eine beträchtliche Anzahl anderer Teilnehmer dies glaubt. In dem Maß, in dem solcher Glaube und taktvolles Verhalten Hand in Hand gehen, hören diese Engagements natürlich auf, im soziologischen Sinne okkult zu sein, gleich welchen wissenschaftlichen Status sie haben.

---

[17] Ein gutes Beispiel dieser Art von Tiefenanalyse bringt M. A. Sechehaye, Symbolic Realization (New York: International Universities Press, 1951).

TEIL III ZENTRIERTE INTERAKTION

SECHSTES KAPITEL
Blickkontakte

Vorhin haben wir gesagt, die Untersuchung situationeller Anstandsformen lasse sich in zwei analytische Teile gliedern – zum einen sei die nicht-zentrierte Interaktion zu erforschen, die das betrifft, was zwischen Personen allein auf Grund ihrer gemeinsamen Anwesenheit in derselben sozialen Situation kommuniziert werden kann; zum andern die zentrierte Interaktion, welche Gruppen von Personen betrifft, die einander eine besondere Lizenz für Kommunikation erteilen und einen besonderen Typus von wechselseitiger Aktivität unterhalten, der andere in der Situation Anwesende ausschließen kann. Mit dieser zentrierten Interaktion wollen wir uns jetzt befassen.

1. Höfliche Gleichgültigkeit

Wenn Menschen gemeinsam anwesend, aber nicht in eine Unterhaltung oder andere zentrierte Interaktion verwickelt sind, kann es geschehen, daß jemand offen und unverwandt andere Anwesende anstarrt, um soviel wie möglich von ihnen zu erhaschen, und daß er auf seinem Gesicht ganz offen seine Reaktion auf das, was er sieht, zeigt – man denke an den »Haßblick«, den ein weißer Südstaatler zuweilen grundlos einem vorbeigehenden Neger nachschickt[1]. Es ist auch möglich, daß jemand die anderen behandelt, als seien sie überhaupt nicht da, als Objekte, die keines Blickes würdig sind, von tieferem Interesse an ihnen gar nicht zu sprechen. Zudem ermöglichen Hinstarren und »Wegsehen« es dem Einzelnen, sein Auftreten auch in Gegenwart der anderen fast gar nicht zu verändern. Es handelt sich hier um eine Art »Unpersonen«-Behandlung; unsere Gesellschaft legt solches Verhalten zuweilen Kindern, Bediensteten, Negern und Geisteskranken gegenüber an den Tag[2].
Gegenwärtig setzt unsere Gesellschaft dieser Art von Umgang eine

---

[1] J. H. Griffin, Black Like Me (Boston: Houghton Mifflin, 1961), S. 54, 128.
[2] The Presentation of Self, S. 151–153.

andere entgegen, die generell als den meisten Situationen angemessener gilt; wir wollen sie hier als »höfliche Gleichgültigkeit« bezeichnen. Solches Verhalten setzt hinreichende visuelle Beachtung des anderen voraus, die beweist, daß man seine Anwesenheit würdigt, (man gibt offen zu verstehen, man habe ihn gesehen), während man im nächsten Moment die Aufmerksamkeit bereits wieder zurücknimmt, um zu dokumentieren, er stelle keinesfalls ein Ziel besonderer Neugier oder spezieller Absichten dar. Bei der Bekundung dieser Höflichkeit können die Augen desjenigen, der schaut, über die des andern hinweggleiten, gemeinhin ist dabei kein »Erkennen« gestattet. Kommt es zu solcher Höflichkeit zwischen zwei Passanten auf der Straße, kann höfliche Gleichgültigkeit in der besonderen Form walten, daß man den andern ins Auge faßt, bis er sich auf etwa drei Meter genähert hat – in dieser Zeit werden die Seiten der Straße durch Gebärden aufgeteilt –, dann, während der andere vorbeigeht, schlägt man die Augen nieder, man blendet quasi ab. Wir haben hier vielleicht das unbedeutendste interpersoneller Rituale und doch zugleich eines, das beständig den sozialen Verkehr zwischen Menschen unserer Gesellschaft regelt. Mit höflicher Gleichgültigkeit tut man kund, man habe keinen Grund, den Absichten der anderen Anwesenden zu mißtrauen, und auch keinen Grund, die andern zu fürchten, ihnen feindlich gesonnen zu sein oder sie meiden zu wollen. Läßt man diese Art Höflichkeit in breiterem Maßstab walten, setzt man sich automatisch einer gleichen Behandlung von seiten der anderen aus. Man beweist damit, man habe nichts zu befürchten oder zu meiden für den Fall, daß man gesehen und beim Sehen gesehen werde, und man schäme sich seiner selbst nicht, auch nicht des Ortes und der Gesellschaft, in der man sich befindet. Eine gewisse »Direktheit« im Blick wird deshalb notwendig sein. Wie ein Student es formuliert: der Blick soll nicht vorsichtig, nicht abgewandt, nicht abwesend und auch nicht defensiv dramatisch sein, so als »sei irgend etwas im Gange«. Tatsächlich kann solches Abwenden der Augen als Symptom einer Art psychischer Störung genommen werden[3].
Höfliche Gleichgültigkeit ist ein so delikates Übereinkommen, daß wir mit konstanten Abweichungen von den dafür gültigen Regeln zu rechnen haben. Dunkle Gläser z. B. gestatten dem Träger, jemand anderen anzustarren, ohne daß dieser genau weiß, ob er angestarrt wird[4]. Man kann jemanden aus den Augenwinkeln anschauen;

---

[3] M. D. Riemer, Abnormalities of the Gaze – A Classification, in: Psychiatric Quarterly, 29 (1955), S. 659–672.
[4] Ein fähiger Beobachter visuellen Kontakts, der Romancier William Sansom, erörtert diesen Punkt in »Happy Holiday Abroad«, in: A Contest of Ladies (London: Hogarth Press, 1956), S. 228:

Fächer und Sonnenschirme waren einst Mittel, verstohlen zu gaffen, und in der höflichen westlichen Gesellschaft hat die Abnahme im Gebrauch solcher Instrumente in den letzten fünfzig Jahren die Elastizität der Kommunikationspraktiken gemindert[5].
Je näher übrigens die Betrachter demjenigen kommen, der sie interessiert, desto exponierter ist dessen (und auch ihre eigene) Position, und desto stärker werden sie zu höflicher Gleichgültigkeit sich verpflichtet fühlen. Mit der Entfernung vom Gegenstand ihrer Neugier wächst ihr Gefühl von Freiheit, ihn ein wenig mustern zu können.
Außer diesen Regelumgehungen haben wir auch mit häufigen Regelbrüchen zu rechnen. Hierbei gelten klassen- und altersspezifische und ethnisch unterschiedliche Muster.
Die Moral einer Gruppe hinsichtlich dieser minimalen Anstandsform höflicher Gleichgültigkeit – einer Höflichkeit, die den Anwesenden allein in ihrer Eigenschaft als Teilnehmer der Veranstaltung und nicht auf Grund anderer spezifischer Merkmale zuteil wird – gerät immer dann auf den Prüfstand, wenn jemand von völlig unterschiedlichem sozialem Status oder sehr abweichender äußerer Erscheinung anwesend ist. Die englische Mittelstandsgesellschaft ist zum Beispiel darauf stolz, daß sie berühmten und nicht-berühmten Leuten das Privileg zugesteht, in der Öffentlichkeit höflich unbeachtet zu bleiben, so wenn die königlichen Kinder es schaffen, in einem Park

»Er tat, als bummle er, und ging langsam den Strand entlang, hinter seinen dunklen Gläsern jeden Badegast genau beäugend. Man möchte meinen, solch dunkle Brille, verberge den neugierigen Blick: aber Preedy wußte es besser, er wußte, sie bewirkte das Gegenteil; sobald er sie auch nur in die Nähe des Gegenstandes manövrierte, wirkte sie wie ein Schlag. Mit seinen dunklen Gewehren kann man nicht einfach so tun, als schaue man nur so vor sich hin.«

[5] Siehe P. Binder, Muffs and Morals (New York: Morrow, n. d.), Kap. 9. Auf Seite 193 sagt der Autor:
»Ein anderer, zu verwegenem Fixieren geeigneter Fächer (im England des 18. Jahrhunderts) hatte einen Einsatz aus Glimmer oder Gaze, so daß die Dame ihn geschickt als Lorgnette benutzen konnte, während ihr doch der Blick verstellt schien. Diese Art Fächer sollte gewagten Spielen dienen, dort wo die Sittsamkeit nach einem Ersatz für die frühere Gesichtsmaske verlangte.
Erfolgreiche Hilfsmittel dieser Art müssen drei Eigenschaften in sich vereinen: ihr Benutzer muß in der Lage sein, den andern zu sehen, er muß so tun können, als geniere es ihn nicht, vom andern gesehen zu werden, und er muß verbergen können, daß er tatsächlich guckt. Kinder aus der Grundschule auf der Shetlandinsel treten Besuchern mit einer Art Fächer entgegen – aber einem, der die letzten beiden Erfordernisse nicht erfüllt – sie verstecken scheu ihre Gesichter hinter den Händen und spähen aus einem Spalt zwischen den Fingern nach dem Besucher.«

spazierenzugehen, ohne daß sich mehr als ein paar Leute nach ihnen umdrehen. In unserer amerikanischen Gesellschaft besteht bekanntlich eine der größten Qualen von Körperbehinderten darin, daß sie in der Öffentlichkeit plump angestarrt werden, wodurch man, erstens, in ihre Privatsphäre eindringt und, zweitens, gerade dadurch ihre Leiden ans Licht zerrt[6].

»Der Akt des Anstarrens gehört zu den Dingen, die man normalerweise einem anderen Menschen nicht antut; das angestarrte Objekt scheint so nämlich in einer Kategorie für sich isoliert zu werden. Man spricht nicht zu einem Affen im Zoo oder zu einem Monstrum im Panoptikum – man starrt sie an[7].«

Ein Gebrechen als charakteristischer und untrennbarer Teil des Körpers mag als persönliche Angelegenheit empfunden werden, die der Mensch gerne geheimhalten möchte. Indessen macht gerade die Tatsache ihrer Sichtbarkeit sie erkennbar für jeden, auf den der Behinderte trifft, auch für den Fremden. Ein sichtbares Gebrechen unterscheidet sich von den meisten anderen persönlichen Dingen darin, daß jedermann damit »umgehen« kann, ohne Rücksicht auf die Wünsche des Behinderten; alle Welt kann sein Gebrechen begaffen, Fragen darüber stellen und in beiden Fällen dem Gebrechlichen eventuelle Gefühle und Überlegungen dazu mitteilen und aufnötigen. Solches Handeln muß als Eindringen in die Privatheit empfunden werden. Und gerade die Sichtbarkeit des Gebrechens macht solches Eindringen in die Privatheit so leicht. Diese Menschen haben sehr wahrscheinlich das Gefühl, daß sie wieder und wieder Leute treffen werden, welche Fragen stellen und starren, und sie müssen sich machtlos fühlen, weil sie den Grundzustand nicht ändern können...[8].

Das beste Beispiel für höfliche Gleichgültigkeit und für den Bruch dieser Verhaltensnorm ist vielleicht jenes, wo jemand den Moment, in dem der andere nicht herschaut, sich zunutze macht, um seinerseits hinzuschauen, und dann feststellen muß, daß das Objekt seiner Neugier sich plötzlich umwendet und ihn, den illegalen Beobachter, beim Gucken ertappt. Der Ertappte kann daraufhin seinen Blick abwenden, meist etwas verlegen und verschämt, oder er kann mit Bedacht so tun, als sei er nur bei einer durchaus zulässigen Beobachtung gesehen worden; beide Fälle zeigen, welche Art von Wohlverhalten hätte geübt werden sollen.

[6] Vgl. den instruktiven Aufsatz von R. K. White, B. A. Wright und T. Dembo »Studies in Adjustment to Visible Injuries: Evaluation of Curiosity by the Injured«, in: Journal of Abnormal and Social Psychology, 43 (1948), S. 13–28.
[7] a. a. O., S. 22.
[8] a. a. O., S. 16–17.

Sich richtig zu verhalten und das *Anrecht* zu haben auf höfliche Gleichgültigkeit — beides steht im Zusammenhang miteinander: Wohlverhalten auf seiner Seite wird dem Einzelnen die höfliche Gleichgültigkeit der anderen sichern; extremes Fehlverhalten dagegen trägt ihm entweder neugierige Blicke ein, oder er wird absichtlich übersehen. Schlechtes Benehmen entbindet jedoch die andern nicht automatisch von ihrer Verpflichtung, dem Abweichler höfliche Gleichgültigkeit entgegenzubringen, obwohl es häufig dieses Gebot zumindest schwächt. Höfliche Gleichgültigkeit angesichts von Verstößen wird häufig einfach deshalb praktiziert, weil mit Hilfe dieser taktvollen Handlung der Situation ihre gute Form bewahrt werden kann, unabhängig davon, was geschieht.

Normalerweise ist in der Mittelstandsgesellschaft die Unfähigkeit zu höflicher Gleichgültigkeit nicht direkt und offen negativ sanktioniert, außer in der Erziehung und Schulung von Bediensteten und Kindern. Besonders bei Kindern wird auf höfliche Gleichgültigkeit physisch Benachteiligten und Deformierten gegenüber geachtet. Beispiele solch direkter Sanktionen für Erwachsene finden sich in despotischen Gesellschaften, wo es als strafbarer Verstoß gilt[9], den Herrscher anzustarren, oder in den recht subtilen Regeln einiger unserer Südstaaten, die bestimmen, in welcher Weise und aus welcher Entfernung ein farbiger Mann eine weiße Frau anblicken darf, ehe es als sexuelle Annäherung interpretiert wird[10].

Ausgehend davon, daß Angestarrtwerden schmerzt, ist es verständlich, daß Starren an sich weithin als Mittel negativer Sanktion benutzt wird, d. h. zur sozialen Kontrolle aller Arten unangemessenen Verhaltens in der Öffentlichkeit. In der Tat ist Anstarren häufig eine erste Warnung an den Einzelnen, daß er »aus der Reihe tanzt«, und die letzte, die man verpflichtet ist, ihm zu geben. Tatsächlich wird im Falle von Personen, deren Auftreten die Fähigkeit einer Versammlung, höfliche Gleichgültigkeit zu entfalten, aufs äußerste strapaziert, Starren selber zur Sanktion gegen Starren. Die Autobiographie eines Zwergenhaften liefert ein Beispiel:

»Da waren die Dickfälligen, die starrten wie Leute aus den Bergen, die herabgekommen waren, um einen Wanderzirkus zu sehen. Da waren die Ritzengucker, die verstohlen linsten und sich schamhaft zurückzogen, wurden sie ertappt. Und da waren die Mitleidigen, deren bedauerndes Zungenschnalzen im Weggehen fast zu hören war. Aber am schlimmsten waren die Schwätzer; jede ihrer Bemer-

---

[9] R. K. Douglas, Society in China (London: Innes, 1894), S. 11.
[10] Vgl. zum Beispiel den berühmten Fall von Webster-Ingram vom 12. bis 13. November 1952 (ap). In vielen Gesellschaften Afrikas und Asiens besteht ein ähnliches Tabu, Männer dürfen Frauen nicht anblicken.

kungen hätte lauten können, ›wie geht's, armer Junge‹. Ihre Augen, ihr Verhalten und der Ton ihrer Stimme sagten es. Ich hatte meine Standardverteidigung – kaltes Starren; so konnte ich es mit dem Grundproblem aufnehmen – lebend in die Untergrundbahn hinein und wieder herauszugelangen[11].«

2. Die Struktur von Blickkontakten

Wenn zwei Menschen gleichzeitig anwesend sind und bis zu einem gewissen Grade in nichtzentrierter Interaktion miteinander stehen, ist die Entfaltung von gegenseitiger höflicher Gleichgültigkeit – eine wesentliche Form von nichtzentrierter Interaktion – nicht die einzige Möglichkeit, in der sie sich aufeinander beziehen können. Sie können weitergehen und einander in zentrierte Interaktion verwickeln, deren Kern ich als *Blickkontakt* oder *Begegnung* bezeichnen möchte[12]. Blickkontakte umfassen alle jene Fälle, wo zwei oder mehr an einer Situation Beteiligte sichtbar gemeinsam um ein und denselben Mittelpunkt kognitiver und visueller Aufmerksamkeit sich scharen – was als einzelne *wechselseitige Aktivität* empfunden wird, die durchaus vorrangige Kommunikationsrechte mit sich bringt. Ein einfaches Beispiel – zugleich eines der gebräuchlichsten –: sind Personen gemeinsam in derselben Situation anwesend, können sie einander ins Gespräch ziehen. Diese Berechtigung zu wechselseitiger Aktivität ist ein ganz allgemeiner Status. Selbst Personen von extrem ungleicher sozialer Position können in Situationen geraten, die es angemessen sein lassen, einander dieses Recht einzuräumen. Gewöhnlich hat dieser Status keine »latente Phase«, sondern zwingt seinen Inhaber, just in dem Augenblick engagiert zu sein, da er ihn ausübt.

[11] H. Viscardi, Jr., A Man's Stature (New York: John Day, 1952), S. 70, zitiert in B. A. Wright, Physical Disability – A Psychological Approach (New York: Harper and Brothers, 1960), S. 214.
[12] Der Terminus »Begegnung«, der in seinem Gebrauch der erheblich einfachere von beiden ist, hat einige Alltagskonnotationen, die hier wegzulassen sind. Einmal bezieht sich der Begriff zuweilen sowohl auf vermittelten als auch auf direkten Kontakt zwischen zwei Personen, so wenn Menschen miteinander korrespondieren, d. h. übereinstimmen. Zum andern wird der Terminus benutzt mit der Implikation, es habe Schwierigkeiten und Unmut in der Interaktion gegeben, wie etwa die Wendung »Zusammenstoß« besagt. Und schließlich bezeichnet der Terminus auch Gelegenheiten, die zwei Menschen ein müheloses Zusammentreffen ermöglichen, unabhängig davon, wie oft sie sich in dieser Zeit in gemeinsamem Gespräch befinden, bezeichnend formuliert in: »dann begegnete ich ihm auf der Einladung der Familie Jones«. Ich habe versucht, die innere Dynamik von Begegnungen in »Fun in Games« in Encounters zu reflektieren. S. 17–81.

Wechselseitige Aktivitäten und die entsprechenden Blickkontakte, in die sie eingebettet sind, ergeben sich zum Beispiel beim ›Small Talk‹, beim gemeinsamen Essen, beim Lieben und Spielen, in der konventionellen Diskussion und in Fällen, wo jemand jemanden persönlich bedient (beim Handeln, Verkaufen, Servieren usw.). In manchen Fällen, wie bei ungezwungener Unterhaltung, scheint das Zusammensein auf keinem fertigen instrumentellen Prinzip zu beruhen. In anderen, etwa wenn die Lehrerin an der Bank eines Schülers stehenbleibt, um ihm bei der Aufgabe weiterzuhelfen, an der er gerade sitzt und auch noch sitzen wird, nachdem sie weitergegangen ist, ist die Begegnung eindeutig Rahmen für wechselseitige instrumentelle Aktivität, und diese gemeinsame Arbeit wiederum ist nur eine Phase dessen, was in erster Linie Aufgabe eines Einzelnen ist[13].

An dieser Stelle möchten wir betonen, daß es, obgleich viele unmittelbare Kontakte weitgehend im Austausch verbaler Äußerungen zu bestehen scheinen – was Begegnungen, deren Inhalt Konversation ist, tatsächlich als Modell geeignet macht – auch noch andere Arten von Begegnung gibt, in denen kein Wort fällt; dies wird besonders augenfällig, wenn man Kinder, die die Sprache noch nicht beherrschen, bei der Kontaktnahme beobachtet; hier ist es durchaus möglich zu sehen, wie allmählich aus einem rein physischen Kontakt zu einer anderen Person ein Akt wird, der die soziale Beziehung herstellt und in dem gemeinsam die Berechtigung zu einer direkten Begegnung, quasi Auge in Auge, erteilt wird[14]. Aber auch unter Erwachsenen sind nicht-verbale Begegnungen zu beobachten: wichtige aufeinander bezogene Handlungen können in Gesten[15] bestehen, oder sogar, wie bei Brett- und Kartenspielen, in Bewegungen. Auch über die Arbeit kommen bestimmte enge Beziehungen zustande, dann nämlich, wenn sie der visuellen und kognitiven Aufmerksamkeit und den eng aufeinander abgestimmten Beiträgen einen einzigen Mittelpunkt gibt, wobei Rang und Art des Beitrags bestimmt sind durch die gemeinsame Einschätzung dessen, was die momentane Aufgabe als nächstes erfordert. Hier weiß jeder, auch wenn dabei kein anleitendes oder verbindliches Wort gesprochen wird, daß ein Mangel an Aufmerksamkeit oder koordinierter Reaktion einen Bruch

---

[13] Hinweis von Arthur Stinchcombe.
[14] Siehe z. B. die frühe Untersuchung von A. Beaver, The Initiation of Social Contacts by Preschool Children (New York: Bureau of Publications Teachers' College, Columbia University, Child Development Monographs, No. 7, 1932) S. 1–14.
[15] D. Efron, Gesture and Environment (New York: King's Crown Press, 1941), S. 38.

der Verbindlichkeit bedeutet, welche die Teilnehmer miteinander eingegangen sind[16].

Gibt es nur zwei Beteiligte an einer Situation, dann *erschöpft* eine Begegnung, findet sie statt, die Situation völlig. Wir haben eine *auf einen Punkt konzentrierte Zusammenkunft*. Bei mehr als zwei Beteiligten können einzelne Personen offiziell in der Situation anwesend sein, die gleichwohl offiziell aus der Begegnung ausgeschlossen und auch selbst nicht sehr an ihr engagiert sind. Solche nicht-engagierten[17] Teilnehmer machen die Zusammenkunft zu einer *teilzentrier-*

---

[16] Die Art von enger Koordination, die mit dem Engagement an der gleichen Aufgabe einhergeht, ist anschaulich beschrieben bei F. B. Miller, Situational Interactions – A Worthwhile Concept?, in: Human Organization, 17 (Winter 1958-59), S. 37-47. Nachdem er die Unterschiede zwischen dieser Art zentrierter Interaktion und jener, die notwendig Sprache und Gesten einschließt, herausgearbeitet hat, geht der Autor allerdings den Ähnlichkeiten zwischen beiden nicht nach, wie etwa der Tatsache, daß Entzug von oder auch Unfähigkeit zu Aufmerksamkeit in beiden Fällen die gleiche Art von korrektiver sozialer Kontrolle erzeugen können. Ein anschauliches Beispiel, wo Aktivität im Zusammenhang mit einer Aufgabe zum gegenseitigen Kontakt führt, bringt T. Burling, Essays on Human Aspects of Administration (New York: State School of Industrial and Labor Relations, Cornell University, Bulletin 25, August 1953) S. 10-11:

»Was tatsächlich passiert, sieht so aus: die wechselnden Erfordernisse, die im Verlauf der Operation an dem Patienten sich ergeben, bestimmen, was jeder tut: Wenn ein Chirurgenteam lange genug zusammengearbeitet hat, um wirklich Teamarbeit leisten zu können, hat jedes Mitglied die Gesamtsituation und seine Rolle in ihr so im Griff, daß die Bedürfnisse des Patienten eindeutige Anweisungen erteilen. Eine Nebenarterie ist durchschnitten, das Blut spritzt heraus. Die Befehlskette ist nun so organisiert, daß der Chirurg von der Sachlage Kenntnis nimmt und zum Assistenten sagt: ›Blut stoppen‹; der Assistent seinerseits sagt zur OP-Schwester: ›Tupfer, bitte!‹, eine koordinierte Bemühung erfolgt. De facto geschieht folgendes: die Blutung erteilt allen drei Mitgliedern des Teams gleichzeitig einen Befehl, alle haben nämlich den Verlauf der Operation mit gleicher Aufmerksamkeit verfolgt. Dem Chirurgen sagt die Blutung: ›Nimm deine Hände weg, bis das hier unter Kontrolle ist‹, an die Instrumentenschwester ergeht die Aufforderung: ›Tupfer bereithalten‹, und an den Assistenten: ›Abklemmen‹. Hier handelt es sich um die höchste und wirksamste Art von Kooperation, die wir kennen. Sie ist so effizient, daß alles ganz einfach, ja primitiv aussieht. Sie ist nur dort möglich, wo jedes Mitglied des Teams nicht nur seine Aufgabe durch und durch kennt, sondern auch genug von der gesamten Arbeit versteht, um den Bezug dessen, was er tut, zu allem, was sonst geschieht, zu sehen.

[17] Ein »nicht-engagierter« Teilnehmer kann durchaus beschäftigt sein mit einer Aufgabe oder einem anderen Moment, dem Aufmerksamkeit zugewandt wird, und so an der Situation gar nicht »desengagiert« sein.

ten. Sind mehr als drei Personen anwesend, kann es zu mehr als einer Begegnung in der gleichen Situation kommen – wir sprechen dann von *multizentrierter Zusammenkunft.* Ich werde den Terminus *Beteiligungseinheit* gebrauchen, um von Begegnungen wie auch von nicht-engagierten Teilnehmern zu sprechen; der Terminus Zuschauer bezeichnet jede anwesende Person, die nichtbestätigtes volles Mitglied der fraglichen Begegnung ist, gleichgültig, ob sie gegenwärtig einer anderen Begegnung zugehört oder nicht.
In unserer Gesellschaft scheint für Blickkontakte ein ganzer Komplex von Wohlverhaltensformen gemeinsam zu gelten, so daß diese Kategorie sozialer Einheit analytisch ebenso wie per exemplum definiert werden kann.
Eine Begegnung wird von demjenigen initiiert, der einen ersten Schritt tut. Normalerweise besteht diese Eröffnung darin, dem eigenen Blick einen besonderen Ausdruck zu geben, zuweilen hat er auch die Form einer Äußerung oder verrät sich durch einen besonderen Ton der Stimme[18].
Das eigentliche Engagement beginnt, wenn solche Initiative vom andern akzeptiert ist und dieser mit Augen, Stimme und Haltung zurücksignalisiert, er stelle sich für wechselseitige Aktivität von Angesicht zu Angesicht zur Verfügung – und sei es auch nur, um den Initiator zu bitten, seinen Wunsch nach einer Audienz auf später zu verschieben.
Es besteht die Neigung, den ersten Schritt der Initiative und das Zeichen für Starterlaubnis nahezu gleichzeitig auszutauschen, wobei alle Beteiligten stets nur Zeichen verwenden, vielleicht um zu verhindern, daß sich der Initiator in die Lage bringt, vom anderen abgewiesen zu werden. Insbesondere Blicke ermöglichen solche effektive Gleichzeitigkeit. Tatsächlich kann der erste Blick des Initiators, wenn Augen sich treffen, tastend und mehrdeutig genug sein, um ihn, für den Fall, seine Eröffnung sei nicht erwünscht, so agieren zu lassen, als sei gar keine Initiative beabsichtigt gewesen.

---

[18] Ist jemand der Person sozial untergeordnet, mit der er eine Begegnung zustande bringen möchte, genügt in der Regel ein ganz kleines Zeichen von seiner Seite, damit der Höhergestellte je nach Belieben darüber hinwegsehen oder auch darauf reagieren kann. So schließt zum Beispiel »Esquire Etiquette« (New York: Lippincott, 1953, S. 24) in seine Aufzählung der Tugenden einer guten Sekretärin ein, daß sie »nach ihrem Eintritt ins Zimmer solange mit dem wartet, was sie zu sagen hat, bis sie bemerkt wird; keinesfalls unterbricht sie ihren Chef«. In solchen Fällen wird sie Fiktion aufrechterhalten, der Übergeordnete allein könne ein Engagement initiieren. Klassisches Beispiel dafür ist der legendäre Butler, der diskret hüstelt, damit sein Herr von seiner Anwesenheit Notiz nehmen und ihm gestatten kann, eine Nachricht zu übermitteln.

Wechselseitige Blicke spielen demnach eine besondere Rolle in der Kommunikation einer Gruppe. Sie stellen mit Hilfe eines Rituals die erklärte Bereitschaft für verbale Äußerungen her und verleihen den Handlungen auf beiden Seiten eine zu Recht gesteigerte Relevanz[19]. Mit Simmels Worten:
»Unter den einzelnen Sinnesorganen ist das Auge auf eine völlig einzigartige soziologische Leistung angelegt: auf die Verknüpfung und Wechselwirkung der Individuen, die in dem gegenseitigen Sich-Anblicken liegt. Vielleicht ist dies die unmittelbarste und reinste Wechselbeziehung, die überhaupt besteht. ... Die höchst lebendige Wechselwirkung aber, in die der Blick von Auge in Auge die Menschen verwebt, kristallisiert zu keinerlei objektivem Gebilde, die

---

[19] Bei Blickkontakten, die einer sportlichen Betätigung gelten, nehmen die Eröffnungsschritte oft eine andere Form an, so wenn Boxer ihre Handschuhe berühren oder Fechter ihre Degen, um dem kommenden Treffen einen sportlichen Rahmen zu geben. Kennen Beteiligte einander gut, können Zeichen der Starterlaubnis als selbstverständlich entfallen; und der Initiator kann eine kleine Pause andeuten oder auf andere Weise seine eröffnende Handlung leicht modifizieren, in Form einer Höflichkeit, und dann zur Tat schreiten, als sei die Erlaubnis erteilt worden. Interessanterweise liegen viele unmittelbar sinnliche Engagements von jener Art, in der Koordination von Aktivität normalerweise ihren Ausdruck findet, nämlich im Ritual von Blick- und Wortaustausch, unter bestimmten Umständen jedoch werden sie sorgfältig initiiert, praktiziert und beendet *ohne* die übliche verbale oder in Gesten sich äußernde Zurüstung. So meinen in vielen Heilanstalten die Patienten, sie könnten *jeden* rauchenden Patienten um Feuer bitten, so abgewandt oder regrediert der auch zu sein scheint. Die in Gesten geäußerte Bitte um Feuer scheint stets erfüllt zu werden, häufig aber wendet sich der sie Erfüllende nur der technischen Aufgabe zu, jede andere Art von Kontakt oder Kommunikation ablehnend. Eine ähnlich entritualisierte Begegnung finden wir dort, wo ein Mann einer Frau, die er nicht kennt, die Türe aufhält, unter Umständen, welche eine Annäherung implizieren oder unerwünschte Folgen für die Frau haben könnten, weil man im »Bezirk« ist; unter solchen Umständen wird der Mann darauf achten, höfliche Gleichgültigkeit zu bekunden, selbst während er sein physisches Verhalten den Bewegungen der Frau hübsch anpaßt. Emily Post, Etiquette (New York: Funk und Wagnalls, 1937), S. 26, empfiehlt eine andere Höflichkeit:
»Den Hut zu ziehen, ist eine konventionelle Geste der Höflichkeit, die nur Fremden entgegengebracht wird, sie ist nicht zu verwechseln mit einer Verbeugung, eine Geste Bekannten und Freunden gegenüber. Ein Gentleman zieht den Hut, indem er ihn nur wenig von der Stirne abhebt – den steifen an der Krempe, den weichen am Hutkopf fassend – und wieder niedersetzt; er lächelt nicht und verbeugt sich nicht, ja er blickt den Adressaten seiner Höflichkeit nicht einmal an. Kein Gentleman setzt jemals eine Dame seinem forschenden Blick oder unverhohlener Betrachtung aus, wenn sie ihm unbekannt ist.«

Einheit, die er zwischen ihnen stiftet, bleibt unmittelbar in das Geschehen, in die Funktion aufgelöst. Und so stark und fein ist diese Verbindung, daß sie nur durch die kürzeste, die gerade Linie zwischen den Augen getragen wird und daß die geringste Abweichung von dieser, das leiseste Zurseite-Sehen, das Einzigartige dieser Verbindung völlig zerstört. Es bleibt hier zwar keine objektive Spur zurück, wie doch sonst, mittelbar oder unmittelbar, von allen Beziehungsarten zwischen Menschen, selbst von gewechselten Worten; die Wechselwirkung stirbt in dem Augenblick, in dem die Unmittelbarkeit der Funktion nachläßt; aber der ganze Verkehr der Menschen, ihr Sichverstehen und Sichzurückweisen, ihre Intimität und ihre Kühle, wäre in unausrechenbarer Weise geändert, wenn der Blick von Auge in Auge nicht bestünde – der, im Unterschied gegen das einfache Sehen oder Beobachten des anderen, eine völlig neue und unvergleichliche Beziehung zwischen ihnen bedeutet[20].«

Nun wird verständlich, warum jemand, der glaubt, er sei mit Grund von den andern in seiner Umgebung isoliert, dies durch eine »Abnormalität im Blick« ausdrückt, besonders, indem er die Augen abwendet[21]. Und es ist ebenso verständlich, daß ein Mensch, der bestimmen möchte, inwieweit er die andern an sich heranläßt und inwieweit er ihm zugedachte Information entgegennimmt, es vermeidet, jemanden anzusehen, der ihn suchend anblickt. Eine Serviererin zum Beispiel kann verhindern, daß ein wartender Gast »ihren Blick erhascht« und ihm so eine Bestellung verwehren. Oder wenn sich ein Fußgänger einen bestimmten Teil der Straße vor einem anderen Passanten sichern will, oder ein Autofahrer für seine Richtung die Vorfahrt vor anderen Autofahrern oder Fußgängern haben möchte, besteht eine Strategie darin, die Augen des anderen zu meiden, um so kooperativen Anforderungen aus dem Weg zu gehen[22]. Wo der

---

[20] G. Simmel, Soziologie (Berlin: Duncker und Humblot, 1968) II, S. 484. Eine interessante Feststellung über Dinge, die allein per Augenkontakt mitgeteilt werden können, macht Ortega y Gasset in »Man and People«. Er sagt, es gebe ein ganzes Vokabular von Blicken und beschreibt einige.

[21] M. D. Riemer, The Averted Gaze, in: Psychiatric Quarterly, 23 (1949), 108–115. Es wäre sehr aufschlußreich, die Techniken zu erforschen, welche Blinde und Taube anwenden, um solche Zeichen der Starterlaubnis und andere Beiträge, welche die Augensprache zur Struktur der Kommunikation von Angesicht zu Angesicht leistet, funktional zu ersetzen.

[22] Das Allgemeine hinter diesem Beispiel hat T. C. Schelling herausgearbeitet in seiner Analyse der starken Verhandlungsbasis desjenigen, der überzeugend für eine Aktionslinie eintreten kann, in diesem Falle weil und indem er seine Unfähigkeit kommuniziert, Fragen und Drohungen in Form von Botschaften entgegenzunehmen. Siehe Schellings Aufsatz: An Essay on Bargaining, in: The American Economic Review, 46 (1956), S. 281–306.

Initiator in einer sozialen Position ist, die ihn zwingt, dem anderen das formelle Recht zuzugestehen, alle Begegnungen zu initiieren, kann es durchaus zu Aggressionen und ironischen Überheblichkeiten kommen; *White Jacket* von Melville liefert ein gutes Beispiel dafür: »Zuweilen jedoch ist der Kapitän verstimmt, schlechter Laune, er gefällt sich darin, sich kapriziös zu geben oder zeigt die Neigung, einen Hauch seiner Allmacht spüren zu lassen; oder er ist aus irgendeinem Grund verärgert und pikiert über seinen ersten Offizier und gibt nun recht gern eine kleine Probe seiner Herrschaft über ihn, möglichst unter den Augen der Mannschaft; jedenfalls läßt sich nur mit Hilfe dieser Vermutungen der einzigartige Umstand erklären, daß Kapitän Claret häufig beharrlich auf dem Achterdeck auf- und abschreitet und absichtlich seinen ersten Offizier nicht sieht, der herumsteht in der unangenehmsten Habachtstellung, den ersten Wink aus den Augen seines Vorgesetzten erwartend.
›Jetzt hab ich ihn‹, wird der sich sagen, wenn sich der Kapitän auf seinem Gang ihm zuwendet; ›jetzt bin ich dran!‹ und seine Hand fährt an die Mütze; aber ach! der Kapitän ist schon vorbei; und die Männer an den Gewehren werfen einander listige Blicke zu, während der verlegene Offizier voll unterdrückten Ärgers sich auf die Lippen beißt.
Bei manchen Gelegenheiten pflegt diese Szene sich mehrmals zu wiederholen, bis zuletzt Kapitän Claret, überzeugt, jetzt seine Würde in den Augen aller Gemeinen aufs dickste aufgepolstert zu haben, auf ihn zugeht, ihm voll in die Augen sehend; des Offiziers Hand legt sich an den Mützenschirm, und der Kapitän, den Rapport beifällig entgegennehmend, geht von der Brücke hinunter aufs Achterdeck[23].«
Diese verschiedenen Beispiele machen klar, daß wechselseitige Blicke normalerweise unterbleiben müssen, wenn eine Begegnung vermieden werden soll, denn Augenkontakt bereitet gegenseitige Verbindlichkeit vor. Ich möchte schließlich noch hinzufügen, daß eine Beziehung besteht zwischen dem Gebrauch der Augensprache als Vehikel, das eine Bitte um Initiative zu einer Begegnung übermitteln soll, und anderen Kommunikationspraktiken. Je klarer Individuen gehalten sind, andere nicht direkt anzustarren, um so nachhaltiger sind sie in der Lage, einem Blick, in diesem Falle einer Bitte um Begegnung, die jeweils entsprechende Bedeutung beizulegen. So begründet die Norm der höflichen Gleichgültigkeit auf der einen Seite die Funktion einer Bitte um Starterlaubnis, welche der Blick in die Augen von anderen hat, und »entspricht« ihr zudem auf der andern. Die Regel ermöglicht gleichermaßen, daß dem »tiefen« ausgehaltenen Blick eines Fremden eine spezielle Funktion beigelegt wird, so

---

[23] Herman Melville, White Jacket (New York: Grove Press, n. d.), S. 276.

wenn einander nicht-bekannte Personen, die sich treffen wollen, es schaffen, sich auf diese Weise ausfindig zu machen[24].
Wenn eine Gruppe von Personen einander eingestandenermaßen und erkennbar zur wechselseitigen Verfügung steht, wird meist sorgfältig ein ökologisches Gewirr von Blicken hergestellt, das die Chancen der Beteiligten maximal erhöht, die wechselseitigen Wahrnehmungen zu kontrollieren[25].
Die Beteiligten wenden ihren Geist dem gleichen Gegenstand und (im Falle eines Gesprächs) ihre Augen demselben Sprecher zu, obwohl natürlich dieser einzelne *Brennpunkt* für Aufmerksamkeit innerhalb gewisser Grenzen sich von einem Thema zum andern und von einem Sprecher oder Ziel zum andern verschieben kann[26]. Eine gemein-

[24] Evelyn Hooker in einer Rede (unveröffentlicht) vom 14. August 1961 in Kopenhagen über »The Homosexual Community«: »Homosexuelle sagen, wenn ein anderer den Blick aufnehme und aushalte, brauche man sonst nichts über diesen Menschen zu erfahren, um zu wissen, daß er einer von ihnen ist.«
[25] Vielleicht ist dies keine universelle Praxis. Aus einem frühen Report über die Nordwestküste des Amazonas erfahren wir: »Wenn ein Indianer spricht, setzt er sich nieder; niemals wird eine Unterhaltung geführt, solange die Sprechenden stehen, außer es besteht eine ernsthafte Meinungsverschiedenheit; der Indianer blickt die Person, zu der er redet, auch nicht an, wie der Angesprochene seinerseits den Sprecher nicht ansieht. Beide betrachten irgendwelche anderen Objekte. Diese Haltung nimmt der Indianer auch ein, wenn er sich an mehrere Zuhörer wendet, so daß es aussieht, als spreche er zu jemandem, der zugegen, aber unsichtbar ist.« Aus: T. Whiffen, The North-West (Amazons London: Constable, 1915), S. 254. In unserer eigenen Gesellschaft indessen liegt es nahe, daß Sträflinge, verboten man ihnen, miteinander zu sprechen, sie es aber gerne tun möchten, ihr gemeinsames Engagement dadurch wirksam kaschieren können, daß sie sprechen, ohne ihre Lippen zu bewegen und ohne einander anzusehen. Vgl. z. B. J. Phelan, The Underworld (London: Harrap, 1953), S. 7–8 und 13. Ebenso plausibel ist, daß in dem Fall, da technische Gründe die Kommunikation mittels Augensprache hemmen (wie im Falle der OP-Schwester, die Befehle von einem Chirurgen entgegennimmt, der seine Augen nicht vom Operationstisch wenden darf), vom Empfänger erhebliche Disziplin aufgebracht werden muß, soll die Kommunikation dennoch möglich sein. Schließlich können wir uns sehr wohl vorstellen, daß der Blinde lernen muß zu agieren, als ruhten seine Augen auf dem Sprecher, obwohl er seine blicklosen Augen überallhin schweifen lassen könnte. In diesem Zusammenhang siehe H. Chevigny, My Eyes have a Cold Nose (New Haven: Yale University Press, 1962), S. 51.
[26] Vgl. R. F. Bales u. a., Channels of Communication in Small Group, in: American Sociological Review, 16 (1951), S. 461–468:
»Das Gespräch verlief im allgemeinen so, daß jeweils eine Person sprach und daß alle Gruppenmitglieder an derselben Unterhaltung teilnahmen. In

same Definition der Situation herrscht vor. Das schließt Übereinstimmung im Hinblick auf Relevanzen und Irrelevanzen des Wahrgenommenen ein; und einen »Arbeitskonsensus«, der ein gewisses Maß an gegenseitiger Rücksichtnahme, Sympathie und ein Dämpfen von Meinungsverschiedenheiten bedeutet[27]. Oft entwickelt eine Grup-

diesem Sinne könnte man sagen, solche Gruppen haben einen ›einzigen Mittelpunkt‹, d. h. es sind nicht mehrere Gespräche gleichzeitig im Gange, wie etwa auf Cocktail-Parties oder in Hotelhallen. Ein einziger Brennpunkt ist vermutlich eine einschränkende Bedingung von fundamentaler Bedeutung für unsere Verallgemeinerungen.«
Dem ist warnend hinzuzufügen, daß mehrere Brennpunkte, wie man sie in Hotelhallen trifft, einhergehen mit nicht-zentrierter Interaktion.
[27] So kann Augenkontakt – ich beziehe mich auf Oswald Hall – wenn Nähe und Sympathie auf ein Minimum beschränkt bleiben sollen, wie etwa im Falle des Butlers, der zu einem Gast des Hauses spricht, oder des Rekruten, der von einem Offizier gemaßregelt wird, dadurch vermieden werden, daß der Untergebene seine Augen stur geradeaus richtet. Ein Echo dieses Phänomens findet sich selbst in der Konversation mittels Medium, wo Bedienstete gezwungen sind, sich am Telefon zu melden mit »Hier bei Soundso«, anstatt mit »Hallo!«
Diese Neigung zur Augensprache als einem Mittel, Sympathiebezeugungen zu erwirken, ist gut verdeutlicht in Trotzkis Beschreibung der Straßenunruhen während der »fünf Tage« in The History of the Russian Revolution (New York: Simon and Schuster, 1936) 1, S. 109:
»Trotz der aussichtsreichen Unruhen unter den Kosaken, die vielleicht etwas übertrieben werden, bleibt die Haltung der Menge den Berittenen gegenüber zögernd. Ein Reiter sitzt hoch über der Menge; seine Seele ist getrennt von der Seele des Demonstranten durch die vier Beine seines Tieres. Ein Gesicht, zu dem man hinaufblicken muß, sieht immer bedeutender, furchterregender aus. Die Infanteristen stehen neben einem auf dem Pflaster – näher, erreichbarer. Die Massen versuchen, an sie heranzukommen, ihnen in die Augen zu blicken, sie mit ihrem heißen Atem einzuhüllen. Eine große Rolle spielen die weiblichen Arbeiter in dem Verhältnis zwischen Arbeitern und Soldaten. Sie gehen kühner an die Cordons heran als die Männer, fassen die Gewehre an, flehen, ja befehlen fast: ›Nehmt eure Bajonette runter – geht mit uns!‹ Die Soldaten sind aufgeregt, schämen sich, tauschen angstvolle Blicke, beginnen zu weichen; einer entschließt sich als erster, und die Bajonette erheben sich schuldig über die Schultern der vorwärtsdrängenden Menge. Die Barrieren sind durchbrochen, ein glückliches, ein dankbares ›Hurrah!‹ läßt die Luft erzittern.«
Eine weniger feurige Version derselben Tendenz gibt ein Bericht über die Beduinen. Vgl. A. Musil, The Manners and Customs of the Rwala Bedouins (New York: American Geographical Society, Oriental Explorations and Studies, Nr. 6, 1928), S. 455:
»Ein Gruß, der zurückgegeben wird, ist eine Garantie für Sicherheit in der Wüste; as-salām salâme. Wenn ein Fremder, ohne von einem hawi begleitet zu sein, durch das Gebiet eines ihm unbekannten Stammes zieht und jeman-

penatmosphäre das, was *Bateson* Ethos nennt[28]. Zur gleichen Zeit scheint ein gesteigertes Gefühl von moralischer Verantwortung für die eigenen Handlungen sich zu entwickeln[29]. Ein »Wir-Prinzip«

den grüßt – und sei es auch nur ein kleines Mädchen – und auch wiedergegrüßt wird, kann er einigermaßen sicher sein, weder angegriffen noch ausgeraubt zu werden, denn selbst das kleine Mädchen und vor allem seine gesamte Verwandtschaft werden ihn schützen. Sollten die Stammesgenossen des Mädchens ihn angreifen und berauben, mâhûd, braucht er nur die Ihren um Hilfe zu bitten, sie müssen sich auf seine Seite stellen. Das Mädchen ist sein bester Zeuge: ›Ein Fremder hat mich da und da gegrüßt, er war so und so alt und trug die und die Kleidung, er ritt auf einer Kamelkuh‹, sie gibt eine Beschreibung auch des Kamels. Häufig rettet sich sogar ein Feind, der verfolgt wird und in Gefahr ist, auf diese Weise. Erkennt er, daß er nicht entkommen kann, nimmt er plötzlich einen anderen Weg, er kehrt in einem Bogen zum Lager seiner Verfolger zurück, grüßt ein Kind, nimmt es bei der Hand und läßt sich von ihm zum Zelt seiner Eltern führen. Die erwachsenen Beduinen sind vorsichtiger, sie antworten nicht sofort, wenn sie von einem Unbekannten gegrüßt werden. Besonders wenn zwei oder drei Reiter sich gemeinsam bei Nacht einem Lager nähern, beantworten die Wachen deren Gruß wie folgt: ›Ihr seid Ausgestoßene, ich werde euren Gruß nicht erwidern.‹ Denn ein Ausgestoßener, mwaṣṣed, wird behandelt wie ein Feind, dem ein Gruß nicht das mindeste nützt.
Wegen der Verpflichtung zur Rücksichtnahme unter Mitgliedern einer Begegnung, besonders der zwischen einem Sprecher und einem bestimmten Mitglied, an das er seine Bemerkungen richtet, sprechen die Leute zuweilen ›in die Luft‹ oder murmeln, indem sie deutlich ihre Rede an niemanden richten, oder an ein Kind oder Tier. So kann der, für den die Rede gedacht ist, halb in die Rolle des Überhörenden gezwungen werden, was dem Sprechenden größere Freiheit läßt, als in der direkten Anrede zu erreichen wäre.«
[28] G. Bateson, Naven (Cambridge: Cambr. Univ. Press, 1936), S. 119–120: »Wenn eine Gruppe junger intellektueller Engländer sich unterhält oder auf geistreiche Weise und mit einem Hauch von Zynismus miteinander witzelt, stellt sich vorübergehend unter ihnen ein bestimmter Ton von angemessenem Verhalten her. Solche spezifischen Verhaltensweisen sind in allen Fällen Indikatoren eines Ethos. Sie sind Ausdruck eines standardisierten Systems emotionaler Attitüden. In diesem Fall haben sich die Leute vorübergehend ein bestimmtes Set von Gefühlen dem Rest der Welt gegenüber zu eigen gemacht, eine bestimmte Attitüde der Realität gegenüber, und sie scherzen über Themen, die sie ein andermal durchaus ernsthaft erörtern würden. Wenn einer von ihnen plötzlich eine ernsthafte und echte Anmerkung macht, wird sie ohne Begeisterung aufgenommen – vielleicht mit kurzem Stillschweigen und einem leisen Gefühl, daß der Aufrichtige einen Schnitzer begangen habe. Bei einer anderen Gelegenheit kann für dieselbe Gruppe von Personen ein ganz anderes Ethos gelten; sie sprechen realistischer und offen miteinander. Wenn nun einer einen ulkigen Spaß macht, fällt dieser auf schlechten Boden und wird als Schnitzer empfunden«.
[29] Daraus ergibt sich, daß der Initiator damit, daß er jemand in eine un-

entwickelt sich, das Gefühl der singulären Tatsache, daß wir, die Beteiligten, erklärtermaßen zur Zeit etwas Gemeinsames tun. Außerdem benutzt man kleine Zeremonien, um die Beendigung der Begegnung und den Eintritt und Abgang der einzelnen Beteiligten zu markieren (wenn die Begegnung mehr als zwei Beteiligte hat). Diese Zeremonien im Zusammenhang mit der sozialen Kontrolle, welche während der Begegnung ausgeübt wird, um die Beteiligten »bei der Stange« zu halten, geben der wechselseitigen Aktivität in der Begegnung einen rituellen Rahmen. Der Einzelne wird deshalb darauf aus sein, ganz in die stattfindende Begegnung einzugehen oder sich ganz herauszuhalten[30]. Begegnungen in Form von Konversation scheinen zumindest in unserer Gesellschaft einigen räumlichen Konventionen zu unterliegen. Sitzt eine Gruppe von Menschen weiter voneinander entfernt als ein paar Fuß, weil das Meublement es so vorsieht, wird es schwierig für sie, informell miteinander zu sprechen[31];

mittelbare Begegnung mittels Augenkontakt verwickelt, über eine Möglichkeit von sozialer Kontrolle verfügt, und zwar von der Art, in der ein Lehrer die sotto-voce-Kommentare eines Schülers verstummen lassen kann, indem er ihm in die Augen sieht und sagt: »Was sagtest du?«, oder wie es geschieht, wenn höfliche Gleichgültigkeit dort nicht bekundet wird, wo man auf sie rechnet; Norman Mailer beschreibt in seinem Roman, »The Deer Park« einen solchen Fall (New York: Signet Books, 1957), S. 212: »Beda (eine Berühmtheit) sah eine Frau an, die ihn voller Neugier angestarrt hatte; als er ihr zuzwinkerte, wandte sie sich verlegen ab. ›Oh Gott, diese Touristen‹, sagte er.« Insofern es die gemeinsame Teilnahme an einer Begegnung den Beteiligten gestattet, einander voll anzusehen – ja dies bis zu einem gewissen Grade vorschreibt –, kann die Strategie eines beim Anstarren Ertappten darin bestehen, so zu tun, als solle sein Starren der erste Schritt in der Ouvertüre zu einem Engagement sein, wodurch er seine mangelnde höfliche Gleichgültigkeit einerseits bestätigt, sie aber andererseits auch rechtfertigt.

[30] Eine gängige Art, seinen Abgang zu dokumentieren und zu bekräftigen, besteht für den, der gehen möchte, darin, sich körperlich von den andern zu entfernen. Auf der Shetland-Insel kann es allerdings zum Problem werden, wenn zwei Menschen für eine Weile auf ihre gegenseitige Gesellschaft verzichten wollen und feststellen müssen, daß die Richtungen, in die sie sich bewegen, sich nicht nachhaltig voneinander unterscheiden. Wenn die beiden normalen Schritts gehen, muß ihnen einfach auffallen, daß sie zwar einer Begegnung aus dem Wege zu gehen versuchen, daß sie aber nach wie vor physisch mühelos erreichbar füreinander sind. Manchmal bringt einer eine Entschuldigung vor, um plötzlich rennen zu können; manchmal wählt er einen Weg, der sich scharf von dem seines bisherigen Gefährten unterscheidet, auch wenn er sich damit erheblich von seinem vorgenommenen Ziel entfernt.

[31] R. Sommer, The Distance for Comfortable Conversation: A Further Study, in: Sociometry, 25 (1962), 111–116. Vgl. seine »Studies in Personal Space«, in: Sociometry, 22 (1959), 247–260.

sind sie weniger als 45 Zentimeter voneinander entfernt, fällt es ihnen schwer, das Wort direkt aneinander zu richten, sie kompensieren die übergroße Nähe, indem sie über Eck miteinander reden[32].
Kurz, Begegnungen sind organisiert durch einen bestimmten Rahmen von Handlungen und Gesten, welche Kommunikation über das Kommunizieren beinhalten. Ein Linguist sagt:
»Es gibt Einlassungen, die in erster Linie Kommunikation in Gang setzen, verlängern oder unterbrechen sollen, die überprüfen sollen, ob die Kanäle funktionieren (Hallo, hörst du mich?), und die die Aufmerksamkeit des Gesprächspartners gewinnen oder für länger sichern sollen. (Hörst du zu? Oder in Shakespearescher Diktion: ›Leih mir dein Ohr‹! – und am andern Ende des Telefondrahts: Mhm)[33]«.
Termini aus der Alltagssprache würdigen unterschiedliche Aspekte von Begegnungen: »Klüngel«, »Knäuel«, »Gesprächsrunde«. – Sie

---

[32] Siehe E. T. Hall, The Silent Language (New York: Doubleday, 1959), S. 204–206. In B. Schaffner (Hrsg.), Group Processes, Transactions of the Fourth (1957) Conference (New York: Josiah Macy, Jr. Foundation, 1959), S. 184, kommentiert R. Birdwhistell in einer Symposion-Diskussion:
»Es scheint, daß Amerikaner, die einander direkt gegenüberstehen, auf einen Abstand von der Länge eines Arms halten. Stehen sie nebeneinander, ist die Distanz viel geringer. Wenn ›Mehrheitsamerikaner‹ näher beieinanderstehen in der Vis-à-vis-Position, rücken sie entweder allmählich voneinander ab oder sie nähern sich noch weiter und äußern Zeichen von Gereiztheit. Wenn sie indes in einer Situation sind, in der sie nicht interagieren müssen – sagen wir in der Straßenbahn –, können sie ganz nahe beieinander stehen, bis zur völligen Berührung.
Der Umfang dieses Spielraums scheint je nach Kultur zu variieren. So kann eine Situation eintreten, in der zwei oder drei ethnische Gruppen unterschiedliche Spielräume beanspruchen, das heißt, ungleich großen persönlichen Raum. Man bringe zum Beispiel einen südosteuropäischen Juden (der etwa halb so viel Raum beansprucht) zusammen mit einem Mittelschichtenamerikaner, ein hohes Maß an Gereiztheit ist das Ergebnis, besonders wenn der Amerikaner fortwährend nach der Seite ausweicht, um nicht unhöflich zu sein, und der Jude sich im Kreise mitbewegt, um Augenkontakt zu halten. Es findet ein richtiger Tanz statt, der häufig praktisch in einen Kampf ausartet.«
Daraus folgt, daß Personen, die in einer Diskussionsrunde nebeneinander placiert sind, kaum die Rede aneinander richten, außer um Privatkommentare abzugeben, denn die Stimme, die voll genug ist, den ganzen Kreis zu erreichen, ist auf die kurze Distanz zu laut. Empirische Belege dazu siehe B. Steinzor, The Spatial Factor in Face to Face Discussion Groups, in: Journal of Abnormal and Social Psychology, 45 (1950), S. 552–555.
[33] R. Jacobson, Closing Statement: Linguistics and Poetics, in: T. A. Sebeok (Hrsg.), Style in Language (New York: Whiley, 1960), S. 355. Vgl. den Begriff der Metakommunikation in J. Ruesch und G. Bateson, Communication (New York: Norton, 1961).

alle beleuchten die physischen Aspekte; man denkt an Gruppen von Personen, die, körperlich nah beieinander, die Augen aufeinander gerichtet haben und ihren Rücken Unbeteiligten zuwenden. »Persönliche Begegnung« meint die Einheit, welche die Gelegenheit schafft oder aufzwingt für eine Art sozialer Intimität. In der Literatur wird der Begriff der Interaktion zuweilen benutzt, um entweder die Aktivität zu bestimmen, welche in einem Klüngel zu jedem Augenblick statthat, oder die gesamte Aktivität von dem Augenblick an, da der Klüngel sich bildet bis hin zu dem Moment, da er sich offiziell auflöst. Wo gesprochene Mitteilungen ausgetauscht werden, besonders unter informellen Umständen, gelten Termini wie »Plausch«, »Unterhaltung« oder »Gespräch«.
Wir möchten darauf hinweisen, daß es neben den beschriebenen Rechten und Pflichten, die für alle Beteiligten gleichermaßen gelten, einige Rechte gibt, die innerhalb einer Begegnung unterschiedlich verteilt sind. So genießen bei Begegnungen, wo gesprochen wird, alle das Recht des Zuhörens, während das Recht zu sprechen sehr restringiert sein kann wie z. B. bei Bühnenaufführungen und großen öffentlichen Versammlungen. Ähnlich dürfen Kinder den Unterhaltungen bei Tisch zuweilen zwar zuhören, aber sie dürfen nichts sagen[34]; ist es ihnen nicht verboten, wird ihnen beim Sprechen »ausgeholfen«, wodurch ihnen die Höflichkeit versagt wird, selber eine Mitteilung zu Ende zu bringen[35].
Und in anderen Begegnungen wiederum darf eine Kategorie von Teilnehmern nur sagen: »Yes, Sir« und »No, Sir«, oder sie ist auf die beschränkte Äußerung reduziert, die der Applaus gestattet. Die unterschiedlichen Rechte von Spielern und Kiebitzen liefern ein weiteres Beispiel. Ist eine Beziehung in Form von Augenkontakten hergestellt zwischen zwei oder mehr Personen, kann der daraus resultierende Zustand gültiger wechselseitiger Teilnahme über längere Zeitperioden andauern. Handelt es sich um eine klar umrissene Aufgabe, kann die Begegnung für etliche Stunden Bestand haben. Liegt keine direkte Arbeit und keine Freizeitbetätigung vor und hält allein das, was als reine Geselligkeit sich tut, die Beteiligten zusammen, scheint jeweils eine ganz bestimmte Zeitdauer bevorzugt zu werden. Der Kontakt kann ganz kurz sein, so kurz wie ein initiativer Blick. In unserer Mittelstandsgesellschaft gibt es den »Schwatz«; zwei Leute unterbrechen ihre jeweilige Aktionslinie für – beide sind sich darüber klar – eine notwendig kurze Zeitdauer; es gibt Begrüßungen, die eine Verbindung herstellen und lange genug erhalten, um die Beteiligten

---

[34] J. H. S. Bossard, Family Modes of Expression, in: American Sociological Review, 10 (1945), S. 226–237.
[35] a. a. O.

kurze interpersonelle Rituale austauschen zu lassen; und als Kürzestes gibt es die erkennenden oder »freundlichen« Blicke. (Natürlich kann ein erkennender Blick auch nur der erste Austausch einer ausgedehnten Begrüßung sein, und eine Begrüßung nur die Eröffnungsphase eines Schwatzes; aber zu solch ausgedehnter Gemeinsamkeit kommt es nicht immer.) Außer dem der höflichen Nichtbeachtung ist das häufigste unserer interpersonellen Rituale vielleicht der reine Austausch von freundlichen Blicken.
Begegnungen von obligatorischer Art erleben wir im Zusammenhang mit der Welt häuslicher geselliger Anlässe. In einigen Kreisen hat ein Gast, der in eine Gesellschaft kommt, das Recht, vom Gastgeber oder der Gastgeberin begrüßt und – im sichtbaren Kontakt mit jenen, die autorisieren können – in die Situation eingeführt zu werden; eine Möglichkeit, die Begegnung zu rechtfertigen und zugleich die Teilnahme des Ankömmlings an der Veranstaltung zu feiern. Sein Aufbruch kann von derselben Art Zeremonie begleitet sein, sie beendet seine Teilnahme offiziell[36].
Die Lücke in der Situation, die er gerissen hat, schließt sich wieder; und muß er noch einmal zurückkommen, um etwas Vergessenes zu holen, kommt Verlegenheit auf, besonders wenn die Atmosphäre der Veranstaltung sich inzwischen gewandelt hat; dies wird besonders spürbar, wenn sein Aufbruch zuvor von sichtbarer zeremonieller Aufmerksamkeit begleitet war[37].
Natürlich werden Begegnungen als Ausdruck des Zustandes einer sozialen Beziehung gewertet. Und vielleicht, wir werden später darauf eingehen, muß in dem Grad, in dem Kontakt konkret wird, auch so verfahren werden, um die Beziehung nicht zu negieren[38].

---

[36] Hier besteht ein interessanter Unterschied zwischen den anglo-amerikanischen und den französischen Sitten; in Frankreich werden jemandes Ankunft und Aufbruch nicht nur bestätigt durch Kontakt zu der Person, die die Situation beherrscht, sondern häufig auch durch Händeschütteln aller Anwesenden.
[37] Die gleiche Art von Verlegenheit stellt sich ein, wenn ein Mitglied einer Organisation, zu dessen Ehren eine Abschiedsparty gegeben und dem ein Geschenk überreicht worden ist – man wollte so die Beendigung seiner Mitgliedschaft betonen und zugleich die Szene herstellen, auf welcher die Gruppe eine Beziehung zum Nachfolger aufnehmen kann – plötzlich bleiben oder in die Organisation zurückkehren muß. Er stellt fest, daß die Gruppe mit seiner »Zugehörigkeit« abgeschlossen hat, er kann noch präsent, aber nicht mehr sozial anwesend sein.
[38] Blickkontakte stellen natürlich nicht die einzige Art Kontakt dar, welche zeremonielle Funktionen erfüllen. Auch Geschenke, Grußkarten, Glückwunschtelegramme und Telefonanrufe haben diesen Zweck. Jeder soziale Kreis scheint Normen zu entwickeln, wie oft und wie extensiv von ihnen

Außerdem wird jede Begegnung mit einem erheblichen Aufwand gestartet, dessen Umfang davon abhängt, wieviel Zeit seit dem letzten Kontakt verstrichen ist, und der vermutlichen Trennungszeit entsprechend beendet. Es ergibt sich eine Art Überbrückung, eine Kompensation für die Trennung und ihre die Beziehung mindernden Effekte[39]. Für Parties scheint demnach Mrs. Posts Regelung zu gelten: »Trifft man innerhalb einer Stunde mehrmals auf dieselbe Person, verbeugt man sich nach dem zweiten oder spätestens nach dem dritten Mal nicht mehr. Danach schaut man entweder weg oder lächelt[40].« Das gleiche einfache Lächeln zwischen denselben Personen in einem fremden Land kann einen ernsten Affront für ihre Beziehung darstellen.

Ich habe gezeigt, daß Blickkontakt eine hinlänglich klar umrissene Beziehung ist, die den Menschen in der Regel nur gestattet, völlig innerhalb oder völlig außerhalb ihrer zu bleiben. Dies wird anschaulich bestätigt in der Unruhe, welche entsteht, wenn jemand versucht, halb drinnen und halb draußen zu sein. Dennoch gibt es Kommunikationssituationen, die auf halber Strecke zwischen reiner gemeinsamer Anwesenheit und totaler Beteiligung zu liegen scheinen. Eine davon möchte ich hier erörtern: Wenn zwei Menschen schweigend nebeneinander die Straße entlang gehen oder am Strand nebeneinander dösen, behandeln sie meist als »zusammengehörig«, es wird ihnen das Recht zugestanden, ziemlich abrupt in gesprochene oder in Gesten sich darstellende Kommunikation zu fallen, obwohl man kaum sagen kann, sie pflegten kontinuierlich wechselseitige Aktivität. Dieses Gefühl von Zusammensein stellt eine Art von nichtrealisierter verbaler Begegnung dar, es fungiert eher als Mittel, Nichtdazugehörige auszuschließen, denn als Stütze zentrierter Interaktion zwischen den Beteiligten[41].

Personen, die stumme Begegnungen unterhalten können, sind in der Lage, dem Problem des »sicheren Repertoirs«, das sich bei verbalen Begegnungen einstellt, auszuweichen – das heißt der Notwendigkeit,

Gebrauch zu machen sei, um Beziehungen zwischen geographisch voneinander getrennten Menschen aufrechtzuerhalten, wobei dies auch von den Kosten abhängt, die sie bedingen. So wie Freunde, die sich auf einer Party treffen, zumindest einen Augenblick miteinander plaudern müssen, so kann ein Ehemann, der sich auf Geschäftsreise außerhalb der Stadt befindet, dennoch »in Reichweite« sein und am Abend heimtelefonieren müssen.

[39] E. Goffman, On Face-Work, in: Psychiatry, 18, 1955, S. 229.
[40] Emily Post, Etiquette, a. a. O., S. 29.
[41] »Mit« jemandem in einem bestimmten Augenblick zusammen zu sein, ist etwas ganz anderes als eine Party-Beziehung, wo man »mit« jemandem zum Fest »gekommen« ist, was bedeutet, daß man auch wieder mit ihm gehen will und sich ihm gegenüber loyal zu verhalten gedenkt etc.

einen genügenden Vorrat nicht-offensiver Themen bereitzuhaben, über die gesprochen werden kann, solange das Gespräch in offiziellen Bahnen verläuft. So konnte man auf der Shetland-Insel, wenn drei oder vier Frauen beieinander saßen und strickten und eine von ihnen ein Wort sagte, eine Minute oder zwei schweigen, dann erst brauchte der Kommentar einer anderen Strickerin zu folgen. Oder eine Familie, die um ihr Küchenfeuer saß, schaute in die Flammen und legte zwischen Antworten auf Gesagtes lange Schweigepausen, in denen alle nur ins Feuer blickten. Auch in den langen Gesprächspausen, die sie machten, um ihre Pfeifen in Gang zu halten, schauten die Männer still ins Feuer.

Diesen Anmerkungen zur Struktur von Kontakten möchte ich noch eine kurze Überlegung über die Erfahrung anschließen, daß Begegnungen der Situation als Ganzes ein Gepräge geben. Früher schon habe ich angemerkt, ein Mensch gebe durch seine reine Anwesenheit in einer Situation Dinge über sich selbst preis. Gleichermaßen informiert er dadurch über sich, daß er bei der einen Begegnung anzutreffen ist und bei der andern nicht. Engagement an zentrierter Interaktion beeinflußt deshalb unvermeidlich nicht-zentrierte Interaktion, indem es nämlich allen, die in der Gesamtsituation anwesend sind, etwas übermittelt.

An öffentlichen Orten sagt in unserer Gesellschaft die Information, ob man sich in einer Begegnung befindet oder nicht dazu gehört, je nach Geschlecht und Tageszeit sehr Unterschiedliches aus. Vormittag und Lunchstunde sind Zeiten, wo jeder fast überall alleine erscheinen kann, ohne gleich damit kundzutun, wie er mit der sozialen Welt zurechtkommt; Dinner und abendliche Aktivitäten dagegen liefern ungünstige Informationen über Unbegleitete, besonders nachteilige sogar, wenn es sich um weibliche Personen handelt. Samstagabende und zeremonielle Anlässe wie Thanksgiving, Weihnachten und besonders Sylvester sind in diesem Zusammenhang von großer Bedeutung; es sind Zeiten, da jemand ohne sozialen Kontakt sich an einem halböffentlichen Ort sehr deplaciert fühlen kann.

Schließlich ist hinzuzufügen, daß insofern, als die Menschen jemanden sozial beurteilen nach der Gesellschaft, in der er zu sehen ist, Kontakt gleichbedeutend ist mit der Möglichkeit, sozial identifiziert zu werden, und das gilt für alle Beteiligten gleichermaßen und wechselseitig.

3. Zugänglichkeit

In jeder Situation sind die Anwesenden zu einer gewissen Bereitwilligkeit verpflichtet, Blickkontakte aufzunehmen. (Diese Bereitschaft wurde bereits erwähnt als eine Möglichkeit, situationelle Präsenz auszudrücken.) Es gibt viele wichtige Gründe, weshalb der Einzelne gewöhnlich auf die Aufforderung zum Blickkontakt reagieren muß. In erster Linie ist er es sich selbst schuldig, denn häufig dient er mit solcher Kommunikation seinem eigenen Interesse; so wenn ein Fremder an ihn herantritt und ihm sagt, er habe etwas fallen lassen, oder die Brücke sei defekt. Aus ähnlichen Gründen schuldet er solche Zugänglichkeit anderen Anwesenden und auch Nicht-Anwesenden, die durch Anwesende vertreten sind. (Die Notwendigkeit solch kollektiver Solidarität ist in der Großstadt noch verstärkt, wo Menschen von großer sozialer Distanz in Reichweite zueinander geraten). Zudem – wir haben es angedeutet – kann Teilnahme an Blickkontakten ein Zeichen sozialer Nähe und Verbundenheit sein; wird diese Chance zur Teilnahme geboten, sollte man sie nicht ablehnen, denn ein solches Angebot auszuschlagen, heißt jemanden zurückweisen, der vertrauend gezeigt hat, daß er auf Kontakt hofft. Mehr noch, Ablehnung eines Angebots impliziert, der Abweisende lehne nicht nur die Aufforderung des andern ab, an der Zusammenkunft teilzunehmen, sondern auch den sozialen Anlaß, der die Menschen zusammengeführt hat. Es ist deshalb ungewöhnlich, daß jemand der Verpflichtung zu freundlicher Reaktion nicht nachkommt.

Obwohl es gute Gründe gibt, warum jemand für Blickkontakte disponibel sein sollte, gibt es auch gute Gründe für ihn, damit vorsichtig zu sein. Wenn man jemand gestattet, sich einem zu nähern, etwa eines Gesprächs wegen, kann es passieren, daß man in eine Position gelockt wird, welche Angriff und physische Bedrohung einschließt. In Gesellschaften, wo öffentliche Sicherheit nicht voll garantiert ist, besonders an Orten wie etwa der Wüste, wo sich Reisende lange Zeit weit entfernt von jeder möglichen Hilfe befinden, ist die Gefahr, daß Blickkontakte das Vorspiel zum Überfall sind, beträchtlich, und extensive Vermeidungspraktiken oder Begrüßungen auf Distanz dienen der Absicherung[42].

Hier überlappen sich natürlich zwei Komponenten der öffentlichen Ordnung, die der »körperlichen Sicherheit« und die der Kommunikation. Aber abgesehen von diesem Extrem sollten wir sehen, daß jeder, der sich einem andern zum Gespräch überläßt, sich auch Bitten, Befehlen, Drohungen, Anwürfen und falscher Information aussetzt. Gegenseitige Rücksichtnahme, charakteristisch für Blickkontakte, verstärkt diese Gefahren, weil sie den Einzelnen in eine Lage bringen kann, wo sein Mitleid und sein Takt ausgenutzt werden und er unter

---

[42] Das Beispiel von Kontakten in der Wüste beschreibt Paul Bowles sehr anschaulich in der Novelle »The Delicate Prey«, in: The Delicate Prey and Other Stories (New York: Random House, 1950), S. 277–289, bes. S. 279–280.

Umständen veranlaßt ist, gegen seine eigenen Interessen zu handeln. Worte können auch als »Keil in der Beziehung« fungieren; das heißt, hat jemand einem anderen hinreichend Beachtung geschenkt und ihn willig angehört, so ist eine Art Band gegenseitiger Verpflichtung geknüpft, das der Initiator seinerseits als Basis weiterer Forderungen nutzen kann; ist dieses Band erst einmal gespannt, sei das nun freudig oder widerwillig geschehen, können jederzeit weitere Forderungen nach sozialer oder materieller Gefälligkeit folgen. So – ein wichtiges Beispiel – können ein Mann und eine Frau, einander völlig fremd, irgendwo aufbrechen und, wenn die Umstände danach sind, von einer zufälligen Begegnung zur Ehe fortschreiten. Wir brauchen nur die Geschichte vieler enger Beziehungen zwischen Erwachsenen zu verfolgen, um festzustellen, daß aus Blickkontakten etwas entstand, was nicht hätte sein müssen. Natürlich knüpfen die Menschen gewöhnlich »passende« Beziehungen; sie gestatten zufälligen Begegnungen nicht, in etwas anderes einen Keil zu treiben. Aber selbst im Rahmen von Geselligkeiten mit Geschlechtertrennung gibt es genügend Möglichkeiten zu Fehltritten, welche Mütter um ihre Töchter bangen lassen und zum Romantopos der leichten Literatur geworden sind.

Ich habe einige Gründe genannt, warum sich Menschen, zumindest in unserer Gesellschaft, zu Blickkontakten hergeben müssen, und ich habe auch von den damit einhergehenden Gefahren gesprochen. Diese beiden gegenläufigen Tendenzen werden offensichtlich in der Gesellschaft durch eine Art implizierten Kontrakt oder ein Gentleman's Agreement, welches die Menschen beachten, versöhnt: ausgehend davon, daß auf dem anderen irgendeine oft unangenehme Verpflichtung lastet, auf Initiative zu reagieren, stehen potentielle Initiatoren ihrerseits unter dem Druck, ihre eigenen Wünsche zurückzustellen. So kann sich jemand anderen Menschen zur Verfügung stellen in der Erwartung, sie würden ihre Ansprüche auf seine Verfügbarkeit zurückstellen und ihn seine Zugänglichkeit nicht allzu teuer bezahlen lassen. Ihr Recht, Kontakt zu initiieren, wird gehemmt von der Pflicht, den Standpunkt des Gegenübers einzunehmen und Kontakt mit ihm nur unter Umständen zu initiieren, denen er leicht gerecht werden kann; kurz, sie dürfen ihre Privilegien nicht »mißbrauchen«.

Der unausgesprochene Kommunikationsvertrag (und die Konsequenz im Falle eines Bruchs) ist immer wieder mythologisch verarbeitet worden, man denke nur an unsere Märchen. Verständlicherweise verursachen Verletzungen der Regel gegen unerwünschte Initiative einige Aufregung, denn der Adressat muß der Aufforderung entweder nachkommen oder sich und den andern Anwesenden demonstrieren, daß es nicht seinem Charakter entspreche, sich für Blickkontakte herzugeben, und daß es eine falsche Pose gewesen sei, die

er sich nur leisten könne, solange sie nichts koste. Den impliziten Kontrakt voraussetzend, welcher die Anwesenden auf taktvolle Weise zugänglich und unzugänglich füreinander sein läßt, können wir nun einen allgemeinen Spielraum von Lust und Unlust in sozialen Situationen konstatieren. Mit den Gründen, warum Menschen gezwungen sind, ihrer Initiative zu Begegnungen Zügel anzulegen, haben wir zugleich auch etliche Gründe, warum sie überhaupt Lust dazu haben. Die Verpflichtung, angemessen zugänglich zu sein, schließt häufig den Wunsch ein, im Einzelfall ganz und gar nicht verfügbar zu sein. Deshalb haben viele öffentliche und halböffentliche Orte, wie Cocktailbars und Salonwagen, ihren besonderen Ton und ihre eigene Stimmung, eine gewisse Pikanterie, welche die Kommunikationsstränge verwirrt, indem sie allen Beteiligten den Wunsch suggeriert, dort eindringen zu wollen, wo sie vielleicht gar kein Recht dazu haben, und sich von denen fernzuhalten, die vielleicht ein Recht auf Kontakt haben. Jeder ist demnach nicht nur beschäftigt, den Grundvertrag in Sachen Kommunikation einzuhalten, sondern entwickelt Hoffnungen, Ängste und unternimmt Aktionen, welche die Regel beugen, wenn nicht bereits brechen.
Wir haben auch gesagt, daß der Einzelne prinzipiell verpflichtet sei, auf *Begegnungen* einzugehen, selbst auf die Gefahr hin, er müsse etwas aufgeben bei seinem Eintritt oder er stünde der ganzen Angelegenheit ambivalent gegenüber. Die Geisteskranken liefern uns wieder eine Lektion hierzu; sie zeigen uns, wie hoch der Preis ist, wenn man sich verweigert, und sie zwingen uns zu sehen, daß es Gründe gibt, warum jemand, der zu Kontakt fähig ist, sich bereit findet, den Preis für Unzulänglichkeit zu zahlen.
Kurz, einen Patienten, der es ablehnt, auf Initiativen zu reagieren, bezeichnet man als »kontaktlos«, ein Zustand, der häufig als hinreichendes Beweismittel dafür genommen wird, daß der Patient wirklich sehr krank sei, und als Begründung, ihn tatsächlich von allem Kontakt zu seiner Umwelt abzuscheiden. Im Falle mancher »organisch« Kranker scheint die Generalisierung der Unzugänglichkeit schon gerechtfertigt zu sein, wie auch im Falle gewisser »funktionell« Kranker. Es gibt zum Beispiel Patienten, die sich vor ihrer Aufnahme in einem progressiven Rückzugsprozeß befanden, sie reagierten nicht mehr auf Dinge wie Telefon und Klingel, und nun im Hospital weisen sie jede Initiative von seiten des Personals zurück, wobei jeder Einzelfall nur für ihre allgemeine Interesselosigkeit am gesamten Leben ihrer Umwelt steht.
Bei anderen Patienten jedoch darf Zurückweisung angebotenen Kontakts nicht als Zeichen von Unlust an der Zusammenkunft gedeutet werden, sondern eher als Zeichen von Verwirrung, beruhend auf lebhaften Gefühlen von Angst, Haß und Verachtung, deren

jedes unter den gegebenen Umständen verständlich ist und dem Patienten durchaus gestattet, andere situationelle Adäquanzen geziemend zu beachten.
So gibt es Patienten, die völlig ungerührt über direkte Versuche hinwegblicken, sie zum Reden zu bringen; sie weisen jede Initiative von seiten des Personals zurück, und sei sie noch so verlockend, aufreizend oder intensiv; sie gestatten es sich aber sehr wohl, selbst sorgfältig Blickkontakt zu initiieren und ohne die üblichen Höflichkeitsfloskeln zu beenden. Wieder andere Patienten, die ohne Kontakt zu den meisten Leuten auf der Station sind, beteiligen sich an selbstinitiierten Begegnungen mit einer kleinen Anzahl von Personen; sie benutzen dabei verschlüsselte Botschaften, etwa eine fremde Sprache, sie flüstern, oder sie tauschen geschriebene Mitteilungen aus. Einige Patienten, die an keinerlei Begegnung teilnehmen wollen, in der gesprochen wird, beteiligen sich bereitwillig an Begegnungen anderen Inhalts wie Tanzen und Kartenspielen. So kannte ich einen Patienten, der häufig den Gruß, den Leidensgenossen ihm entboten, unbeachtet ließ, auf den man sich beim Theaterspielen aber voll verlassen konnte; er versäumte niemals sein Stichwort.
Daraus könnte man schließen, ein Kranker, der auf Blickkontakt unwillig reagiere, entwickle bei nicht-zentrierter Interaktion Wohlverhalten[43]. Ein Beispiel dafür lieferte ein von mir beobachteter Patient, eine junge Frau von 32 Jahren; in einer bestimmten Phase ihrer »Krankheit« war sie durchaus fähig und willig, Kleidung und Verhalten mit aller gebotenen Delikatesse zu handhaben, die von ihrem Geschlecht erwartet wird, aber ihre Sprache war unflätig. In einer anderen Phase bereitete derselben Patientin ein Einkaufsbummel in der nahegelegenen Stadt in Begleitung einer freundlichen Schwester viel Freude, beide, die Kranke und ihre Pflegerin genossen die brüchige Freude, daß die Patientin als »normaler« Mensch »passierte«. Hätte irgend jemand sie angesprochen, wäre die Maskerade sofort zusammengefallen, denn zu dieser Zeit verhielt sich die Kranke jeder verbalen Interaktion gegenüber stumm oder sprach im besten Fall nur unter immenser Anstrengung.
Ein rührendes Beispiel für die Unterschiede in der Fähigkeit zu zentrierter und nicht-zentrierter Interaktion bot das Central Hospital in seinen Patienten, die allem gegenüber furchtsam und ängstlich

---

[43] Anstandsbücher enthalten dieselbe Annahme. Vgl. Good Manners (New York: L. M. Garrity and Co., 1929), S. 31.
Viele Menschen mit guten »Verhaltens«-Manieren haben schlechte »Sprech«-Sitten. Sie sind geschwätzig oder erzählen farblos; oder sie sagen Dinge, die die Gefühle der andern verletzen, oder sie schnattern unaufhörlich, so daß niemand ein Wort »dazwischenkriegt«.

waren, nichts destoweniger aber mühselige Anstrengungen unternahmen, die zeigen sollten, daß sie immer noch dieselben seien, die sie waren, ehe sie ins Hospital kamen, und die ihre Situation gelassen und sachlich im Griff hätten. Ein Mann in den mittleren Jahren ging geschäftig umher, die Morgenzeitung unter dem einen Arm, am andern einen zusammengerollten Schirm, er ging mit der Miene eines Mannes, der zu spät zu einer Verabredung kommt. Ein junger Mann, der sorgfältig seinen abgetragenen Flanellanzug pflegte, hastete ebenfalls von einem Ort, an den er nicht ging, zu einem andern. Beide gingen jedwedem sich nähernden Personal aus dem Weg und wandten peinlich berührt den Kopf ab, wenn irgend jemand sie grüßen wollte, denn beide verfolgten die Strategie, stumm zu sein, wenn jemand sie traf. Eine Fassade von Mittelstandsgehabe zu zeigen in der Situation, unter diesen Umständen, war so prekär und schwierig, daß es (für diese Menschen) offensichtlich eine Tagesmühe darstellte[44]. In anderen Fällen ist es nicht Furcht, welche die Unzugänglichkeit ansonsten wohlerzogener Menschen zu erklären scheint, sondern eher Feindseligkeit: Initiative von seiten des Personals zu akzeptieren, heißt teilweise, die Legitimation der Pflegeperson, die Initiativen entwickelt, anzuerkennen; handelt es sich dabei um jemand Seriösen, Würdigen, so muß ja dessen unausgesprochene Überzeugung sein, der Mensch, mit welchem er Kontakt aufzunehmen gedenkt, also man selbst, sei ein Geisteskranker, einer der sich zu Recht in einer Heilanstalt befinde. Um das Gefühl zu stärken, man sei wirklich gesund, scheint es demnach vernünftig, Begegnungen mit Leuten, die von der gegenteiligen Annahme ausgehen, zu meiden – obwohl dies genau auf ein Verhalten hinausläuft, das Unzugänglichkeit bedeutet und insofern die Ansicht des Krankenhauspersonals, man sei geistig krank, erhärtet.

Ein letzter Punkt über Zugänglichkeit sei hinzugefügt. Wie angedeutet, werden Gesprächskontakte oft als Engagements betrieben, die einer anderen Tätigkeit untergeordnet sind, genauso wie Nebenengagements, etwa das Rauchen, häufig als Aktivitäten ausgeführt werden, die einem konventionellen Hauptengagement untergeordnet sind. Es stellt sich die Frage, welche Schranken solchem Nebeneinander in der Mittelstandsgesellschaft gesetzt sind. Wir kennen zum Beispiel Berichte über Marineangehörige aus der Mittelschicht, die

---

[44] So wie es plausibel ist, daß der Mensch mit Normen konform geht, die die nichtzentrierte Interaktion regeln, aber nicht Reglements erfüllen kann, die die zentrierte Interaktion betreffen, so gibt es Fälle, wo geistig Kranke, die sich auffallend schlampig kleiden, als Gesprächspartner durchaus gewandt sind. Hier haben wir zwei Beweisstücke zugunsten einer begrifflichen Unterscheidung zwischen zentrierter und nicht-zentrierter Interaktion.

ihren Gang zur Toilette so lange aufschieben, bis niemand mehr dort ist, der sie bei der Defäkation ansprechen könnte, um mit ihnen eine Unterhaltung zu führen. Eine andere Informantin aus der Mittelschicht erzählte mir, es sei ihr sehr unangenehm, sich in Anwesenheit ihres Mannes die Fußnägel zu lackieren, sie müsse einem Gespräch mit ihm dann zuviel von der Aufmerksamkeit entziehen, die ihm doch eigentlich zustehe.

4. Rechte auf Abgang

Wie der Einzelne gehalten ist, die Zugänglichkeit anderer nicht auszubeuten (der Preis für die von ihnen verlangte Zugänglichkeit wäre sonst zu hoch), so muß er andere auch aus einer Begegnung entlassen, sollte durch einen konventionellen Wink deutlich werden, daß sie entlassen sein wollen (der Preis für den Fakt, nicht einfach plump von dannen zu gehen, ist sonst zu hoch). Grundschuljahre erinnern an solche Abgangs-Formen und -Regeln, hier werden diese Normen immer noch gelernt; zum Beispiel dreht eine Lehrerin einen Schüler, den sie ans Pult gerufen hat, um seine Aufgaben zu korrigieren, sanft um und schiebt ihn auf den Platz zurück, um damit die kleine Konferenz zu beenden.
Die Rechte auf Abgang, die dem Einzelnen zustehen, und das Reglement für einen taktvollen Abgang den Zurückbleibenden gegenüber können miteinander in Konflikt geraten. Solch ein Konflikt wird häufig auf eine für das kommunikative Leben sehr bezeichnende Weise gelöst, und zwar indem Personen in verschiedenen Rollen stillschweigend aktiv zusammenarbeiten, um jemandem den Abgang zu erleichtern. So belehrt uns die Etikette in geschäftlichen Dingen in folgender Weise:
»Beim Gehen: Mittel für einen Abgang gibt es viele. Sie reichen von eindeutigen Schlußworten, gewöhnlich in der Form des ›vielen Dank für Ihren Besuch‹ bis zu versunkenem Starren ins Leere. In jedem Fall jedoch sollten sie vom Besucher stammen. Der sollte nicht abrupt aufstehen müssen; man sollte fähig sein, den Aufbruch lange vorher in der Luft zu schnuppern, um selbst aktiv zu werden, auf die Stuhlkante nach vorn zu rutschen und selbst in eine Dankrede überzugehen. Auch sollte man nicht die peinliche Frage stellen müssen, ›Nehme ich zuviel von Ihrer Zeit in Anspruch?‹; kommt einem dieser Gedanke in den Sinn, ist es Zeit zu gehen[45].«
Tatsächlich können sich Menschen so daran gewöhnen, gerade von demjenigen geholfen zu bekommen, der ihr Bedürfnis nach Hilfe

---

[45] Esquire Etiquette, a. a. O., S. 59.

provoziert, daß sie im Falle des Ausbleibens von Kooperation keinen Weg aus der Angelegenheit herausfinden. So ist es zu erklären, warum zuweilen geistig Kranke eine Pflegeperson in einer Begegnung festnageln, ohne die vielen gegebenen Hinweise, die Situation sei jetzt zu beenden, überhaupt zu beachten. Geht die Pflegeperson weg, folgt der Patient ihr oft bis an die verschlossene Tür und versucht selbst dann noch, weiter mitzugehen. In solchen Momenten muß der Pfleger den Patienten zuweilen gewaltsam wegschicken oder sich hastig entziehen, damit nicht nur demonstrierend, daß der Patient im Stich gelassen wird, sondern auch, daß der Anschein von Interesse dem Patienten gegenüber in gewissem Sinne eben nur Schein war. Straßenhändler initiieren einen ähnlichen Mechanismus; sie verlassen sich darauf, daß der Angesprochene bereit ist, einem Kauf zuzustimmen, um nicht zu jenen zu gehören, die aus einer Begegnung weglaufen, ohne offiziell daraus entlassen zu sein.

SIEBENTES KAPITEL
Bekanntschaft

In unserer Gesellschaft, wie in anderen, gibt es Institutionen, die sich speziell auf das Recht und die Pflicht beziehen, sich an Blickkontakten zu beteiligen. Da ist zunächst die soziale Beziehung von »Bekanntschaft«. Ihre Voraussetzungen sind erfüllt, wenn zwei Personen einander gegenseitig identifizieren können auf Grund von Informationen, deren Inhalt sie von allen anderen Menschen unterscheidet, und wenn sie einander eingestehen, daß dieser Zustand wechselseitiger Information besteht. Ist diese Informationsbeziehung hergestellt zwischen zwei Menschen, scheint sich, abgesehen von bestimmten Ausnahmen, eine soziale Beziehung daraus zu ergeben, die beide Personen auf eine neue, normalerweise zeitlich unbefristete gemeinsame Basis stellt. Wenn sie aufs neue in die gleiche Situation kommen, haben sie die Pflicht zu oder das Recht auf Blickkontakt. (Sollte der eine das »Gesicht« des anderen vergessen haben, braucht dieser nur den Zusammenhang des ursprünglichen Kennenlernens herzustellen, und das Recht auf Kontakt und häufig auch eine Entschuldigung werden ihm sicher sein.) Das Recht, Blickkontakte zu initiieren, ist so wichtig, daß es in die Beziehung eingebaut ist als eins ihrer Hauptkonstituentien.
Die Betrachtung der Institution »Bekanntschaft« wollen wir damit beginnen, daß wir zwei Alltagsbedeutungen des Begriffs »Erkennen«

spezifizieren. Zunächst haben wir das, was wir als *kognitives Erkennen* bezeichnen könnten, jenen Prozeß, in dem der eine den andern »lokalisiert« oder identifiziert, seinen Anblick verknüpfend mit einem Informationsrahmen, der ihn betrifft. Das Identifikationsritual der Kriminalpolizei ist nur ein Beispiel; einen Menschen zu »erkennen«, den man zu finden hofft, weil er versprochen hat, etwas Bestimmtes zu tragen oder in der Hand zu halten, ist ein weiteres. Kognitives Erkennen stellt einen Zusammenhang her zwischen der erkannten Person und jenen Informationen, die allein sie betreffen, also ihrem Namen, einer bestimmten Statusvorstellung, einer einmaligen-persönlichen Biographie – kurz, ihrer »persönlichen Identität«. Zuweilen indes impliziert kognitives Erkennen nur die Einordnung des Einzelnen in eine allgemeine soziale Kategorie, allerdings in einem Zusammenhang, in dem jeder, der dieser Kategorie angehört, eine entscheidende Rolle spielen kann; zum Beispiel wenn Taschendiebe einen Detektiv erkennen, der ihnen persönlich nicht bekannt ist, ihn damit quasi entlarvend[1].

Kognitives Erkennen ist demnach der Prozeß, durch den wir einander sozial oder persönlich identifizieren.

Sodann gibt es das »soziale Erkennen«; das ist der Vorgang, der abläuft, wenn wir jemand offen willkommen heißen oder zumindest die Eröffnung einer Begegnung akzeptieren, etwa indem ein Gruß oder ein Lächeln zurückgegeben wird. Vielleicht gehört hierher auch die Zuordnung einer besonderen Rolle innerhalb einer Begegnung, so wenn der Vorsitzende den Wunsch eines Einzelnen aufnimmt und erfüllt, indem er ihm das Wort erteilt. Kognitives Erkennen ist eine private Handlung; zwar kann auch ein unerkannter Spion sie ausführen, es ist jedoch schwierig, sie zu betreiben, ohne zu bekunden, was man tut. Soziales Erkennen hingegen ist ein Blick, der die spezielle Funktion einer zeremoniellen Geste im Kontakt mit jemandem hat.

Um nun – wir haben schon davon gesprochen – bestimmte Formen sozialen Erkennens zu praktizieren, müssen die Beteiligten einander kognitiv erkennen oder so tun als ob, oder sie müssen sich dafür entschuldigen, daß sie es nicht tun. Wie zu erwarten, lassen sich, wenn zwei Personen zusammentreffen, die einander nicht sehr gut kennen, zweierlei Arten von anfänglichem Ausdruck auf den Gesichtern unter-

---

[1] D. W. Maurer, Whiz Mob, Publication of the American Dialect Society, Nr. 24, 1955, S. 140–141:
»Von McCarthy und Wilkerson sagte man, sie seien der phänomenalen Leistung fähig, to make a man on his merits, das heißt einen Kriminellen an Hand seiner Kleidung, seines Verhaltens, seines Äußeren, seines Benehmens usw. auszumachen, auch wenn er ihnen persönlich unbekannt ist.«

scheiden: der Ausdruck eines Menschen, welcher sogleich soziales Erkennen auf seiten eines anderen antizipiert; und der Ausdruck eines Menschen, der den kognitiven Prozeß, jemand physisch zu erkennen und zu »lokalisieren«, rasch durchläuft. Diese beiden Bekundungen finden natürlich in vielen Fällen gleichzeitig statt und entsprechen damit durchaus der gewünschten Form; zuweilen geht, und das ist peinlich genug, soziales Erkennen um Augenblicke dem anderen Ausdruck voraus. Und manchmal, wenn es in einem bestimmten Zusammenhang für jemanden gefährlich ist, mit einem anderen bekannt zu sein, finden wir die »lokalisierende« Miene ohne die soziale, so wie es auch geschieht, wenn jemand irgendwen trifft, von dem er zwar schon gehört, den er aber bis dahin nie gesehen hat. Eine wichtige Frage im Hinblick auf Bekanntschaft: Ein wie wichtiger Teil jedweder Beziehung ist dieses Moment? Im allgemeinen ist Bekanntschaft ein Aspekt jeder sozialen Beziehung, die auf gegenseitiger persönlicher Identifikation beruht; dies gilt gleichermaßen für alle Beziehungen, auch für solche, die sich in Grad und Charakter sehr stark voneinander unterscheiden. Nichtsdestoweniger können wir annehmen, daß das Stadium der Bekanntschaft ein nicht sehr wesentlicher Aspekt von Beziehungen ist. Es gibt jedoch Ausnahmen. Die Umgangssprache bezeichnet mit der Wendung »nur eine Bekanntschaft« eine Beziehung, in der die Rechte auf soziales Erkennen die wesentliche Substanz der Beziehung ausmachen. Weiter: auch wenn Personen »eng« miteinander bekannt sind, kann ihre Beziehung zerfallen, zuerst bis zu jenem Punkt, wo man »noch miteinander spricht«, dann (und mit einem diskontinuierlichen Sprung) bis dahin, wo man »nicht mehr miteinander spricht;« in beiden Fällen sind wir allein auf die Kontakt-Praktiken verwiesen als Kriterien, die eine Beziehung charakterisieren. Daß die Verpflichtung, bekannten Personen soziales Erkennen zuteil werden zu lassen, daß die Pflicht, sich ihnen gegenüber kontaktfreudig zu zeigen, besonders stark ist, läßt sich auf vielerlei Weise belegen. Ganz offensichtlich ist in der Mittelstandsgesellschaft das »Schneiden« strikt tabu. Anstandsbücher enthalten viele Warnungen vor dieser Strategie, jede Initiative zu einer Begegnung abzuwürgen.

Grundregel: man *schneide* niemals jemanden auf der Straße. Selbst politische oder Schiffsbekanntschaften sollten mit einer minimalen Regung wahrgenommen werden. Erst wenn sie eine Unterhaltung anstreben oder wenn sie innehalten, um ihren Freund vorzustellen, ist es Zeit, die Brille zu nehmen und zu sagen, »ich kenne Sie nicht[2]«. Mrs. Post hält eine moderne Version bereit:

---

[2] The Laws of Etiquette von »A Gentleman« (Philadelphia: Carey, Lee and Blanchard, 1836), S. 62.

»Es kann ohne Frage ärgerlich sein, wenn ein Bekannter vorbeigeht und einen ›nicht sieht‹, aber man sollte geistesabwesendes Nicht-Sehen nicht verwechseln mit geschickter und beabsichtigter Geringschätzung.«

Offenes Schneiden

»Jemanden direkt ansehen und seine Verbeugung nicht beachten, ist ein so eklatanter Bruch der Höflichkeitsregeln, daß nur unverzeihliches Fehlverhalten solche Maßregelung rechtfertigen kann. Gleichermaßen kann eine Dame nur mit dem allerernstesten Grund einen Gentleman ›schneiden‹; es gibt jedoch keinerlei Umstände, die es einem Gentleman gestatten, eine Frau zu schneiden, die – und sei es nur aus reiner Höflichkeit – eine Dame zu nennen ist.
›Schneiden‹ unterscheidet sich sehr von schlechtem Sehen oder einem schwachem Gedächtnis. Es ist der direkte Ausdruck offener Zurückweisung, nicht nur voller Kränkung für sein Opfer, sondern auch peinlich für jeden Zeugen. Glücklicherweise ist es in gebildeten Gesellschaften praktisch unbekannt[3].«
Aus dieser Regel folgt, daß jemand, der einen anderen nicht begrüßen möchte, sich normalerweise so verhält, daß der andere annehmen kann (oder zumindest diesen Ausweg hat), die Nichtachtung sei durch unbeabsichtigtes Nicht-Sehen seiner Initiative zustande gekommen; umgekehrt wird derjenige, der die Initiative ergreift, seinem Gruß nicht soviel offenkundigen Nachdruck verleihen, wenn er Zweifel hinsichtlich seiner Aufnahme hat; er kann sich, sollte er wirklich nicht durchdringen, in eine soziale Fiktion retten. Weiß man, daß sich einer gezwungen sieht, einen andern zu schneiden, so werden andere und die beiden Betroffenen selber peinlich darauf achten, nicht zusammenzutreffen; sie etablieren daher eine Vermeidungsbeziehung.
Das Tabu, das auf Schneiden liegt, ist indessen nicht nur eine Frage der offiziellen Etikette. Selbst wenn zwei Menschen einen gewichtigen moralischen Grund zu gegenseitiger Animosität haben, werden sie wahrscheinlich ein paar höfliche Worte miteinander wechseln, sollten sie einander gegen ihren Willen begegnen. Und selbst wenn es so mit ihnen steht, daß sie nicht mehr miteinander reden können, fühlen sie immer noch den unkontrollierbaren Drang, ein erkennendes Nicken auszutauschen. Diese minimale Höflichkeit hat eine spezielle Bedeutung für uns; denn das Unterlassen dieser Art von Begrüßung stellt solche Leute der Gesamtsituation dar als zwei, die voller Haß

---

[3] Emily Post, Etiquette (New York: Funk and Wagnalls, 1957), S. 30.

aufeinander sind und sich einfach nicht in der Lage sehen, der Stimmung des sozialen Anlasses zu entsprechen. Jemanden zu schneiden, ist insofern gleichbedeutend mit einem Mangel an Respekt der gesamten Zusammenkunft gegenüber; hier erweist sich ein flagranter Mangel an Empfindsamkeit für jene minimale Solidarität, welche die Versammlung von all ihren Teilnehmern fordert.
Bekanntschaft verlangt von den Einzelnen, sich kontaktfreudig zu zeigen, und sei es nur in Form eines winzigen Lächelns. Diese Regel zeigt wiederum, wie die Kommunikationsregeln der Gemeinschaft momentane Einzelinteressen verletzen können. Doch es ist anzunehmen, daß es etliche Übereinkommen gibt, die jedes auf seine Weise weiteres Licht auf die Kommunikationsreglements werfen.
Es gibt zum Beispiel Umstände, in denen die Rücksicht auf den anderen es verlangt, daß man ihm das Recht zugesteht zu entscheiden, ob soziales Erkennen und ein Gruß statthaben sollen oder nicht. Wo der Kontext sehr zuungunsten von jemandem ausschlägt, (besonders, wenn der Betroffene eine Frau ist und von einem Bekannten gesehen wird), kann man ihm, der viel zu verlieren hat, wenn er hier sich zu seiner Anwesenheit bekennen muß, die Entscheidung überlassen, ob eine Begegnung stattfinden soll oder nicht. Einige Autoren, die über Etikette schreiben, haben erkannt, daß die Initiative zur Kontaktaufnahme zwischen einem Mann und einer Frau deshalb immer von der Frau auszugehen habe, weil ein Gentleman nie sicher wissen könne, wann eine Dame sich in einer Situation befinde, in der sie nicht erkannt werden möchte:
»Es ist ein Zeichen von feiner Erziehung, eine Dame auf der Straße nicht anzusprechen, ehe man durch ein Kopfnicken von ihrer Seite die Bestätigung erhielt, daß sie einen bemerkt hat[4].«
Andere Autoren modifizieren diese Einschränkung:
»Unter formellen Umständen verbeugt sich eine Dame zuerst; Menschen aber, die sich gut kennen, verbeugen sich gleichzeitig, ohne diese Etikette zu beachten[5].«
In einigen Gesellschaften, dies sei hinzugefügt, kann soziales Erkennen zwischen den Geschlechtern offensichtlich den Ruf einer Frau gefährden, es ist aus diesem Grunde durchgängig restringiert. Die Hindugesellschaft liefert ein Beispiel:
»Außerhalb der Familie sind Beziehungen zwischen den Geschlechtern in der Tat sehr begrenzt. Frauen tragen lange Schleier, sie müssen züchtig zu Boden blicken, wenn ein Mann sich nähert. Als Korrelat dieser strengen Einschränkung von Zusammentreffen zwischen jungen Männern und Mädchen ergibt sich, daß auch die leiseste Begegnung

---

[4] The Laws of Etiquette, a. a. O., S. 60.
[5] Emily Post, Etiquette, a. a. O., S. 29.

so betrachtet wird, als führe sie direkten Wegs zum Geschlechtsverkehr[6].«
Das bäuerliche Paraguay liefert ein weiteres Beispiel:
»Eine Frau muß außerordentlich umsichtig sein, und zwar immer. Sie sollte stets den Anschein vermeiden, als sei sie in einer privaten Unterhaltung mit einem Manne, selbst auf der Straße am hellichten Tag[7].«
Takt im Hinblick auf soziales Erkennen und auf Blickkontakte ist natürlich nicht beschränkt auf Beziehungen zwischen den Geschlechtern, sondern findet sich auch überall dort, wo die eine Partei im Erkennenskontakt als mit Sonderrechten ausgestattet gilt oder als einer Sonderbehandlung für würdig erachtet wird[8].
Die Annahme, jemand könne einen Bekannten absichtlich erkennen oder ihn schneiden oder auf vielerlei Weise ein Erkennen vermeiden, ist eine allzu vereinfachte Sicht des Problems. Wie bereits gesagt, ist der gesamte Vorgang nicht so leicht durch Überlegung zu kontrollieren; ein Mangel an Kontrolle ist in Rechnung zu stellen, will man über Handlungsstrategien entscheiden. Ein Gefühl von adäquatem Erkennensverhalten scheint den Menschen auszufüllen, sobald er es gelernt hat, und das bedeutet, daß seine momentane Ansicht darüber, welche Aktivität in dieser oder jener Situation als ratsam sich anbiete, durchaus seiner spontanen Neigung innerhalb der Situation widersprechen kann. Bei einer rationalen Entscheidung über den aktuellen Ablauf einer Aktion muß er zuweilen schon suchen, eher automatische Tendenzen zu unterdrücken – oder besser das, was für ihn automatische Tendenzen geworden sind. (Dieser Faktor ist im gesamten Kommunikationsverhalten wiederzufinden.) Wenn ein Mensch einen andern, der seine spontane Aufmerksamkeit sehr wohl erregt, absichtlich nicht ansieht, hat dieses Meiden einen besonderen und befangenen Zug. Wenn man jemanden nicht anschaut, der spontan die Aufmerksamkeit auf sich zieht, macht man meist eine linkische, ge-

---

[6] G. M. Carstairs, Hinjra und Jiryan: Two Derivatives of Hindu Attitudes to Sexuality, in: British Journal of Medical Psychology, 29 (1956), S. 135–136.
[7] E. R. und H. S. Service, Tobati: A Paraguayan Town (Chicago: University of Chicago Press, 1954), S. 207.
[8] Ich zitiere ein persönliches Beispiel aus dem informellen geselligen Leben einer englischen Provinzuniversität, etwa 1949. Kamen ein junger und ein älterer Angehöriger des Lehrkörpers, die miteinander bekannt waren, ins Lehrerzimmer zu einer Zeit, da nur wenig andere Leute sich dort aufhielten, empfand der jüngere es zuweilen als einen Akt von Unfreundlichkeit, sich weit entfernt vom älteren hinzusetzen; er wagte aber auch nicht, sich ganz in dessen Nähe niederzulassen, weil dies eine Vermessenheit bedeutet hätte, deshalb wählte er in diesem Fall einen Stuhl genau in der Mitte zwischen beiden Distanzen und überließ es dem älteren zu entscheiden, ob und wieviel gesprochene Interaktion stattfinden solle.

hemmte Bewegung auf ihn zu; besonders gut ist dies zu beobachten, wenn man einen Blickkontakt mit ihm vorausahnt, aber sozial nicht in der Lage ist, selbst die Begegnung zu initiieren.
Der äußere Charakter vieler Szenen sozialer Interaktion hat Einfluß auf die Diskrepanz zwischen dem, was man zu tun beabsichtigt, und dem, was man unbewußt zu tun beginnt. Innerhalb der Situation stehen der Augen- und Ohrenkommunikation häufig etliche Hindernisse im Weg – in der Gestalt der Körper anderer Leute oder in deren Aktivitäten. Diese Hindernisse geben für den Nicht-Seher Entschuldigungen her, und seien sie noch so durchsichtig; umgekehrt kann vom Nicht-Gesehenen diese Entschuldigung bereitwillig aufgegriffen werden. Während solche Barrieren die Kommunikationsregeln elastischer machen, erhöht sie auch die Zahl der Gelegenheiten, wo jemand auf eine Begegnung mit einem anderen hinaus will, aber zögert, weil er nicht sicher weiß, ob der andere verfügbar ist. Ein Beispiel aus einem Roman:
»Als Rigault die Rue Gustave-le-Bon betrat, sah er Maître Marguet am anderen Ende der Straße auf dem Trottoir gegenüber. Er begegnete ihm nie, ohne einen Stich von Angst zu verspüren. Das lag daran, daß der Anwalt ihn zuweilen erkannte und seinen Gruß zurückgab oder ihm sogar zuvorkam, zuweilen aber an ihm vorbeiging, ohne ihn zu beachten. Das konnte Zufall sein, aber auch launische Absicht (er selber versäumte nie, die führenden Leute der Stadt zu erkennen, ein Instinkt ermahnte ihn, selbst wenn seine Gedanken wo ganz anders waren, eine Hand an den Hut zu führen). Rigault hielt seinen Kopf sorgfältig gerade und blickte verstohlen zur Seite, um zu erkunden, was der andere machte. Der Anwalt ging und hielt die Augen gesenkt, er schien völlig in Gedanken verloren. Zu dem Schluß kommend, daß ein Zeichen des Hutes wahrscheinlich unbemerkt bleiben würde, entschied Rigault, zu dieser Geste erst im letzten Moment anzusetzen, um so die Möglichkeit zu haben, sie entweder zu vollenden oder abzubrechen, indem er vorgab, sich am Ohr zu kratzen. Aber dann hieß eine grundlose, fast religiöse Ahnung ihn seine Bewegungen beschleunigen. Sie waren noch vier Schritte entfernt von der konventionellen Ebene, als seine Hand sich zum Kopfe bewegte. Maître Marguet, auf der andern Straßenseite, blickte auf und antwortete mit einer ausladenden Bewegung: Rigault augenblicklich entspannt, spürte, wie eine Welle des Wohlgefühls ihn durchflutete. Es war mehr als geschmeichelte Eitelkeit: es war die Süße einer Reaktion, die Erfüllung eines sozialen Instinkts[9].«
Haben wir die Rolle von Bekanntschaft im sozialen Leben begriffen,

---

[9] Marcel Aymé, The Secret Stream (New York: Harper and Bros., 1959), S. 30.

müssen wir fragen, wie diese Beziehung sich zwischen zwei Individuen entwickeln kann. Vermutlich kann sich Bekanntschaft »informell« entwickeln, etwa wenn Personen im selben Büro oder Betrieb »voneinander wissen« und dies einander allmählich bekunden, so daß sie beide wissen, daß sie voneinander wissen. Ein Sonderfall dieser Art findet sich bei ins Ritual nicht eingeweihten Personen, zum Beispiel bei kleinen Kindern. Um automatisch eine Bekanntschaft anzunehmen, genügt es ihnen, voneinander zu wissen, daß sie in dieselbe Schule gehen. Bekanntschaft kann auch informell sich herstellen durch gemeinsame Teilnahme an derselben Begegnung, obwohl Statusunterschiede unter den Beteiligten hier einschränkend wirken können. Eine Schilderung der Reaktion eines Pförtners auf die Art, wie ein Chirurg aus dem Krankenhaus ihn behandelte, dem Forscher erzählt von einem zweiten Pförtner, mag diesen Fall illustrieren:
»Natürlich sind sie (die Ärzte) nicht alle so. Manche sagen nicht guten Tag, und wenn sie über einen stolpern. Nehmen Sie Dr. Zeigler, eines Tages kam er runter und bat Al, etwas für ihn anzubringen, Al legte seine Arbeit beiseite und machte die Sache. Zeigler war unheimlich nett, stand herum und quatschte mit Al, während der montierte. Nun sagte mir Al, er habe den Doktor am Tag darauf in der Eingangshalle getroffen, der sei an ihm vorbeigegangen, als habe er ihn nie gesehen. Al sagt, er sei ihm seither öfter über den Weg gelaufen, der Doktor habe ihm nie gestattet, ihn zu erkennen. Al sagte, ›was glaubst du, hat der?‹ Ich sagte, ›ich weiß nicht, Al, vielleicht meinen einige von diesen Ärzten, sie seien was Besseres als wir. Nimm einfach keine Notiz von ihm‹[10].«
Die Beziehung einer Bekanntschaft kann sich in unserer Gesellschaft auch »formell« entwickeln, so wenn zwei Leute einander vorgestellt werden, meist durch einen Dritten, zuweilen aber auch, wenn die Umstände es gestatten, dank ihrer eigenen Initiative. Sich Vorstellen oder Vorgestelltwerden sollte, so wird empfunden, mehr noch als eine sich informell entwickelnde Bekanntschaft einen Dauereffekt haben, der die einander Vorgestellten für immer in eine besondere und füreinander erreichbare Position bringt. Der Unterschied zwischen formeller und informeller Bekanntschaft besteht darin, daß die informelle sich ergeben kann, ohne daß die Beteiligten voneinander die Namen wissen, während die formelle höchstwahrscheinlich den Austausch von Namen und die Verpflichtung impliziert, sich von nun an auf den andern mit dessen Namen zu beziehen. Dementsprechend kann bei Personen, die einander formell vorgestellt sind oder die einander auf

---

[10] Interviewmaterial, berichtet von E. Lentz: A Comparison of Medical and Surgical Floors (New York: State School of Industrial and Labor Relations, Cornell University, 1954).

Grund von informeller Bekanntschaft beim Namen nennen, eine Kränkung durch Vergessen in zweierlei Weise geschehen: nicht zu wissen, daß man eine bestimmte Person kennen müßte (die schwerere der beiden Sünden); und zu wissen, daß man die Person kennt, sich aber an ihren Namen nicht mehr erinnern kann.
Wenn Bekanntschaft Menschen in eine bevorrechtigte Kommunikationsbeziehung versetzt, oder besser: wenn sie eine bevorrechtigte Kommunikationsbeziehung *ist*, dann verstehen wir, warum manche Leute Orte und Gelegenheiten meiden, wo es vermutlich zu unliebsamen Vorstellungen kommen wird. Und – noch wichtiger – es ist gut zu verstehen, daß derjenige, der es unternimmt, Leute miteinander bekannt zu machen, sich verpflichtet fühlt, dafür zu sorgen, daß ihnen, deren Kommunikationsbeziehung er verändert hat, aus der neuen Beziehung nichts Ungutes erwachsen möge. Da solches Ungute dem Wohlhabenden vom Armen, der Frau vom Mann und dem Mächtigen vom Schwachen zu drohen scheint, wird derjenige, der vorstellt, die Verpflichtung spüren, sich zunächst dessen zu versichern, der etwas zu verlieren hat, und annehmen, daß der, welcher etwas gewinnt, gegen die Beziehung sowieso keine Einwände hat[11]. Wo der Rahmen eng und dicht ist und es für die miteinander Bekanntgemachten dadurch schwer wird, von der Höflichkeit zwischen Bekannten wieder abzusehen, wird der Initiator der Bekanntschaft vermutlich besondere Sorgfalt walten lassen. Ein Anstandsbuch schreibt:
»Man stellt Leute einander an öffentlichen Orten auf keinen Fall vor, ohne ganz sicher zu sein, daß die Vorstellung beiden Seiten angenehm ist. Man kann keinen größeren sozialen Fauxpas begehen, als einer notablen Person jemanden vorzustellen, für den sie sich nicht interessiert, besonders etwa auf einem Schiff, im Hotel oder in anderen sehr kleinen, aber öffentlichen Gruppen, wo die Leute so eng zusammen sind, daß es entsprechend schwierig ist, aufdringlichen Bekanntschaf-

---

[11] Hierzu finden wir frappierende Parallelen in allen Kulturen. J. M. Dixon zum Beispiel schreibt in »Japanese Etiquette«, Transactions of the Asiatic Society of Japan, 13 (1885), 1–20, S. 2:
»Freunde oder Bekannte dürfen einander nicht vorgestellt werden, ehe Klarheit darüber besteht, daß die Vorstellung beiden Parteien angenehm ist. Angenommen jedoch, zwei Personen sind von gleichem Rang und von gleicher sozialer Position, ist es durchaus richtig, dem Wunsch von einem von beiden, bekannt gemacht zu werden, zu entsprechen, ohne erst den andern um Erlaubnis zu fragen. Jemanden von geringerem sozialen Rang einem Höhergestellten vorzustellen ohne dessen ausgesprochene Zustimmung, entspricht nicht dem guten Ton; dem Wunsch eines Höhergestellten, mit einem Geringeren bekannt gemacht zu werden, muß dagegen augenblicklich Folge geleistet werden.«

ten aus dem Wege zu gehen, hat man ihnen erst einmal den kleinen Finger gereicht[12].«

Komplizierend für die Einsicht in die Institution des Bekanntmachens in unserer Gesellschaft wirkt sich unser interpersonelles hierarchisches System von Hochachtung und Ehrerbietung aus, denn gegenseitiges Vorstellen ist sein rituelles Kleingeld[13]. Ist man »mit« jemandem und ein zweiter Bekannter kommt zufällig hinzu, so müssen die beiden miteinander bekanntgemacht werden, es sei denn, der Kontakt zum Neuankömmling soll offensichtlich nur ganz kurz sein. Nicht-Vorstellen bedeutet in der Mittelstandsgesellschaft einen offenen Affront gegen einen der einander nicht Vorgestellten, oder auch gegen beide. Dieser Konvention liegt die Regel zugrunde, daß unter normalen Umständen jeder das Recht hat, zwei ihm Bekannte miteinander bekanntzumachen (eine Regel, die einen Menschen unter Druck oder Zwang setzen kann, »eine Vorstellung zu arrangieren«).

Den Problemen, die durch obligates Bekanntmachen von Leuten entstehen, ist auf verschiedene Weise zu begegnen. Abgesehen von dem grundlegenden Gebot, seine Bekanntschaften zum einen auf sozial Gleiche zu beschränken, auf Leute also, die es nicht geniert, miteinander bekanntgemacht zu werden, und zum andern auf vertrauenswürdige Leute, die keinen Mißbrauch damit treiben, zeigt Mrs. Post, daß es sehr wohl eine Etikette auch für den Mittler gibt:

»Wenn zwei Menschen – Fremde oder Bekannte – zusammen spazierengehen und einen Dritten treffen, der anhält, um mit einem von ihnen zu sprechen, geht der andere langsam weiter, statt linkisch herumzustehen in der Erwartung, vorgestellt zu werden. Wird der Dritte von seinem Bekannten aufgefordert mitzukommen, holen die beiden den schlendernden Freund ein, und die einander bisher Unbekannten werden einander vorgestellt. Der Dritte indes darf sich ohne Einladung nicht anschließen[14].«

Übrigens werden Vorstellungen dieser Art und selbst solche, die flüchtig auf großen Veranstaltungen erfolgen, zuweilen von beiden

---

[12] Emily Post, Etiquette, a. a. O., S. 16.

[13] Die *Formen* des Bekanntmachens von Leuten sind natürlich gebunden an die Hierarchie, und die Unterschiede im jeweiligen Rang der Vorgestellten sind wohl zu spüren. So ist es in einer »höflichen Gesellschaft« Brauch, den Untergeordneten dem Übergeordneten vorzustellen. Auch die Nennung von Namen kann asymmetrisch sein, der eine wird mit seinem Vornamen, der andere mit seinem formellen Titel vorgestellt. Ob symmetrisch oder asymmetrisch, das genannte Namenspaar kann von verschiedenen Orten in der Formalitätshierarchie herstammen, vom Spitznamen bis zum offiziellen Titel. Schließlich kann das Recht, eine bestimmte Anrede zu gebrauchen, zwischen zwei Personen unterschiedlich verteilt sein.

[14] Emily Post, Etiquette, a. a. O., S. 16–17.

Seiten als reine Höflichkeit gewertet. Sie bleiben folgenlos, sollten sich dieselben Leute in einer ähnlichen Situation wiedertreffen, es sei denn, beide bekunden dann durch irgendwelche Zeichen ihre Neigung, etwas daraus zu machen. Schließlich kann man dort, wo ein erheblicher Unterschied im Status der nicht miteinander bekannten Personen vorliegt, so verfahren, daß man Bekanntschaft herstellt ohne vorherige Vorstellung:
»Zuweilen geschieht es, daß man bereits im Gespräch mit jemandem noch eine andere Person darin einschließen möchte, ohne sie groß vorzustellen. Sie sprechen zum Beispiel gerade mit Ihrem Samenhändler, da betritt ihre Freundin den Garten, sie begrüßen sie und schließen sie ins Gespräch ein, indem Sie sagen, ›Mr. Smith empfiehlt mir gerade, die Cannas herauszureißen und Rittersporn anzupflanzen.‹ Ob ihre Freundin nun einen Kommentar über die Farbveränderung ihres Beets abgibt oder nicht, sie wurde in das Gespräch einbezogen. Zum gleichen Manöver, einer Vorstellung aus dem Wege zu gehen, nimmt man Zuflucht, wenn man nicht sicher ist, ob Bekanntschaft angenehm ist für die eine oder für beide Personen, die der Zufall und die Umstände zusammengeführt haben[15].«
Die gleiche »halbwegs«-Vorstellung wird praktiziert, wenn Bedienstete den Gästen des Hauses vorgestellt werden[16].

ACHTES KAPITEL
Kontakte zwischen Unbekannten

Allgemeine Regel, so könnte man sagen, ist, daß miteinander bekannte Personen in einer sozialen Situation einen Grund haben müssen, nicht in Blickkontakt miteinander einzutreten, während einander nicht Bekannte eines Grundes bedürfen, um es zu tun[1]. In beiden Regeln scheint dasselbe Grundprinzip wirksam zu werden, daß nämlich das Wohlbefinden des Einzelnen nicht beeinträchtigt werden

---

[15] a. a. O., S. 17–18.
[16] a. a. O., S. 18.
[1] Hier besteht offensichtlich ein beträchtlicher Unterschied zwischen der anglo-amerikanischen Tradition und der romanischen; letztere gestattet Fremden eher und häufiger den Zugang zu einer Begegnung. Vgl. die interessante Beschreibung der beiden Verhaltenssysteme bei Millicent Fenwick, Vogue's Book of Etiquette (New York: Simon and Schuster, 1948), S. 117–118.

dürfe durch seine Fähigkeit, offen zu sein für Begegnungen. Im Falle von einander Bekannten schützt die Bereitschaft zu sozialem Erkennen den anderen vor der Kränkung, übersehen zu werden; im Falle einander Unbekannter schützt der Wille, sich störenden Begegnungen zu entziehen, den anderen vor unangebrachten Initiativen und Wünschen.
Stimmt die Annahme, dem Kommunikationsverhalten liege eine Art von stillschweigendem Kontrakt zugrunde, dann müssen wir den Schluß ziehen, daß Umstände denkbar sind, wo zwei einander Unbekannte, ganz gleich wer sie sind, ohne gegen irgendeine Form zu verstoßen, Blickkontakte miteinander eingehen können – Umstände, wo eine Person sich einer andern nähern kann –, denn es werden immer auch Umstände denkbar sein, welche die damit implizierte Gefahr von Kontakt aufheben würden. Ich möchte hier nun einige dieser Umstände betrachten, unter denen eine Art von Begegnung zwischen einander Unbekannten in unserer Mittelstandsgesellschaft zulässig, ja zuweilen sogar vorgeschrieben ist[2].

1. Exponierte Positionen

Jede soziale Position kann betrachtet werden als ein Abkommen, das ihren Inhaber für Kontakte mit bestimmten Kategorien anderer Menschen disponibel macht. In einigen Fällen werden diese anderen sich im wesentlichen beschränken auf Personen, mit denen der Einzelne bereits bekannt ist oder denen er in der aktuellen Begegnung gerade vorgestellt wurde. In anderen Positionen, wie der des Verkäufers oder der Sprechstundenhilfe muß der Einzelne bereit sein, sich von Personen ansprechen zu lassen, die ihm nicht vorgestellt sind, vorausgesetzt dies gehört zum Geschäft, zu seiner Arbeit. (Diese Tatsache läßt die einen ihre Rolle genießen, die andern hingegen erkennen, daß sie sozial niedriger gestellt sind.) Hier haben wir ein wichtiges Beispiel für Kontakt zwischen einander Unbekannten, und zugleich eines, welches soziale Distanzen nicht durcheinanderbringt, weil es einen sichtbaren Grund dafür gibt, warum wohlerzogene Kunden und Klienten solche Begegnungen zu initiieren wünschen.
Es gibt jedoch soziale Positionen, die ihre Inhaber nicht nur für Personen disponibel machen, welche aus beruflichen Gründen ankommen.

---

[2] Wir möchten nachdrücklich betonen, daß hier und in den Kommunikationsbräuchen, die noch zu betrachten sein werden, von Gesellschaft zu Gesellschaft große Unterschiede bestehen. Anschaulich kommentiert ist dies in den Schilderungen über das Verhalten auf Straßen in Indien in: N. C. Chaudhuri, A Passage to England (London: Macmillan, 1959), S. 82–86.

So wendet sich in großen Städten an Polizisten, Priester und auch Zeitungsverkäufer eine Vielzahl von Menschen, die ganz unterschiedliche Informationen und Hilfen suchen, zum Teil natürlich auch, weil es einfach als selbstverständlich gilt, daß niemand aus diesen öffentlichen Figuren Gewinn schlägt. Polizisten und Priester sind besonders interessant, da zu ihnen Kontakt aufgenommen werden kann nur dadurch, daß man sie grüßt, ohne sie um irgendeine Auskunft zu bitten. Außerdem gibt es in unserer Gesellschaft etliche Status, etwa die alter oder ganz junger Menschen[3], die in ihrem Rang oft so gering eingeschätzt werden und den Schutz des Sakrosankten so wenig genießen, daß allgemein angenommen wird, jene hätten bei einem Blickkontakt absolut nichts zu verlieren und seien deshalb nach Belieben zu kontaktieren. Keine dieser Personen trägt übrigens jene Art von Uniform, die man ausziehen könnte; keiner von ihnen ist einen Teil des Tages außer Dienst. Hier sind demnach *Personen* exponiert, ausgesetzt, nicht nur Positionsinhaber; sie sind »offene Personen«.

Es gibt noch einen anderen allgemeinen Umstand, der jemanden für Blickkontakt disponibel macht; nämlich den, daß er sich außerhalb seiner Rolle befinden kann. In der Annahme, daß die Interessen des Einzelnen nicht beeinträchtigt werden sollten dadurch, daß man ihn in Kontakt mit jemandem zwingt, und weiter vorausgesetzt, daß diese seine Interessen dann zum Ausdruck kommen, wenn er seine seriösen Rollen spielt, können wir damit rechnen, daß es, ist er gerade nicht mit seinen eigenen Rollen beschäftigt, weniger Grund gibt, im Hinblick auf Kommunikation vorsichtig mit ihm zu sein; und das ist in der Tat der Fall. Wenn jemand sichtbar betrunken oder kostümiert ist, oder wenn er sich in unernster Weise sportlich betätigt, kann man fast beliebig an ihn herantreten und mit ihm flachsen. Man geht dann vermutlich davon aus, daß jenes Selbst, das sich in diesen Aktivitäten äußert, eines sei, von dem der Betroffene sich leicht wieder distanzieren kann, daß es also nicht eifersüchtig zu behüten oder zu schonen sei. Ähnlich stellt sich jemand, der sich momentan in einer sonderbaren körperlichen Lage befindet – er stolpert etwa oder rutscht oder wirkt

---

[3] In manchen Städten kann man Kinder sogar um kleine Gefälligkeiten angehen. Auf der andern Seite werden – wie zu erwarten – in so schwierigen Städten wie Chicago Erwachsene, die fremde Kinder in Blickkontakte verwickeln, häufig unlauterer Absichten verdächtigt, und sie tun zuweilen gut daran, zu Kindern selbst im Vorübergehen keinerlei Kontakt herzustellen. Ist ein Kind »mit« einem Erwachsenen, sind die negativen Möglichkeiten von Kontakt ausgeschaltet, und der fremde Erwachsene erhält seine Rechte zurück. Wir können nun verstehen, warum der Kommentar eines Mannes, an ein Kind gerichtet, Mittel sein kann, Kontakt zu einer Frau zu knüpfen, die das Kind begleitet. Hunde, die noch profaner sind als Kinder, stellen einen weiteren klassischen Anknüpfungspunkt zwischen ihren Besitzern dar.

sonstwie linkisch und ungeschickt – gern einem kleinen Kommentar. Denn er braucht die Bekundung der anderen, daß seine Aktivität nicht als diejenige betrachtet wird, die sein erwachsenes Ich bestimmt; es liegt mithin in seinem eigenen Interesse, anderen den spaßenden Kontakt mit ihm zu gestatten[4]. So setzten sich die ersten, die in Amerika Volkswagen fuhren, einfach Blickkontakten von allen und jedem aus, weil sie sich in der Rolle des Fahrers nicht seriös zu präsentieren schienen, zumindest nicht als Fahrer eines seriösen Wagens[5]. Ich habe anhand der Terminologie von Status und Rolle einige Gründe beleuchtet, die das Gewohnheitsrecht des Einzelnen, nicht belästigt zu werden, außer Kraft setzen. Es gibt noch weitere sogenannte Lizenz-Zeiten, auf die aber die Terminologie der sozialen Rolle nicht recht anwendbar ist. Wenn jemand offensichtlich in Not ist und Hilfe braucht, diese Hilfe jedoch für den mutmaßlichen Spender keine große Bedeutung hat, dann ist die Befriedigung dieses »offenen Bedürfnisses« eine unverdächtige Basis, Kontakt zu knüpfen. Wenn zum Beispiel jemand auf der Straße etwas fallen läßt, ohne es zu bemerken, ist er damit sofort disponibel für Initiativen anderer, denn jeder hat das Recht, ihm zu sagen, was los ist. Die Etikette sagt: »Frauen haben allen, auch Fremden, zu danken, die ihnen kleine Dienste erweisen. Wenn zum Beispiel ein Fremder, gleich ob Mann oder Frau, einer Frau die Tür aufhält oder ihr etwas aufhebt, was sie hat fallenlassen, sollten sie Schüchternheit oder Scheu nicht davon abhalten, auf unpersönliche und freundliche Weise ihren Dank auszusprechen. Scheint der Fremde eine unwillkommene Unterhaltung zu versuchen, kann man, immer noch höflich, aber mit zunehmender Bestimmtheit, ablehnen. Es ist jedoch reizvoller, das Motiv der Geste allein in der Höflichkeit zu sehen, als sofort ein anderes Motiv dahinter zu vermuten[6]«.
Wir möchten hinzufügen, daß es in der Vergangenheit einige Autoren gab, die wohl gespürt haben, daß gerade die Gefahr für eine Dame, in der Öffentlichkeit angesprochen oder auch nur allein gesehen zu werden, zuweilen für einen edelgesinnten Fremden schon Grund genug ist, andere durch eigene rasche Initiative abzuwehren:
»Geht eine Dame allein zu ihrem Wagen oder tritt sie irgendwo

---

[4] Auf Shetland war der örtliche Gutsherr eine Gestalt von schwindender Autorität, er genoß aber immer noch einigen Anspruch auf Distanz von Seiten der Kleinbauern; wenn er jedoch sein Dach reparierte oder herumfummelte, um sein Boot zu vertäuen, konnten die Kleinbauern, das spürten sie, durchaus mit ihm scherzen.
[5] Vgl. z. B. den Bericht von H. G. Glueck über eine Reise von New York nach Florida im Jahre 1955: On the Florida Highroads in a Low Car, in: The New York Times, 30. 1. 1955.
[6] Vogues's Book of Etiquette, a. a. O., S. 35.

in der Öffentlichkeit allein auf, wo es üblich oder angenehm für sie wäre, in Begleitung zu sein, sollte ein Mann ihr seinen Arm und seinen Dienst anbieten, selbst wenn er sie nicht kennt. Ein gleiches Angebot in einem privaten Raum kann als Ungehörigkeit gewertet werden[7]«.
Eine zeitgemäßere Version dieser Artigkeit ist in dem Kurs zu sehen, den gelegentlich ein Mann einschlägt, der in der Dunkelheit einer fremden Frau auf einem engen, einsamen Gehsteig begegnet: Statt die Frau offenkundig höflich unbeachtet vorbeigehen zu lassen, äußert er ein beiläufiges Wort, um zu zeigen, daß er im Gegensatz zu einem, der ihr etwas antun könnte, durchaus willens ist, sich identifizieren zu lassen.

Schließlich gibt es noch eine weitere Basis für Initiative: Es können die Handlungen eines Menschen in anderen Menschen den Drang erzeugen, in Kontakt mit ihm zu treten. Wenn einer zum Beispiel jemanden gestoßen oder gerempelt hat (oder andere sonstwie ihres Rechts beraubt hat, ungestört ihrer Wege zu gehen), kann er von dem Recht Gebrauch machen, mit diesen Personen Kontakt aufzunehmen, Unterstützung anzubieten, um eine Erklärung, eine Entschuldigung oder ähnliches zu übermitteln. Das Bedürfnis der anderen nach Abhilfe und Kompensation für das Erlittene wird vermutlich größer sein als der Widerstand gegen einen Kontakt, zu dem man von einem Fremden gezwungen wird. Das gleiche gilt für potentielle und für wirkliche Kränkungen. In einem Zugabteil zum Beispiel pflegt ein Reisender seine Reisegefährtin zu fragen, ob er rauchen, ein Fenster öffnen (oder schließen) könne. Da diese Eröffnungskontakte offenkundig im Interesse jener liegen, deren Annehmlichkeit gefährdet sein könnte, löst die Möglichkeit eines Verstoßes dagegen, den der Einzelne, folgte er einfach seinen Neigungen, begehen könnte, von vornherein die besorgte Anfrage bei den Mitreisenden aus.

2. Eröffnungspositionen

Nachdem wir einige Umstände betrachtet haben, unter denen Personen für andere, ihnen Unbekannte, disponibel werden, können wir uns nun die andere Seite der Frage vornehmen: Wann hat der Einzelne das Recht, anderen gegenüber, mit denen er bisher nicht bekannt ist, Initiativen zu ergreifen? Eine mögliche Antwort lautet: er darf so verfahren, wenn der andere sich in einer exponierten Position befindet. Eine andere Antwort sagt, daß einige jener Personen, die als »offen« definiert sind, oft auch als »eröffnende Personen« definiert

---

[7] Anon., The Canons of Good Breeding (Philadelphia: Lee and Blanchard, 1839), S. 66.

werden, als Individuen, die die »eingebaute« Lizenz haben, sich anderen zu nähern. So wie die Absichten derer, die sich ihnen nähern, unverdächtig sind, so sind in einigen Fällen ihre Absichten, wenn sie sich anderen nähern, ebenfalls unverdächtig. Priester und Nonnen sind ein Beispiel dafür; die Polizei, die vermutlich in der Lage ist, einen legitimen Grund für den von ihr aufgenommenen Kontakt ins Feld zu führen, ist ein weiteres. Jene, die für den Ablauf sozialer Veranstaltungen die Verantwortung tragen oder die einen Eingang bewachen, geben ebenfalls ein Beispiel; es steht ihnen nicht nur zu, sondern sie sind häufig auch verpflichtet, jeden Ankommenden zu begrüßen, sei der ihnen nun bekannt oder nicht. Ladenbesitzern gehört in jenen Gesellschaften, die – mehr als wir es tun – Läden als Szenerie sozialer Geschehnisse definieren, häufig die Rolle des Gastgebers; sie müssen jeden, der da eintritt, und jeden, der geht, besonders grüßen. Freya Stark gibt eine Schilderung dazu aus Arabien: »In Kuwait hat man noch immer Gelegenheit und Muße festzustellen, welch bezaubernde Sache gute Manieren sind: Betritt man die lumpigen Hütten, dann begrüßt man den Besitzer mit ›Friede sei mit Euch!‹, und er und alle Anwesenden antworten, ohne daß jemand sich fanatisch ausschlösse, in vollem, freundlichem Chor auf diese anmutigste aller Begrüßungsformeln; abschiednehmenden Schritten folgen sie mit ihrem ›Fi aman Allah‹, der Empfehlung in die göttliche Sicherheit. Ihre Läden sind ihnen kleine Empfangsräume, in denen der Käufer Gast ist – sie sitzen beim Kaffee über ihren Geschäften und schauen überrascht, aber tolerant amüsiert auf die groben Leute aus dem Westen, die vorbeistreifen, um Satteltaschen oder Dolche zu prüfen, ohne der geziemenden Verhaltensregeln mächtig zu sein[8].«

In unserer Gesellschaft nehmen sich (falls sie es nicht bekommen) jene Menschen das Recht, sich jemandem zu nähern oder dessen Annäherung zuzulassen, die sich eine Zeitlang außerhalb ihrer Rolle befinden. Hier ist die Freiheit, unangemessenen Kontakt aufzunehmen, nur Teil jenes Syndroms von Freiheit, das einhergeht mit Anonymität, und zwar in dem Sinne, daß ein Mensch, der in ein fremdes Ich sich projiziert, nicht verantwortlich ist für das Wohlverhalten dieses Ichs. (In gleicher Weise projiziert er, wenn er rempelt oder rutscht, ein Ich, von dem er seine innere Existenz leicht distanzieren kann.) Wieder sehen wir einen Zusammenhang zwischen exponierten und initiativen Positionen, denn gerade die Entfernung von seinem projizierten Ich, die anderen erlaubt, dieses Ich als zugänglich und entbehrlich zu sehen, gestattet es ihm, in seinem Namen sich ungebührlich zu verhalten. Der irreführend präsentierte Mensch kann in der Tat das besondere Bedürfnis haben, Initiativen zu ergreifen und zu

---

[8] Freya Stark, Baghdad Sketches (New York: Dutton, 1938), S. 192.

initiieren; in beiden Fällen vermag er die Einschätzung zu vermitteln, sein wahres Ich sei ein anderes als das momentan sichtbare. Aber nicht nur, wenn Kontakt offensichtlich zum Vorteil dessen gereicht, dem jemand sich nähert, kommt es zu unvorhergesehener Kontaktaufnahme mit Fremden. In unserer Gesellschaft, ebensowohl auch in anderen, wiegen Verpflichtungen zwischen nicht miteinander bekannten Personen schwer genug, um die Befriedigung »freier Bedürfnisse« zu ermöglichen, und zwar selbst dort, wo derjenige, dem ein Dienst zugute kommt, zugleich derjenige ist, der die Begegnung initiiert hat. Ein offenes, nicht bedrohliches Bedürfnis scheint eine Garantie für die guten Absichten dessen zu liefern, der um Hilfe bittet. In unserer Gesellschaft hat also der Mensch das Recht, nach der Zeit, um Feuer, nach dem Weg und nach Wechselgeld zu fragen – er ist allerdings verpflichtet, wenn er die Wahl hat, sich unter den Anwesenden jenen auszusuchen, der am wenigsten dadurch belästigt wird[9].

Wenn jemand sich in einer Position befindet, in der es ganz wichtig für ihn ist, daß ihm seine Entschuldigungen oder Erklärungen abgenommen werden, hat er ein gewisses Recht, andere zu kontaktieren. Die Freiheit, sich dafür entschuldigen zu können, daß man jemand anderen zufällig gestört hat, bedeutet auch die Freiheit, sich selber im rechten Licht präsentieren zu dürfen, und sei es auf Kosten der Kommunikationsregeln.

Um einem früheren Beispiel eine Parallele hinzuzufügen: Ein Mann, der im Gras nach einem Schlüssel sucht, den er hat fallenlassen, hat das Recht, einem allein vorbeikommenden Fremden gegenüber sein Verhalten zu kommentieren, um zu zeigen, daß er nicht ganz von ungefähr sich dieser okkulten Tätigkeit hingebe. Dieselbe Art von Freiheit stellt sich ein, wenn jemand spürt, daß er von einem Fremden irgendwie schlecht behandelt wird, und eine Klage, Drohung oder Warnung initiiert. Während die Verteidigung der eigenen Ehre bereits eine gewisse Härte für jenen anderen bedeuten kann, gegen den diese Verteidigung sich richtet, ist die Person, die mit solcher Aktion aufwartet, im Sinne der Kommunikationsregeln unverdächtig.

---

[9] Wechselseitige Ansprüche hinsichtlich Fragen nach dem Weg etc. können gewichtig genug sein, Weiße im Süden höflich die Fragen von Negern beantworten zu lassen. Vgl. J. H. Griffin, Black Like Me (Boston: Houghton Mifflin, 1961), S. 85. Harvey Sacks hat mich auf die Idee gebracht, daß in der Frage nach dem Weg automatisch ein kleines Entgelt steckt, nämlich die positive Unterstellung, die befragte Person sehe aus wie »jemand, der hier geboren ist«.

3. Gegenseitige Offenheit

Ich habe einige der Bedingungen betrachtet, unter denen der Mensch zurecht Blickkontakten auch mit Personen zugänglich sein kann, die ihm nicht bekannt sind. Ich habe auch etliche Bedingungen genannt, die ihm die Initiative zu einer Begegnung mit Fremden gestattet. Jetzt möchte ich Umstände beleuchten, unter denen einander nichtbekannte Menschen gegenseitig offen füreinander sein können, wobei jeder ein Recht hat, eine Begegnung mit dem andern zu initiieren und die Pflicht, diese Begegnung zu akzeptieren.
Eine wichtige Basis für wechselseitige Zugänglichkeit liegt in dem Element des Informellen und der Solidarität. Beides scheint zu herrschen zwischen Menschen, die einander erkennen können als zur gleichen besonderen Gruppe gehörig. Offenbar gilt das besonders dann, wenn es sich um eine Gruppe handelt, die benachteiligt oder ins Ritual nicht aufgenommen ist. In der amerikanischen Gesellschaft grüßen Neger an Bushaltestellen häufig andere Neger, die ihnen fremd sind, wie auch orthodoxe Juden es tun oder Männer mit Bärten, die in »spießiger« Umgebung einander begegnen[10]. Sportwagenfahrer tun auf den Straßen das gleiche, besonders wenn sie dieselbe Marke fahren und diese obendrein noch selten ist. Und wenn Menschen gleicher Nationalität in exotischen Ländern zusammentreffen, fühlen sie sich natürlich verpflichtet und berechtigt, ein Gespräch zu initiieren.
Zu wechselseitiger Zugänglichkeit kommt es auch, wenn beide Personen sich in einer Position befinden, die exponiert ist und zugleich Initiative gestattet. Wenn zwei Personen, so hat ein Forscher festgestellt, einander im Vorübergehen auf der Straße unabsichtlich berühren, können beide in die Rolle des Schuldigen schlüpfen; beide können die sich daraus ergebende Freiheit genießen, rein zum Zwecke einer Entschuldigung eine Begegnung zu initiieren[11].
Selbst wenn es klar ist, daß nur eine Partei im Unrecht ist, wird wechselseitige Disponibilität möglich. Der Schuldige kann sich als Initiativperson begreifen, die das Bedürfnis hat, das entstandene Bild von sich zurechtzurücken; währenddessen kann sie den anderen als jemand behandeln, der einer erklärenden Bestätigung bedarf; sie bringt sich auf diese Weise selbst in eine exponierte Position. Zur gleichen Zeit kann der Gekränkte sich berechtigt fühlen, eine Entschuldigung zu fordern oder sich zumindest versichern zu lassen, daß keine Kränkung beabsichtigt war. Weiter, wenn zwei Fußgänger auf einem engen Gehsteig einander passieren müssen, oder wenn ein

---

[10] Das letzte Beispiel stammt von David Sudnow.
[11] J. Toby, Some Variables in Role Conflict Analysis, in: Social Forces, 30 (1952), S. 325.

Fußgänger und ein Kraftfahrer nicht klar kommen, kann wechselseitig initiierter Augenkontakt helfen, der jedem sein Teil Straße zuweist oder dem einen die Vorfahrt sichert, oder der die kommunizierte Übereinkunft bestätigt und bekräftigt.
Eine weitere wichtige Basis wechselseitiger Erreichbarkeit ergibt sich aus dem, was man »offene Regionen« nennen könnte – das sind räumlich abgegrenzte Orte, an denen zwei Menschen, gleich wer sie sind und ob sie einander kennen oder nicht, das Recht haben, Blickkontakte miteinander zu initiieren zum Zwecke ausgedehnter Begrüßungen. Offene Regionen unterscheiden sich danach, ob das Recht auch als Verpflichtung empfunden wird, welcher Charakter dem zugelassenen Blickkontakt zukommt; ob Vorstellung Teil der Konsequenz der Begegnung ist oder nicht; und sie unterscheiden sich schließlich nach den Kategorien derjenigen, welche ausgeschlossen bleiben. Ich möchte kurz einige Arten offener Regionen beschreiben. In der anglo-amerikanischen Gesellschaft besteht eine Art »Nick Linie«; sie läßt sich ziehen durch bestimmte Punkte einer Rangordnung von Gemeinden und ist von deren Größe abhängig. Jede Gemeinde unterhalb dieser Linie, und damit unterhalb eines bestimmten Umfangs, wird ihre Erwachsenen zu gegenseitiger Begrüßung zwingen, ganz gleich ob sie einander bekannt sind oder nicht[12]; jede

---

[12] Wo Fremde einander einen flüchtigen Gruß schulden, müssen wir die resultierende Begegnung im Zusammenhang mit jener höflichen Gleichgültigkeit untersuchen, die ihr vorausgeht und folgt; beide Verhaltensweisen sind Komponenten eines einzigen Komplexes, der die Einzelnen in solchen Fällen zu Personen macht, die sich in ihrer gegenseitigen Nähe befinden und zugleich in Ruhe gelassen sind. Ein Beispiel, das übrigens zeigt, wie wichtig diese Art von Aktivität werden kann, sei dem Leben der Cowboys in der amerikanischen Prärie entnommen:
»Stößt man draußen auf einem Präriepfad auf einen Fremden, verlangt es die Sitte, daß man sich auf Sprechweite nähert und ein Wort sagt, ehe man seiner Wege geht, außer man hat einen guten Grund, in eine andere Richtung zu reiten. Im Westen gilt, daß jedermann das Recht hat zu erfahren, was alle anderen in seiner Nähe vorhaben. Eine ungerechtfertigte Verletzung dieser Regeln wird gewöhnlich als ein Eingeständnis von Schuld oder beabsichtigter Beleidigung verstanden.
Wenn zwei einander begegnen, sprechen und weiterziehen, gilt es als Bruch des Präriekodex, danach noch über die Schulter zurückzublicken. Solch eine Handlung wird interpretiert als Ausdruck von Mißtrauen; man befürchte wohl einen Schuß in den Rücken. Hält einer an, um zu reden, so steigt er ab, löst den Sattelgurt, um dem Rücken seines Pferdes ein wenig Luft zu gönnen. Grüßt man draußen einen Fremden, achtet man darauf, nicht die Hand zu heben, für den Fall, daß er einen scheuen Gaul reitet. Oft sind Pferde durchgegangen, weil man in ihrer Nähe die Hand hob. Man nickt nur und sagt, ›Wie geht's‹. Wenn der Fremde seinen Sattel lüftet, bleibt der andere nicht

Gemeinde oberhalb der Linie entbindet alle einander Unbekannten von der Verpflichtung. (Wo die Grenze gezogen wird, schwankt natürlich je nach Gegend.) Wo Gruppen oberhalb der Nicklinie liegen, sind zuweilen sogar Personen, die einander kognitiv als Nachbarn erkennen und wissen, daß sie beide diesen Informationsstand haben, sorgsam bemüht, einander nicht in eine Begegnung zu verwickeln[13]. Vielleicht liegt dem die Überlegung zugrunde, daß es schwierig sein kann, genügend Distanz in der Beziehung zu bewahren, ist die Bekanntschaft zwischen Menschen, die nahe beieinander leben, erst einmal zustandegekommen.
In Dörfern, Städten und ländlichen Gegenden, die innerhalb der »Nick-Linie« liegen, ist natürlich jedermann auf »Nickfuß«. Auf der Shetland-Insel herrschte das allgemeine Gefühl, das fremde Seeleute, die aussahen und sich anhörten wie Briten, zum Kreis der beliebten Menschen zu zählen seien, nicht aber solche, die von fremden Häfen kamen. An letzteren ging man vorbei und tat, als seien sie keine sozialen, sondern eher physikalische Objekte, man behandelte sie als »Unpersonen«. Trotz dieser Schranken können wir diese ländlichen Siedlungen jedoch immer noch als »offene Regionen« bezeichnen, deren Betreten jeden für jeden in der Nachbarschaft erreichbar macht[14].
Während Land- und Kleinstadtgemeinden wahrscheinlich die größten offenen Regionen darstellen, sind sie ganz bestimmt nicht die einzi-

---

hoch zu Roß, während man sich unterhält. Es gehört zum guten Ton, ebenfalls abzusteigen und mit dem Fremden von Angesicht zu Angesicht auf gleicher Ebene zu sprechen. Dies zeigt, daß man nicht auf irgendeinen Vorteil dem andern gegenüber aus ist.« Aus: R. F. Adams, The Old-Time Cowhand (New York: The Macmillan Company, 1961), S. 57–58.
[13] Eine treffende Wendung aus einer Untersuchung über das Wohnen sagt, solch ein Nachbar »biete seine Augen« dem anderen nicht an. Siehe »Blueprint for Living Together«, von L. Kuper, in L. Kuper (Hrsg.), Living in Towns (London: The Cresset Press, 1953), S. 61.
[14] Auf Shetland Isle gab es einige Komplikationen. Es existierten drei ökologisch voneinander getrennte Gemeinden auf der Insel, es waren also nicht alle Bewohner miteinander bekannt. Männer, die einander kannten, wechselten einige umgängliche Worte, wenn sie sich auf der Straße begegneten. Männer, die nicht miteinander bekannt waren, sich aber als gleich und als Inselbewohner identifizierten, tauschten kurze, formelhafte Begrüßungen von zwei oder drei Worten aus; Briten oder Ortsansässige von nicht-bäuerlichem Status wurden auf andere Weise gegrüßt. Im allgemeinen ging auf den Shetland-Inseln öffentliche Solidarität über den Punkt des Grüßens oder der direkten Hilfe in Not hinaus. Wenn ein Mann einen andern bei einer kleineren Arbeit traf, half er meist automatisch, ob man nun miteinander bekannt war oder nicht.

gen. Beispiel dafür sind die englischen Sportplätze, wie ein Bericht über das soziale Leben des amerikanischen Militärpersonals in England zeigt:
»Einige (amerikanische) Luftwaffenangehörige, die in Davyhulme Golf spielten, waren von der Freundlichkeit anderer Spieler beeindruckt. ›Na, die redeten mit uns!‹ sagten sie. Die Erklärung, für Briten sei jemandes Anwesenheit auf dem Sportplatz gleichbedeutend mit dessen formeller Vorstellung und man könne deshalb hier durchaus mit Fremden reden, wird mit einigen Unglauben aufgenommen. Andere Sportarten bringen ähnliche freundliche Resultate zustande – Athletik, Fliegen und natürlich Speerwerfen[15].«
In der amerikanischen Gesellschaft werden Bars[16], Hotelhallen und Salonwagen meist als offene Orte definiert, zumindest für Männer (und obwohl Frauen Männer nicht ansprechen dürfen, ist doch die Initiative eines Mannes einer Frau gegenüber in diesem Rahmen kein soziales Delikt, denn dies Faktum stellt eines der wichtigen Attribute des Rahmens dar). Ähnliches läßt sich sagen über Ferienorte und andere streng zweckgebundene Rahmen:
Ein Schiff ist zu vergleichen mit einem Hotel auf dem Lande. Es gehört zum guten Ton, andere Passagiere freundlich zu grüßen, ohne ihnen direkte Avancen zu machen. Man spricht mit den Leuten im Deckstuhl nebenan, zwingt sie aber nicht zur Konversation. Im allgemeinen bedeutet wie im Haus eines Freundes das Dach bereits die Vorstellung; das meint indes nicht, daß man mehr tun müsse, als sich zu verbeugen bei der Begrüßung von Reisegefährten, begegnet man ihnen im Lauf des Tages[17].
Wie impliziert, schaffen gesellige Einladungen und Veranstaltungen in Privathäusern offene Regionen, wo Teilnehmer nicht nur das

---

[15] The American in Our Midst, in: The Manchester Guardian Weekly, 5. 8. 1954.
[16] Personen, die in einem Lokal an der Bar sitzen, sind – so sagt das Gewohnheitsrecht – in einer offenen Position denen gegenüber, die ihnen zunächst sitzen, eine Regel, die vermutlich um so konsistenter angewandt werden kann, als es eine andere Regel gibt, die unbegleiteten Frauen das Sitzen an der Bar verwehrt. Frauen in Begleitung haben vermutlich jemand zur Seite, mit dem sie sprechen, den sie kennen, was normalerweise die Eventualität, von einem Fremden, der vielleicht auf der andern Seite sitzt, angesprochen zu werden, einschränkt. Auf jeden Fall wird in jenen Bars, wo unbegleitete Frauen an der Theke sitzen können, ihre Entscheidung dafür als Zeichen genommen, daß sie, auch wenn sie selbst nicht bereit sind, ein Gespräch mit einem Mann zu beginnen, doch zumindest keine Beleidigung darin sehen, von einem Mann angesprochen zu werden.
[17] A. Vanderbilt, Amy Vanderbilt's Complete Book of Etiquette (New York: Doubleday, 1958), S. 637.

Recht haben, jeden Anwesenden anzusprechen, sondern auch Blickkontakte zu initiieren und sich selbst vorzustellen, wenn die Versammlung zu groß ist, als daß Gastgeber oder Gastgeberin alle miteinander bekannt machen könnten. Ein älteres amerikanisches Handbuch der Etikette sagt:
Wenn man jemanden trifft, von dem man nie zuvor am Tisch eines Gentleman oder im Salon einer Dame gehört hat, kann man dennoch durchaus der Wohlerzogenheit genügen und mit ihm reden. Die Formel der »Einführung« ist nichts mehr als die Feststellung durch einen gemeinsamen Freund, daß zwei Menschen in Rang und Manieren die passende Bekanntschaft füreinander seien. All dies kann geschlossen werden aus der Tatsache, daß beide sich in einem respektablen Hause begegnen. Dies ist die Theorie der Sache. Die Sitte indes verlangt, daß man die erste Gelegenheit danach ergreifen sollte, formell miteinander bekannt gemacht zu werden[18].
Eine zeitgenössische Quelle nimmt dieses Thema wieder auf:
»Nichtsdestoweniger gilt für ein privates Haus oder jede Gesellschaft, daß ein Gast jeden andern Gast ansprechen kann, ohne ihm vorher irgendwie vorgestellt zu sein[19].«
Ein weiteres Beispiel für offene Regionen in Form von geselligen Gelegenheiten ist der Karneval. Während der kostümierten Umzüge durch die Straßen ist qua sozialer Definition ein Dach mitsamt den darunter implizierten Rechten über die Straßen gespannt, welches Menschen in Kontakt zueinander treten läßt, in einen Kontakt, der dadurch erleichtert wird, daß sie alle sich außerhalb ihrer Rolle befinden.
Die Vorstellung von wechselseitiger Rücksicht und gutem Willen, die in das soziale Faktum der offenen Regionen konstitutiv eingeht, garantiert ein Prinzip, nach dem die möglichen Nachteile von Kontakt zwischen einander unbekannten Personen zu reduzieren sind, was eine Voraussetzung für soziale Zugänglichkeit bedeutet. Es gibt noch andere Grundlagen. Anlässe, die als Naturkatastrophen zu erkennen sind, wo Menschen sich plötzlich in einer erkennbar gleichen Notlage befinden und plötzlich auf gegenseitige Hilfe und Information angewiesen sind, können die üblichen Kommunikationszwänge in sich zusammenbrechen lassen[20]. Auch hier wieder garantiert die Situation, und was in ihr passiert, dafür, daß Bewegungen nicht initiiert werden

---

[18] The Laws of Etiquette, von »A Gentleman« (Philadelphia: Carey, Lee and Blanchard, 1836), S. 101.
[19] Vogue's Book of Etiquette, a. a. O., S. 60.
[20] Ein gutes Phantasiebeispiel über einen Brand in einem großen Hotel stammt von Thomas Wolfe in: You Can't Go Home Again (New York, Sun Dial Press, 1942), Kap. 19, bes. S. 297–298.

in der Absicht, auf Kosten des andern Nutzen zu ziehen. Vom Ausmaß solcher Garantie hängt es ab, inwieweit Kontaktverbote gelockert werden können. (Wenn das Unglück fatale Ausmaße annimmt, muß jeder seine Rolle aufgeben und sich voll zur Disposition stellen.) Eine letzte Möglichkeit, die für gegenseitige Offenheit von Bedeutung ist, möchten wir erwähnen. Zu Beginn unseres Berichts haben wir behauptet, der Einzelne habe in unserer Gesellschaft ein Recht auf höfliche Gleichgültigkeit. Wir sagten auch, das Verbot, einander voll anzublicken, entfalle, wenn Personen einander die wechselseitige Teilnahme an einer Begegnung bestätigten. Demnach kann jemand, ehe er eine Begegnung initiiert, einen anderen höchst legitim voll anblicken, die Legitimation dazu wird ihm rückwirkend erteilt, nachdem sichtbar geworden ist, was der Initiator beabsichtigt hat. Wenn Menschen nun feststellen, daß sie einander anblicken müssen, können sie versuchen, durch ein Gespräch mit der Situation fertig zu werden; die Eröffnung ist entschuldbar (wenn auch peinlich), weil sich etwas daraus machen läßt.

Es gibt Standardbedingungen, unter denen das Verbot, jemanden anzustarren, zu diesen Problemen führt. Wenn nur wenige Leute auf engem Raum beisammen sind, wie etwa in einem europäischen Eisenbahnabteil oder am Eingang eines Geschäftes, das noch nicht geöffnet hat, ist höfliche Gleichgültigkeit nur schwer in taktvoller Weise zu praktizieren. Will man nicht starren, muß man sehr pointiert in eine andere Richtung schauen, was die ganze Angelegenheit weit mehr zu einer Frage von Bewußtsein macht, als man es wollte, oder man drückt dadurch eine allzu lebhafte Unfähigkeit zum Kontakt oder einen Widerwillen gegen Kontakt mit den Anwesenden aus[21]. Ein episches Beispiel entnehmen wir einem sehr relevanten Aufsatz von Cornelia Otis Skinner unter dem Titel »Where to Look« (Wohin gucken?):

»Glücklicherweise kommt es zu solchen Wohin-Gucken-Situationen nicht sehr häufig. Eine jedoch findet vor und in dem Aufzug statt ...

---

[21] In diesem Zusammenhang ist Lévi-Straussens Beschreibung der mißlichen Lage sehr nützlich, in die man in billigen südfranzösischen Restaurants gerät, wo man eng aufeinander sitzt. (C. Lévi-Strauss in: Les structures elémentaires de la parenté, Kap. 5 [Paris: Presses Universitaires de France, 1949]).
Lévi-Strauss empfiehlt eine Analyse der »Spannungen«, die dadurch entstehen, daß man jemandem gegenüber sitzt, mit dem man nicht so steht, daß man mit ihm spräche, und beschreibt die institutionalisierte Lösung: Die beiden Speisenden gießen jeweils den Wein aus ihrer kleinen Karaffe ins Glas des andern; mit dem Austausch dieser Startzeichen ist der Tisch frei für eine Unterhaltung; die Speisenden sind jetzt zugelassene Teilnehmer einer gemeinsamen sozialen Begegnung.

beim Fahren und während man auf ihn wartet. Das Warten auf den Aufzug mobilisiert im Menschen einen argwöhnischen Zug. Man tritt vor die geschlossene Fahrstuhltür und drückt einen Knopf. Jemand kommt hinzu, und nach einem gegenseitigen abschätzenden Blick schauen beide weg und warten, Liebloses voneinander denkend. Der Zuletztgekommene hat den anderen im Verdacht, den Knopf nicht gedrückt zu haben, und der fragt sich, ob jener ein so mißtrauischer und kleinlicher Charakter sei, noch einmal zu drücken ... eine unausgesprochene Spannung, die erst gebrochen wird, wenn einer von beiden hingeht und drückt. Dann aber wird wieder gewartet, jetzt kämpft man mit dem Problem, ›wohin gucken‹. Dem anderen in die Augen zu blicken, scheint frech, und gewöhnlich lassen die Augen dies auch nicht zu. Schuhe sind angelegene Forschungsobjekte – die eigenen oder die des andern – obwohl auch dies, im Übermaß betrieben, den Eindruck von beginnendem Schuhfetischismus erwecken kann [22].«

»Es (das Problem des Wohin-Guckens) ist innen im Aufzug dasselbe ... besonders in den überfüllten und klaustrophobischen Büchsen der modernen Hochhäuser. Jeder Austausch von Blicken unter den Benutzern würde der bereits übergemütlichen Sardinenbildung einen Hauch von Lüsternheit hinzufügen. Einige Leute starren deshalb auf den Rücken des Fahrstuhlführers, andere blicken wie in Trance auf jene kleinen Lichter, die die Stockwerke anzeigen, als sei die Sicherheit der Fahrt von solch tiefer Konzentration abhängig. Eine recht ähnliche Situation herrscht im Speisewagen, wo man gezwungen sein kann, an einem Tisch für zwei vis-à-vis von einem Fremden Platz zu nehmen. Wie soll man die unangenehme Wartezeit ausfüllen zwischen der Aufgabe der Bestellung ›Gedeck IV mit Kaffee‹ und der Bedienung durch den Ober? Ist man nicht der Typ, die geringste Aufforderung zu freundlicher Plauderei mit einem Fremden begierig aufzunehmen, erzeugt das Risiko, von jemand so Geartetem in ein Gespräch gezogen zu werden, das angstvoll verstockte Verhalten eines geflohenen Sträflings. Zuweilen ist zu sehen, daß der andere ebenso empfindet ... eine Entdeckung, die einen kleinen Schock, aber noch keine Lösung darstellt. Zwei Fremde, die einander in 50 Zentimeter Entfernung direkt vis-à-vis sitzen und höflich, aber fest entschlossen ihre Augen meiden, spielen das faszinierende kleine Spiel des ›ich gucke nicht‹. Sie lesen die Speisekarte noch mal, sie fummeln mit dem Besteck herum, sie betrachten ihre Fingernägel, als sähen sie sie zum ersten Mal. Schließlich kommt der unvermeidliche Augenblick, da die Blicke sich treffen, aber nur, um sofort wieder auseinanderzuschießen und

---

[22] Cornelia Otis Skinner, Where to Look, in: Bottoms Up! (New York: Dodd, Mead, 1955), S. 29–30.

aus dem Fenster zu gleiten, um angelegentlich zu betrachten, was draußen sich tut[23].«
Wir möchten hinzufügen, daß in solch schwierigen Augenblicken der Einzelne, entscheidet er sich gegen Kontakt, nach irgendeiner Aktivität sich umschauen muß, in die er sich sichtbar versenken kann, um den Anwesenden eine Entschuldigung für seine Gleichgültigkeit zu liefern, die sie ihrerseits das Gesicht wahren läßt. Hier sehen wir wieder die situationellen Funktionen von Zeitungen und Zeitschriften in unserer Gesellschaft; sie erlauben uns eine Schutzwand mit uns herumzutragen, die jederzeit uns oder anderen als Entschuldigung für nicht stattfindenden Kontakt herhalten kann.
Reisebus und Flugzeug sind in diesem Zusammenhang sehr interessant: Sitznachbarn, wahrscheinlich einander fremd, sind einander nicht nur körperlich zu nah, um sich in Kontaktlosigkeit wohlzufühlen, sondern müssen obendrein für eine lange Zeit nebeneinander ausharren, so daß Unterhaltung, ist sie einmal begonnen, sowohl schwer zu beenden als auch schwer in Gang zu halten ist. In solchen Fällen besteht eine Strategie darin, die Begegnung zu »verdünnen«, indem man sie unpersönlich hält und den Austausch der identifizierenden Namen unterläßt, so eine Art möglichen Nichtkennens für die Zukunft garantierend. Amy Vanderbilt schreibt in einer Zeitungsglosse darüber:
»Heutzutage kann es sein, daß Sitznachbarn im Flugzeug während eines langen Flugs über den Kontinent kein Wort miteinander wechseln. Konversation ist völlig in Ordnung, wenn sie von beiden Seiten gewünscht wird und unpersönlich bleibt. Wie in der Eisenbahn braucht man seinen Namen nicht zu nennen. Warum auch? Schließlich ist es angenehm zu plaudern, ohne sich zu erkennen zu geben.«
Beziehungen zu Bediensteten in unserer Gesellschaft können dort, wo ein Gespräch mit ihnen nötig ist, auf die gleiche Weise verdünnt werden – ein Verdünnen übrigens, dem Bedienstete entgegentreten können, indem sie nach dem Namen des Kunden fragen und ihren eigenen nennen.

---

[23] a. a. O., S. 30–31. Über die gleiche Schwierigkeit spricht Hortense Calisher in »Night Riders of Northville«, in: In the Absence of Angels (Boston: Little, Brown, 1951), S. 121: »Es kann unangenehm sein, allein an einer Bar zu trinken. Ist in solchen Momenten der Mann hinter dem Tresen nur Bedienung, oder muß man von der Tatsache Kenntnis nehmen, daß zwei Menschen in einem sonst leeren Raum zusammen sind?«

4. Umgehungen und Brüche

Wir kommen jetzt zu einem wichtigen Thema. Ausgehend vom Gewinn, den unzulässiges Initiieren von Begegnungen verschafft, und von der Strafe, die auf solchen Unbotmäßigkeiten steht, ist zu erwarten, daß die Menschen auf Schliche kommen und Listen anwenden, um die Regeln zu umgehen und straflos verbotene Ziele zu erreichen. Der sanfteste dieser Tricks besteht wohl darin, daß jemand sich absichtlich in eine Position manövriert, die eine Initiative ihm gegenüber erleichtert. Klassisches Beispiel ist die Dame, die ihr Taschentuch fallen läßt, damit ein bestimmter Mann einen Grund habe, sich ihr zu nähern[24].

Geisteskranke liefern Beispiele entschlossener Manipulation dieser Regeln. Eine Patientin, die ich über einen Zeitraum von drei Monaten beobachtete, brach weniger die Regeln, als daß sie ganz offensichtlich irgendwelche verfügbaren Entschuldigungen mißbrauchte, um sie zu brechen. Sie pflegte Personen – solche, die sie kannte und die sie nicht kannte – um kleine Gefälligkeiten zu bitten; so fragte sie zum Beispiel nach der Zeit, und zwar auf eine Weise, welche die Angesprochenen rasch wahrnehmen ließ, daß die erbetene Gefälligkeit nur eine Ausrede war und die Fragende nur mit den Konventionen zur Kontaktaufnahme spielte. Zuweilen sekkierte sie auch das Küchenpersonal wegen Extrakost, auch hier wieder nur mit der Implikation, jene zwischen Menschen geltenden Verpflichtungen zu strapazieren, die den Austausch kleiner Freundlichkeiten veranlassen und fördern. Auch Pfleger und Besucher waren beliebte Ziele ihrer Neigung, andere zu kontaktieren.

Einer der bedeutsamsten Brüche von Kommunikationsregeln betrifft das Ansprechen auf der Straße. Es gibt da zwar einige gesetzliche Restriktionen: Betteln, Hausieren und Belästigen sind verboten, im allgemeinen aber scheint die Macht, welche in unserer Mittelstands-

---

[24] Ann Landers befaßt sich in einer ihrer Kolumnen mit dem Problem des Mädchens, das einen Jungen kennenlernen möchte, der auch interessiert an ihr, aber schüchtern ist:
»Ihr Problem ist, den Mann zu zwingen, Sie anzusprechen; so will er's haben. Ich kann mir nichts Gescheiteres für Sie vorstellen, als daß Sie sich aus dem Bus hangeln mit einem schweren Paket, das fast so groß ist wie Sie selber. Der Inhalt ist völlig egal, ein Paar Dutzend Bauklötze in einer Riesenschachtel, gut verschnürt, tun es völlig! Die ritterlichen Instinkte unseres Helden lassen ihn angesichts eines Mädchens in Not schwach werden. Er wird nähertreten und fragen, ob er helfen könne. Tut er das nicht, versuchen Sie, das Paket fallen zu lassen und/oder Sie verrenken sich den Knöchel. Zuhause angelangt, lassen Sie ihn das Paket hineintragen, bieten ihm eine Erfrischung an und bedanken sich bei ihm.«

gesellschaft die Leute an ihrem Kommunikationsort festhält, in der Furcht zu liegen, für frech und aufdringlich oder unangenehm gehalten zu werden –, in der Furcht, jemandem eine Beziehung aufzunötigen, der gar keine will, und letztlich in der Furcht, ganz offen zurückgewiesen oder gar geschnitten zu werden. Wir wissen jedoch, der Mensch hat viele Möglichkeiten, die Tatsache zu verarbeiten, daß er solcher Ablehnung anheimfällt und solchem Risiko unterliegt, und schließlich Nutzen aus der Freiheit zu ziehen, welche ihm gerade der Umstand verschafft, daß er in Ungnade gefallen ist. Die Freiheiten, die Betrunkene und Kostümierte sich nehmen, sind milde Beispiele dafür. Andere entschuldigen wir weniger bereitwillig. Der wohl klassische Typus desjenigen, der in unzulässiger Weise Initiative ergreift, ist ein Mensch, der ständig seine wirtschaftlichen[25] und psychischen Subsistenzmittel aus dieser Rolle zieht. Hierher gehören der Hausierer, der fliegende Händler und der Schnorrer, die die Ablehnung der Gemeinschaft hinnehmen, um sie zu Kauf und Almosen zu zwingen. Die Straßenprostituierte ist ein besonderes Beispiel; Blicke, Lächeln und Witz, mit denen sie sich einem Mann nähert, zeigen genau, wie sehr alle anderen Frauen darauf achten müssen, sich keinesfalls so zu verhalten, soll doch niemand denken, er könne sich gleiche Freiheiten ihnen gegenüber herausnehmen.

Aus der Betrachtung eines weiteren Typus, der aus Kommunikation Vorteile zieht, dem des Homosexuellen, läßt sich eine Erkenntnis gewinnen. »Auf Tour« nach Bekanntschaften wird er zufällige Kontakte, wie harmlose Fragen oder harmlose soziale Kommentare, als

---

[25] In den westlichen Gesellschaften scheint sich die Tendenz zu verstärken, diese Art Annäherung zu restringieren, wenn auch nicht im gesamten Stadtraum, so doch in allen Straßen bis auf wenige Ausnahmen. Die gegenwärtige soziale Kontrolle in London zum Beispiel läßt sich vergleichen mit Bedingungen, wie sie allgemein waren in dieser Stadt in früheren Zeiten: »Das Ausrufen von Waren, das so lebendig beschrieben ist in Lydgates »London Lackpenny«, war eine notwendige, wenn auch häufig heisere Kunst, sie stand damals für jede Art von moderner Werbung und war in der Lage, sehr zufriedenstellende Ergebnisse zu erzielen, wenn sie einem Publikum aufgezwungen wurde, das selten Art und Qualität der Waren genau kannte, die es erwerben wollte. Es war nichts Besonderes, wenn Händler, die glaubten, sie machten zuwenig Eindruck auf die Leute, den ersehnten Kunden am Ärmel nahmen und ihn argumentierend aufhielten; die Londoner Köche setzten 1745 eine Verordnung durch, weil ... ›verschiedene Angehörige des besagten Gewerbes mit ihren tappenden, gierigen Händen Passanten, sowohl Herren als die gewöhnlichen Leute, an Ärmel und Kleidung zu zupfen und zu zerren pflegen mit der Aufforderung, ihre Waren zu kaufen, wodurch es häufig zu Streitigkeiten und Unfrieden kommt‹.« Aus: G. T. Salusbury, Street Life in Medieval England (Oxford: Pen-in-Hand, 1948), S. 172–173.

Deckmantel benutzen. Gerade die besondere Bedeutung dieser Art Ausbeutung öffentlicher Solidarität bewirkt auch, daß zufälliger Kontakt zwischen männlichen Heterosexuellen unmöglich wird. Ein Heterosexueller, dem sich ein ihm unbekannter Mann auf eine Weise nähert, die als sexuell unzulässig gilt, muß besorgt sein, daß seine äußere Erscheinung den Anstoß dazu gegeben hat und daß andere Anwesende, die den Kontaktsuchenden identifizierten, ihm selbst nun, wenn auch zu Unrecht, Homosexualität unterstellen. Weiter: wird er harmlos von einer Person des eigenen Geschlechts angesprochen, kann er sich dieser Harmlosigkeit ebensowenig sicher sein, wie er sich nicht auf die richtige Einschätzung durch den anderen verlassen kann, dem er selber sich harmlos nähert. Deshalb ist gelegentlich die Solidarität unter einander unbekannten Männern bedroht. Ein Romancier gibt ein extremes Beispiel, indem er die mißliche Lage eines Homosexuellen in einer Homosexuellen-Bar schildert, der ernsthaft ein Streichholz haben möchte:
»Ich setzte mich gleich am Eingang nieder und griff nach meinen Zigaretten, da bemerkte ich, daß ich keine Streichhölzer bei mir hatte. Mindestens zehn Männer waren anwesend, vielleicht auch fünfzehn, die rauchten, aber an einem Ort wie diesem war es unmöglich, jemanden um Feuer zu bitten, es sei denn, man kannte ihn. Der adäquate Satz: »Haben Sie Streichhölzer?« war in solcher Umgebung der übliche Annäherungsversuch und hier viel zu auffällig. Ich ging an den Tresen und kaufte mir dort eine Schachtel Streichhölzer[26].«

[26] Rodney Garland, The Heart in Exile (New York: Lion Library Editions, 1956), S. 47. Wie schon erwähnt, findet sich eine weitere Art ruinierter Beziehung im Süden Amerikas, nämlich die zwischen Negern und weißen Frauen, die nicht miteinander bekannt sind. Ein Beispiel dazu von Griffin, a. a. O., S. 22, wo er, ein Neger, sich halb erhob, um einer Weißen seinen Platz anzubieten und »niedergestarrt« wurde:
»Meine Bewegung hatte jedoch die Aufmerksamkeit der Frau erregt. Einen Augenblick trafen sich unsere Augen. Ich mochte sie, und ich glaubte auch in ihrem Blick Sympathie zu lesen. Dieser Austausch von Blicken schob die Rassenschranken (so neu für mich) lange genug beiseite, um mich lächeln und vage auf den leeren Platz neben mir hindeuten zu lassen, ihr damit zu verstehen gebend, daß ich mich freuen würde, wenn sie sich setzte.
Ihre blauen Augen, zuvor ganz blaß, schärften sich, und sie zischte mich an:
›Warum sehen Sie mich in dieser Weise an?‹
Ich fühlte, wie ich rot wurde. Andere Passagiere verrenkten sich die Hälse, um mich anzusehen. Die stumme Welle von Feindseligkeit erschreckte mich.
›Es tut mir leid‹, sagte ich und starrte auf meine Knie. ›Ich bin nicht von hier‹. Das Muster ihres Rocks veränderte sich ruckartig, als sie sich umwandte. ›Sie werden jeden Tag frecher‹, sagte sie laut. Eine andere Frau pflichtete ihr bei, und beide fingen ein Gespräch miteinander an‹. «

Homosexualität scheint demnach in der männlichen (und zu einem gewissen Grade auch in der weiblichen) Welt zur Folge zu haben, was mit den Kommunikationskontakten zwischen den Geschlechtern bereits geschehen ist, nur daß im letzteren Falle die Tatsache, daß man als Sexualobjekt gesehen wird, allein noch keine große Kränkung darstellt – sondern sogar ein erwartetes Kompliment sein kann.
So wie Homosexuelle das Kontaktsystem unserer Welt mißbrauchen, tun es auch »sexuell Perverse«; sie berufen sich auf das Recht der Erwachsenen, zu fremden Kindern und Jugendlichen beliebigen Kontakt aufzunehmen, um diesen Kontakt dann auf eine Weise auszubeuten, die als unfair betrachtet wird[27].
Von besonderem Interesse ist hier das Verhalten, das unter der psychiatrischen Rubrik »Exhibitionismus« gefaßt ist. Ob die strafbare Handlung nun in gesprochenen Worten, gemachten Gesten oder ausgeführten Taten bestehe – die Kommunikationsstruktur des Vorfalls sieht häufig so aus: jemand initiiert Kontakt mit einem Fremden des andern Geschlechts auf der Basis einer Mitteilung, die in ihrer Art nur zulässig wäre, wenn beide auf vertrautem Fuß miteinander stünden. Abgesehen von psychodynamischen Problemen, untergraben Exhibitionisten oft sichtbar die schützende soziale Kontrolle, die die Menschen interpersonell auf Distanz hält, auch wenn sie physisch einander nahe sind. Der Übergriff gilt hier weniger dem Einzelnen als dem System von Rechten und Symbolen, die der Mensch benutzt, um Zusammengehörigkeit und Fremdheit seiner Umwelt gegenüber zu bekunden. Das Spiel zum Beispiel, das eine geisteskranke Frau mittleren Alters auf einer Abteilung spielt: an Besuchstagen trägt sie einen Morgenmantel und Pantöffelchen, sie bietet sich einem männlichen Besucher zu einem kleinen Gespräch an und

---

[27] Zur Erschütterung des öffentlichen Vertrauens, der wechselseitigen Ansprüche und Rechte zwischen Fremden kann es auch in anderem Zusammenhang kommen. In Zeiten mörderischer bewaffneter Auseinandersetzungen findet sich ein sehr hohes Maß an Mißtrauen und Angst an öffentlichen Orten. Vgl. Lawrence Durrells Kommentar zu den Unruhen in der Zeit von 1953–58 auf Cypern. In Bitter Lemons (New York: Dutton, 1959), S. 215, schreibt er:
»Der böse Geist des Terrorismus aber ist der Verdacht ... der Mann, der innehält und um Feuer bittet, ein Wagen, der mit Achsenbruch daliegt und dessen Fahrer um Hilfe ersucht, ein Förster, der einsam zwischen Bäumen steht, drei Jugendliche, die nach Sonnenuntergang ins Dorf zurückkehren, ein Schäfer, der unter dem Mondlicht etwas ruft, was nicht ganz zu verstehen ist, das plötzliche Läuten einer Türklingel in der Nacht. Die zarte Kette des Vertrauens, auf dem alle menschlichen Beziehungen beruhen, ist zerbrochen – und das weiß der Terrorist, und gerade daran schärft er seine Krallen ...«

öffnet, wenn sie ganz nahe vor ihm steht, plötzlich ihren Morgenmantel. In diesem Augenblick sieht der Besucher sich in der Falle einer Begegnung, der er nicht sofort entfliehen, die er aber ebenso wenig zu Recht weiterführen kann.
Hier ist es notwendig, einen Kommentar anzuschließen, der die Beziehung zwischen exponierten Personen und unbotmäßigen Initiatoren betrifft. Unruhestifter, die die Kommunikationslinie durchbrechen und systematisch gegen das Gentlemen's Agreement über Kommunikation verstoßen, zahlen häufig für ihre Freizügigkeiten. Man hält sie für Uneingeweihte, für Menschen, die zugunsten eines Gewinns auf den Respekt verzichten, den man ihnen sonst schuldete. Ist dieses Opfer erst einmal gebracht, gibt es keinen weiteren Grund, der andere davon abhalten könnte, sich ihrerseits solch einem Menschen zu nähern; denn es steht ja außer einer ansteckenden Krankheit kein Mittel mehr zur Verfügung, um sich Leute dieser Sorte vom Leib zu halten. Jemand, der andere ohne weiteres anspricht, ist deshalb häufig jemand, den auch die anderen nach Belieben ansprechen können – eine Reziprozität, die, so haben wir gezeigt, auch für jene gilt, denen Immunität nicht darum verweigert wird, weil sie etwas falsch gemacht hätten, sondern weil sie noch jung sind und noch nicht über ein gewisses Quantum *Mana* verfügen; oder weil sie alt sind und ihres bereits wieder verloren haben.
Die Initiativen, welche ich aufgezählt habe, die zulässigen und die unzulässigen, eröffnen offiziellen Blickkontakt, und sei es auch nur für einen Augenblick, und stützen die These, daß jemand entweder ganz und gar drin ist in einer Begegnung oder ganz und gar draußen. Ist aber dieses normative Abkommen erst fest etabliert, dann ist auch mit einigen Vorteilen daraus zu rechnen. Zum Beispiel herrscht in einigen westlichen Gesellschaften der Brauch, daß ein Mann einer vorübergehenden Frau, die er nicht kennt, sein Wohlgefallen bekundet, indem er ihr nachpfeift oder sie auf andere ausdrucksvolle Weise grüßt. Was darauf folgt, liegt bei ihr. Sie kann sich verhalten, als habe es keinerlei relevante Kommunikation gegeben; sie kann sich aber auch umwenden und den gepfiffenen Kommentar durch ein freundliches oder auch abweisendes Wort bestätigen; in beiden Fällen stellt sie momentanen Blickkontakt her. (Je unpersönlicher und wohlwollender der Pfiff, je weniger er als »Anquatschen« aufgenommen zu werden braucht, desto positiver wird das Mädchen reagieren[28].)

---

[28] D. Larsen, Do You Like to be Whistled At? in der Spalte »The Question Man«, San Francisco Chronicle, den 3. 7. 1961. Larsen hat Kommentare gesammelt, abgegeben von Mannequins aus dem House of Charm (San Francisco), die zeigen, wie gnädig ein Pfiff aufgenommen werden kann. Eine Information sagt:

Sie kann auch sichtbar lächeln (der Pfeifer weiß dadurch, daß seine Botschaft gnädig aufgenommen wurde) und gleichzeitig fest geradeaus blicken, so als gebe sie ihre Isolation nicht auf und gestatte keinen Kontakt. Dieser Weg stellt in Wirklichkeit ein geheimes Einverständnis beider gegen die Kommunikationsregeln dar – ein nicht zugegebenes Einreißen der Kommunikationsschranken. Es ist ein zarter Bruch von Normen, denn die »Angepfiffene« ist auf dem Weg, sich vom Pfeifenden zu entfernen und wird bald außer Reichweite für eine Begegnung sein[29].

»Jede Frau, die sich gut anzieht, mag es, wenn ihre Mühe beachtet und geschätzt wird. Der Pfiff eines Casanova ist eine ziemlich plumpe Äußerung; aber ich glaube, er entspricht dem wohlgefälligen Zischen in Mexiko und dem Kneifen in Italien. Ein Ausländer kann zu einem hübschen Mädchen nicht hingehen und es ansprechen, er muß den US-Pfiff benutzen.«
Eine andere meint:
»Es macht Spaß zu wissen, daß man zu den Mädchen gehört, denen nachgepfiffen wird. Wenn ich der Meinung bin, ich hab's verdient, drehe ich mich zuweilen um und bedanke mich. Ein Pfiff ist ein Kompliment. Besonders wenn man weiß, der Mann kommentiert nur die Schönheit und versucht nicht, einen verlegen zu machen. Will er das, setze ich ein versteinertes Gesicht auf und gehe meiner Wege.«
Und wieder eine andere sagt:
»Ein anhaltender leiser Pfiff läßt ein Mädchen die Ohren spitzen und Selbstbewußtsein gewinnen. Er zaubert zuweilen ein Lächeln auf ihr Gesicht, Schwung in ihren Gang und ein Zwinkern in ihre Augen. Er kann mehr für sie bedeuten als ein neuer Hut. Es mag etwas ungeschliffen sein, aber es ist ein Kompliment. Teil des Vergnügens ist es, daß der Pfeifer meist ein Unbekannter ist. Man wendet sich um und versucht zu raten, wer's war.«
[29] In diesem Zusammenhang ist auch zu verstehen, warum es sicher ist und deshalb auch kaum eine Kränkung darstellt, wenn jemand auf dem Schiff, im Zug oder im Bus einem Fremden, der dort steht oder in die Gegenrichtung geht, einen Gruß entbietet.
Wenn viele Männer, Jungen oder Mädchen beisammen sind, kommt es in unserer Gesellschaft häufig vor, daß einer einen vorbeikommenden Fremden grüßt. Vermutlich ist die Gefahr eines möglicherweise entstehenden Zwei-Personen-Kontakts verringert durch die Vielzahl der Anwesenden und kann so leichter toleriert werden. Ist die Gruppe in Uniform und deshalb bis zu einem gewissen Grade außerhalb ihrer Rolle, wird eine noch größere Freiheit praktiziert, sofern der Gruppenleiter sie nicht verbietet. Wenn die Mitglieder einer solchen Gruppe sich dann noch in einem Fahrzeug befinden, das nicht halten kann, sich also vom Ziel ihrer Anzüglichkeiten entfernen, nimmt die Freizügigkeit weiter zu, und sie wird toleriert.

5. Gegenkontrolle

Ich habe gesagt, daß Leute durch freiwillig angewandte Regeln und legale Sanktionen davon abgehalten werden, sich in unzulässiger Weise anderen zu nähern. Neben diesen Mitteln sozialer Kontrolle gibt es noch andere, die nicht sosehr die Struktur des Fehlverhaltens verändern, sondern dem jeweiligen Opfer gestatten sollen, aus der Notlage zu entkommen, in die eine Normverletzung es hineingezwungen hat. Einige solcher Techniken möchte ich erwähnen, auch wenn sie – wie einige der daraus sich ergebenden Probleme – für Bekannte und Unbekannte gleichermaßen gelten.
Einige dieser Standard-Schutzpraktiken sind in Anstandsbüchern säuberlich aufgeführt:
»Tritt auf der Straße ein Bettler an einen heran, und man möchte ihm nichts geben, so kann man sich auf dreierlei Weise verhalten: Man kann ihm die Peinlichkeit einer Ablehnung ersparen, indem man so tut, als habe man seine Bitte nicht wahrgenommen; man kann ablehnen, indem man sagt: »Nein, es tut mir leid«; oder man bleibt stehen und bietet Hilfe an, indem man eine wohltätige Organisation nennt, an die der Unglückliche sich wenden kann. Ein gutes Herz wird noch eine weitere Möglichkeit ersinnen. Wesentlich ist dabei eigentlich nur, daß – wird man um eine milde Gabe angegangen – eine Verweigerung von einer Entschuldigung begleitet sein muß. Ganz abgesehen von anderen Überlegungen zeugt jedes Zeichen von Ärger oder Ungeduld von sehr rüden Manieren[30].«
Eine andere Strategie besteht in dem, was man ein »abschließendes Sich-Winden« nennen könnte. Hier wendet der unwillige Adressat einer Initiative seine Aufmerksamkeit höchst ungnädig dem Sprecher zu, gibt ihm eine unverbindliche Antwort, um sich dann so schnell wie möglich abzuwenden. Der Adressat geht davon aus, daß der andere diese Antwort als »Schlußstrich« verstehen möge. In unserer Gesellschaft wenden häufig Eltern ihren Kindern gegenüber diese Technik an, wenn sie stören. Auch Krankenhauspersonal verhält sich so, wenn es von Patienten behelligt wird.
Ausgehend davon, daß belästigte Personen denen auszuweichen suchen, die sie stören, können wir mit einem Versuch von seiten der Belästiger rechnen, diese Entgegnung aufzufangen (und dann wieder mit einem Versuch auf seiten der Belästigten, aufs neue auszuweichen.). Eine Gegenreaktion auf die Strategie, so zu tun, als sei eine Initiative nicht bemerkt worden, besteht darin, jemanden zu einer handfesten Demonstration zu verleiten, daß er in Wirklichkeit von den Bitten und Ersuchen keineswegs so wenig berührt oder tangiert ist, wie es den

---

[30] Vogue's Book of Etiquette, a. a. O., S. 13.

Anschein hat. Die Umgangssprache spricht hier zuweilen von »auf die Palme bringen«. So spielen Kinder häufig das Spiel, ulkige Gesichter zu schneiden, und Gewinner ist, wer ernst bleiben kann, auch wenn die geschnittenen Grimassen noch sosehr zum Lachen reizen[31].
In Heilanstalten ist das Auf-die-Palme-bringen eine verbreitete Beschäftigung; das junge Personal und Patienten betreiben sie mit Vorliebe jenen Patienten gegenüber, die unbedingt stumm bleiben wollen, während andere Patienten ungemein witzige Anstrengungen machen, um das Personal zu Kommunikation zu verlocken. Eine Frau mittleren Alters, so wird in der Untersuchung über eine Krankenhausabteilung berichtet, verfügte über einige ausgeklügelte Techniken, andere auch gegen deren Willen ins Gespräch zu verwickeln. Sie rückte den widerwilligen Beteiligten immer näher auf den Hals, ihre Kommentare wurden zunehmend lauter und unpassender, ihre Grimassen grotesk, bis ein Punkt erreicht war, an dem der Angesprochene die Fiktion, nicht verwickelt zu sein, aufgeben und auf die eine oder andere Weise reagieren mußte. Außer dieser Technik der allmählichen Deklassierung trieb die Frau Possen, sie tanzte, sie stolzierte und sprang unmittelbar um den widerspenstig Beteiligten herum und hielt erst inne, wenn sie den anderen wirklich in eine Begegnung verwickelt hatte. Versagten Mätzchen, griff sie zuweilen zu der Strategie, plötzlich abzubrechen und dem andern in die Augen zu blicken, und zwar mit heimlichem gemeinsamem Spott jenem Ich gegenüber, das bis eben sich so eigenartig verhalten hatte. Der andere sah sich plötzlich in ein Einverständnis hineingezogen; er sah sich gezwungen, eine Gemeinsamkeit herzustellen mit jemandem, der offensichtlich plötzlich normal geworden war. Klappte auch dies nicht, so machte die Frau zuweilen aggressive, beleidigende, nachäffende Gesten, so offen, daß man kaum sagen konnte, sie geschähen hinter dem Rücken des Betroffenen, um sich dann plötzlich einem anderen zuzuwenden mit einem wissenden Blick, der besagte: »den verkohle ich gerade tüchtig«. Der Adressat dieses Einverständnis heischenden Blicks ließ sich häufig für einen Augenblick fangen, ging in die Falle einer Nebenhandlung und war dadurch natürlich verloren.

---

[31] Das Phänomen des Auf-die-Palme-gebracht-werdens oder umgekehrt des Auf-die-Palme-bringens stellt sich auch ein, wenn die Zielscheibe des Spotts bereits in einer Begegnung mit dem steht, der reizt. In diesem Fall besteht das »Hochgehen« darin, daß der Verspottete gezwungen wird, plötzlich »überzuschwappen« und sein Niveau manifester Ernsthaftigkeit, Güte usw. stark anzuheben. Zuweilen macht der Spötter eine Bemerkung, die den Verspotteten plötzlich kränken soll, ihn aber schon im nächsten Augenblick die unernste Absicht erkennen läßt. Manchmal treibt der Spottende oder Aufstachelnde es immer so weiter; er steigert sich, bis er schließlich Erfolg hat.

TEIL IV   ZUGÄNGLICHE BEGEGNUNGEN

NEUNTES KAPITEL

Kommunikationsgrenzen

Ich habe gezeigt, daß die Initiierung von Kontakt zwischen Bekannten und Unbekannten voluntaristisch geregelt wird von denen, die kommunikativen Kontakt suchen, und von denen, die ihn meiden. Regeln für Beendigung und Auflösung einer Begegnung sind, wenn auch nur kurz, erörtert worden. Ich komme jetzt zu den Reglements, denen eine Begegnung unterworfen ist, die bereits besteht, und zwar zu jenen Normen, die nur dann gelten, wenn es Zuschauer in der Situation gibt, d. h. wenn Personen anwesend sind, die keine eigentlichen Mitglieder der Begegnung sind. Dies bedingt eine Reflexion über Abgrenzung, und so möchte ich damit beginnen, die Grenzen sozialer Situationen selbst zu betrachten.

1. Situationelle Abgrenzung per Konvention

Ganz gleich, ob jemand einen Bereich, z. B. ein Zimmer, betreten darf oder davon ausgeschlossen bleibt, er wird meist irgendwie Notiz nehmen müssen von den konkreten Grenzen ringsumher, sofern es solche gibt. Natürlich ist es theoretisch möglich, daß Grenzen, etwa von der Qualität dicker Wände, den betreffenden Bereich gegen Kommunikation von draußen ganz handfest abschirmen; fast immer aber ist ein wenig Kommunikation über die Grenzen hinweg physikalisch möglich. Es gelten deshalb soziale Übereinkünfte, die solche Kommunikation auf einen speziellen Teil der Grenze, wie etwa auf Türen, beschränken. Nach diesen Übereinkünften tun die Menschen innerhalb und außerhalb so, als ob die Barriere weit mehr Kommunikation verhinderte, als es wirklich der Fall ist. Was Wände leisten, beruht zum Teil darauf, daß sie als Kommunikationsschranken respektiert werden oder sozial anerkannt sind; unter wohlerzogenen Mitgliedern der Gesellschaft bieten sie die Möglichkeit einer »situationellen Abgrenzung per Konvention« und zwar auch dann, wenn die konkrete Abgrenzung fehlt. Eine Ahnung dieser Übereinkünfte stellt sich ein, wenn man sein Augenmerk auf einen bestimmten Punkt

der Sozialisation richtet: In unserer Mittelstandsgesellschaft werden Kinder eingehend darüber belehrt, daß es zwar möglich, aber keineswegs zulässig ist, durch die Wand nach einem Freund zu rufen oder einfach ans Fenster zu klopfen, um seine Aufmerksamkeit zu erregen; man zeigt vielmehr den Kindern, daß dem Wunsch, mit jemandem innerhalb eines bestimmten Bereichs Kontakt aufzunehmen, allein durch Anklopfen an die Tür Ausdruck zu geben ist. Dies ist das formale Mittel, sich Zutritt zu verschaffen.
Fenster können Gelegenheit zu partieller Teilnahme an einer Situation bieten, aber gerade hier gilt die Übereinkunft, solche Möglichkeit nicht zu nutzen. Natürlich finden sich Abweichungen von dieser Regel. Norweger, zu Besuch auf den Shetland-Inseln und von den Inselbewohnern als »ganz mies« beschrieben, gehen zuweilen um die Häuschen herum und starren ganz offen durch die Fenster. Dickens berichtet ähnliches aus Amerika:
»Nach dem Essen gingen wir wieder zur Bahnstation hinunter und nahmen Platz im Wagen nach Washington. Da wir sehr früh da waren, kamen all die Männer und Jungen, die nichts Besonderes zu tun hatten und neugierig auf Ausländer waren, zum Wagen, in dem ich saß (das ist dort so üblich), sie ließen die Fenster herunter, steckten Köpfe und Schultern herein, stützten sich bequem auf die Ellbogen und fingen an, Kommentare über meine äußere Erscheinung auszutauschen und zwar mit solcher Indifferenz, als sei ich eine ausgestopfte Puppe. Nie zuvor war ich so kompromißlos informiert worden über meine Nase und meine Augen, über die verschiedenen Eindrücke, die mein Mund und mein Kinn bei verschiedenen Gemütern auslösen, und darüber, wie mein Kopf von hinten aussieht[1].«
In den vielen Heilanstalten, wo die Schwesternzimmer verglaste Wachstuben sind, müssen die Patienten erst lernen, nicht dauernd an den Fenstern herumzulungern und hineinzusehen. (Es ist interessant, daß es keine Regel gibt, die es dem Personal verböte, nach einem Patienten draußen zu schauen; Spionieren ist damit offiziell etabliert.) Die Mode, »Glaswände« zu verwenden, brachte natürlich ihre eigenen sozialen Zwänge mit; auf beiden Seiten dieser Fenster bedarf es einer hohen Moral, soll die konventionelle Abgrenzung garantiert bleiben; zahlreiche Karikaturen befassen sich mit den Folgeproblemen. Man könnte hinzufügen (das Zitat von Dickens legt dies nahe), daß mangelnde Beachtung einer Bereichsschranke häufig einhergeht mit einer Behandlung der unzulässig Beobachteten als Unpersonen.
Weiß man, daß Wände zwischen zwei Bereichen sehr dünn sind,

---

[1] Charles Dickens, American Notes (Greenwich, Con.: Premier Americana, Fawcett Publications, 1961), S. 136–137.

wird Zurückhaltung einfach zum Problem². Zuweilen nimmt man schlicht Kenntnis von den vorhandenen Kommunikationsmöglichkeiten; die Einzelnen sprechen durch die Wand miteinander fast so, als befänden sie sich alle in derselben sozialen Situation; die Analyse einer britischen Reihenhaussiedlung berichtet darüber:
»Um uns ein Bild darüber zu verschaffen, was die einzelnen Bewohner voneinander hören, beziehen wir uns auf die Kommentare der Bewohner; wir erfahren, daß es in diesen Häusern möglich ist, die Frau des Nachbarn mit ihren Lieblingsplatten zu unterhalten, indem man den eigenen Plattenspieler laut stellt, oder deren Kind zu ermahnen, oder sie zum Tee einzuladen; und das alles durch die Hauswand³.«
An diesem Beispiel werden natürlich die besonderen Funktionen deutlich, die das Sehen mit eigenen Augen hat: die Leute jenseits der Wand sind vielleicht gar nicht da, oder wenn sie da sind, hören sie vielleicht nicht hin – jedenfalls ist es völlig unmöglich *zu sehen*, was los ist.

2. Zugängliche Begegnungen

Füllt ein Kontakt die ganze Situation aus – d. h. sind alle Anwesenden akkreditierte Teilnehmer der Begegnung –, so ist das Problem, eine geordnete Aktivität aufrechtzuerhalten, weitgehend situationsimmanent; Zuteilung der Redezeit (wenn in der Begegnung geredet wird); Pflege eines harmlosen Gesprächs- oder Handlungsthemas (was sich beschreiben läßt als das Problem der »sicheren Beiträge«); Verhinderung von Feindseligkeit, usw.
Sind Leute anwesend, die nicht an der Begegnung teilnehmen, wissen wir, daß sie unvermeidlich in die Lage geraten, etwas über die an der Begegnung Teilnehmenden zu erfahren und daß sie selbst betroffen sind davon, wie die Begegnung als Ganzes abläuft. Eine Begegnung, die statthat in einer Situation, in der Zuschauer anwesend sind, bezeichne ich als *zugänglich*.
Überall, wo eine Begegnung für Nichtbeteiligte zugänglich ist, gibt es volle und unbeteiligte Teilnahme. Alle Anwesenden stürzen sich in einen gemeinsamen Teich nicht-zentrierter Interaktion, jeder Einzelne vermittelt jedem in der Situation allein durch seine Anwesenheit, sein Benehmen, seine äußere Erscheinung irgendwelche Information über sich, und jeder Anwesende nimmt ähnliche Informationen über die andern entgegen, zumindest insofern, als er willens

---

[2] The Presentation of Self, S. 119–120.
[3] L. Kuper, Blueprint for Living Together, in: L. Kuper (Hrsg.), Living in Towns (London: The Cresset Press, 1953), S. 14.

ist, von seinen Möglichkeiten, etwas zu erfahren, Gebrauch zu machen. Diese Möglichkeit allgemein verfügbarer Kommunikation und die Reglements zu ihrer Kontrolle verwandeln einen rein räumlichen Bereich in einen Ort von soziologisch relevanter Entität, kurz, in eine Situation. Oberhalb und jenseits dieser allgemeinen Teilnahme aber beteiligen sich die voll beteiligten Mitglieder einer besonderen Begegnung *zusätzlich* an einer Interaktion zentrierter Art; in ihr ist die Information eines Einzelnen als spezifischer Beitrag zu einem gerade diskutierten Thema gemeint und hat gewöhnlich auch einen bestimmten Adressaten, während die anderen Mitglieder der Begegnung, und nur diese anderen, sie ebenfalls aufnehmen sollen. So liegt eine allen gemeinsame Basis nicht-zentrierter Interaktion einer nicht allen gemeinsamen Basis zentrierter Interaktion zugrunde (oder mehreren solcher Basen).

Der Unterschied zwischen der Beteiligung an nicht-zentrierter Interaktion in einer Gesamtsituation und der Beteiligung an zentrierter Interaktion in einem visuellen Kontakt ist leicht zu spüren, in seinen Verästelungen jedoch schwer nachzuweisen. Fragen wie die nach der Auswahl der Teilnehmer oder der Lautstärke ihrer Stimmen betreffen die Gesamtsituation. Denn jeder in der Situation ist (und wird auch so gesehen) in einer Position, alle jene Momente des Blickkontakts wahrzunehmen, die den nicht-zentrierten Teil der aus der engen Begegnung sich ergebenden Kommunikation ausmachen. Die spezifischen Bedeutungen *besonderer* Feststellungen jedoch, die im visuellen Kontakt zu übermitteln durchaus angebracht ist, sind der Situation im ganzen nicht verfügbar. Gleichwohl würde etwa Heimlichkeit, sollte jemand sie versuchen, als *genereller* Aspekt dessen, was sich tut, in Wirklichkeit wahrscheinlich weithin wahrnehmbar sein und zu einem wichtigen Punkt in der nicht-zentrierten Interaktion werden, welche gerade stattfindet. Derjenige Teil von Kommunikation in visuellem Kontakt, der nicht über vermittelnde Kanäle mitgeteilt werden kann, ist situationell; dieser situationelle Aspekt der Begegnung jedoch wird nur dann Bestandteil der nicht-zentrierten Kommunikation in der Gesamtsituation, wenn einige gröbere Schnitzer, wie Flüstern, Schreien und ausladende Gesten, passieren.

Bei der Betrachtung zugänglicher Begegnungen ist es gut, einen günstigen Ort innerhalb einer solchen Begegnung zu wählen und die Probleme von hier aus zu beschreiben. Die insgesamt Anwesenden lassen sich dann gliedern in Beteiligte und Zuschauer, was davon abhängt, ob sie offizielle Mitglieder der Begegnung sind oder nicht; die anstehenden Probleme lassen sich unterscheiden nach Verpflichtungen der Begegnung gegenüber und Verpflichtungen, die die Zusammenkunft im ganzen auferlegt (und mit ihr der soziale Anlaß, dessen Ausdruck die Zusammenkunft ist).

Um die Grenzen und die Integrität der Begegnung zu wahren und um nicht in den Strudel der Zusammenkunft gerissen zu werden, müssen Beteiligte und Zuschauer ihr Verhalten entsprechend regulieren. Und obwohl sie darin kooperieren, die Privatheit der jeweiligen einzelnen Begegnung aufrechtzuerhalten, sind sowohl Teilnehmer als auch Zuschauer verpflichtet, die Zusammenkunft auch im ganzen zu schützen. Sie tun das, indem sie demonstrieren, daß sie auf gewisse Weise alle zusammenstehen, ungeteilt, trotz ihrer unterschiedlichen Beteiligung innerhalb der jeweiligen Situation, in der sie sich befinden.

3. Begegnungsabgrenzung per Konvention

Der Definition nach füllt eine zugängliche Begegnung die Situation nicht völlig aus. Es gibt keine situationelle Abgrenzung, weder eine konkret-räumliche, noch eine vereinbarte, welche Nicht-Beteiligte aussperren würde. Was wir statt dessen vorfinden, ist eine Art Verpflichtung und Bemühung auf seiten der Teilnehmer wie auch der Zuschauer, so zu handeln, als sei die Begegnung räumlich vom Rest der Situation abgetrennt. Kurz, es gibt eine »Begegnungs-Abgrenzung per Konvention«. Ich möchte nun einige der Elemente sozialer Organisation untersuchen, die diese Abgrenzung mit sich bringt.
a) Zuschauer bekunden eine Art höflicher Gleichgültigkeit, aber eine, welche Begegnungen und nicht einzelnen Personen gilt. Zuschauer dürfen keinesfalls die Kommunikationsposition ausbeuten, in der sie sich befinden, sie müssen den Beteiligten der Zusammenkunft visuell deutlich machen, daß ihre Aufmerksamkeit anderswo zentriert ist; solche Höflichkeit bringt einige Schwierigkeit mit sich: eine allzu einstudierte Gleichgültigkeit demgegenüber, was man nur allzugut mithören kann, verdirbt leicht den Anschein von Indifferenz[4].
Da es vielerlei Gründe gibt, warum jemand den Inhalt einer Begegnung, der er nicht angehört, kennen möchte, wird er in vielen Fällen Gleichgültigkeit simulieren, um den Eindruck zu erwecken, er halte sich an die vereinbarte Abgrenzung, während er heimlich dem Ge-

---

[4] Ich möchte an dieser Stelle nicht rationale Absicht in situationellem Verhalten überbetonen. Der Einzelne wird entweder völlig innerhalb oder völlig außerhalb einer Begegnung vermutet. Aber selbst derjenige, der diese Regel befolgen will, kann nicht völlig die bekundete Richtung seiner Aufmerksamkeit kontrollieren. Wenn seine Aufmerksamkeit auf eine zugängliche Begegnung gelenkt wird, wird sein Versuch, das zu verbergen, wahrscheinlich sowohl denen sichtbar werden, zu denen er im Augenblick gehört, als auch denen, die er gar nicht beachten will.

spräch folgt. Wieviel in Wirklichkeit gehorcht wird, und in welchen Situationen, ist schwierig zu bestimmen. Sichtbare Indifferenz und Nicht-Engagement, von jenen bekundet, die einer Begegnung, der sie nicht angehören, räumlich nah sind, läßt sich in extremer Form beobachten in jenen Momenten, da jemand in die Begegnung durchaus eintreten könnte (soweit es von den andern Beteiligten abhängt), »psychologisch« aber außerstande ist, es zu tun. Ergebnis ist dann oft eine Art Konversations-Parasitentum, auf Krankenstationen häufig zu beobachten. Eine psychotische junge Frau zum Beispiel, die ich beobachtete, pflegte neben ihrer Mutter zu sitzen und stur geradeaus zu blicken, während die Mutter ein Gespräch mit einer Schwester führte; dabei legte sie gegenüber dem neben ihr stattfindenden Kontakt scheinbar höfliche Gleichgültigkeit an den Tag. Aber während sie versuchte, die Miene der Unbeteiligten, der uninteressierten Zuschauerin aufzusetzen, gab sie ständig höhnische Kommentare zu dem, was gesprochen wurde; ihr lautes Geflüster kam ihr dabei nur gequält aus dem Mundwinkel. Das psychologische Problem war hier vermutlich das von »Bewußtseinsspaltung«. Die Richtung aber, die die beiden gespaltenen Verhaltenslinien nahmen – konversationelle Beteiligung und höfliche Gleichgültigkeit – schienen gänzlich bestimmt von jener Art Kommunikationsstruktur, welche die Norm darstellt für soziale Situationen in unserer Gesellschaft. In einer sozialen Situation kann demnach ein Einzelner sich zerrissen fühlen, aber zerrissen durch eine Art von standardisierter quälender Forderung, die standardisiert artikuliert ist.
Es gibt Umstände, unter denen es für die Beteiligten schwierig ist, Zuschauern taktvolles Vertrauen zu zeigen, wie es schwierig für die Zuschauer ist, höfliche Gleichgültigkeit zu bekunden; kurz, es gibt Zeiten, wo Abgrenzung auf Vereinbarung schwierig zu handhaben ist. Als Beispiel hierzu bemühen wir nochmals so kleine abgeschlossene Orte wie Aufzüge, wo Menschen in solcher Nähe beieinander sind, daß es nicht mehr möglich ist, vorzugeben, sie hören nichts. In solchen Augenblicken scheint zumindest im mittelständischen Amerika bei den an einer Begegnung Beteiligten die Tendenz zu bestehen, ihre Kommunikation in der Schwebe zu halten und nur gelegentlich ein Wort fallenzulassen, um ihre halb darniederliegende Begegnung zu stabilisieren. Ein ähnliches Problem ergibt sich in fast leeren Bars; Romanciers haben das zuweilen recht pointiert herausgearbeitet:
»Wir waren allein in der Bar, es war noch früher Vormittag, und die Anwesenheit des Barkeepers war unangenehm. Er mußte uns einfach hören. In seinem weißen neutralen Sakko war er eine Gestalt von zurückhaltender Autorität. Er bemerkte dies wohl selbst, denn er war so freundlich, sich am Boden hinter der Theke an Gläsern und Eis-

schalen zu schaffen zu machen. Harry bestellte noch zwei, sozusagen bei niemand, die auch alsbald auftauchten[5].«

Der Taxifahrer befindet sich in einer ähnlich problematischen Lage wie der Barkeeper[6]. Und jemandem, der für einen Moment sich selbst überlassen bleibt, weil sein bisheriger Gesprächspartner einen Telefonanruf beantwortet, geht es nicht anders; dem anderen räumlich nahe und erkennbar unbeschäftigt, muß er doch irgendwie höfliche Gleichgültigkeit anzeigen[7].

Wo höfliche Gleichgültigkeit aus räumlichen Gründen schwierig wird, ist die Szenerie bereitet für eine besondere Art von Herrschaft. In einem Aufzug zum Beispiel können jene, die engagiert sind, voll engagiert bleiben und den anderen Anwesenden die Rolle von Unpersonen aufzwingen. Oder wenn zwei einander fremde Paare gezwungen sind, im Restaurant am gleichen Tisch zu sitzen, und keinen umfassenden Kontakt anstreben, dann kann sich das eine Paar stillschweigend der lauteren Interaktion des andern beugen. Das sich unterordnende Paar kann in solchen Situationen versuchen, Unabhängigkeit und höfliche Gleichgültigkeit zu zeigen, indem es ein Gespräch für sich beginnt. Aber während dies auf das andere Paar durchaus überzeugend wirken mag, ist es im eigenen Fall keineswegs so; die Bescheidenen gestehen durch das eigene leise Gespräch einander ein, daß sie in den Hintergrund gedrängt wurden; aber nicht nur das – sie wollen außerdem auch so tun, als sei dies nicht der Fall[8]. Hinzuzufügen ist, daß »Stärke« in diesen Fällen nicht von den Muskeln herrührt, sondern bezeichnenderweise von der sozialen Schicht.

b) Ausgehend von der Tatsache, daß Teilnehmer und Zuschauer die Integrität der Begegnung bewahren sollen, und ausgehend von der komplizierenden Tatsache, daß die Zuschauer dieser Begegnung zugleich an einer anderen Begegnung beteiligt sein können, dürfen

---

[5] William Sansom, The Face of Innocence (New York: Harcourt, Brace and World, 1951), S. 12.
[6] F. Davis, The Cabdriver and his Face: Facets of a Fleeting Relationship, in: American Journal of Sociology, 65 (1959), S. 160.
[7] Wenn bei einer Begegnung, die drei Personen einschließt, einer seine Rede unterbricht, um einen Telefonanruf zu beantworten, können die beiden andern eine leise, häufig schleppende Konversation versuchen.
[8] Ich habe den Eindruck, daß in England unter mehreren anwesenden Gruppen immer jene offen, im Sinne von: für alle hörbar, spricht, die »reden kann« (sofern eine solche dabei ist), die verständlich artikuliert; so als könnten die anderen ohne weiteres höfliche Gleichgültigkeit üben und ganz einfach ihre eigene Unterhaltung abbrechen. Dies ist ein Grund dafür, warum Englandbesucher zuweilen so erschrocken sind über die schockierende Vulgarität (nach amerikanischen Maßstäben) der englischen oberen Mittelschicht.

wir eine stillschweigende Kooperation erwarten in der Einhaltung der vereinbarten Abgrenzung. Wenn Zuschauer auf gewisse Weise ihre Kommunikationschancen nicht nutzen sollen, dann liegt es bei den Beteiligten, sich auf solche Handlungen und Worte zu beschränken, die es den Zuschauern relativ leicht machen, wegzuhören und wegzusehen. Und tatsächlich ist auch allenthalben zu beobachten, wie die Reizschwelle niedrig gehalten wird. Diese Tendenz wird übrigens aufgefangen durch eine andere gegenläufige, nämlich durch ein Verhalten, welches Vertrauen in die Bereitschaft der Zuschauer bezeugt, ihre Situation nicht auszunutzen. So gilt Flüstern und Gebrauch von Geheimwörtern meist als unhöflich, vor allem, weil sich darin Zweifel ausdrückt am Willen der Zuschauer, indifferent zu sein.

Eine der Folgen aus der Kombination dieser Regeln über konventionelle Abgrenzung möchten wir herausstellen. Es gilt die Norm, daß Beteiligte Rücksicht aufeinander zu nehmen haben, indem sie zum Beispiel vermeiden, Themen zu berühren, die den anderen nahegehen, oder indem sie sich mit Kritik zurückhalten usw. Dagegen ist Schimpfen über Abwesende recht gebräuchlich, es dient als beliebte Solidaritätsbasis für die Anwesenden. Außerdem kann das Gespräch sich um geschäftliche Belange drehen, in die der betreffende Abwesende nicht gefahrlos einzuweihen wäre. Daraus folgt, daß in manchen Fällen der Gesprächsverlauf einer konversationellen Begegnung strategisch geändert werden muß, weil und wenn eine aus wichtigen Gründen ausgeschlossene Person sich nähert, damit der weitere Inhalt des Gesprächs nicht gar zu schwere Anforderungen stellt an die Bereitschaft, höfliche Gleichgültigkeit zu bekunden; kommt jemand in der ausdrücklichen Absicht, an der Begegnung teilzunehmen, so bedarf es noch größerer Delikatesse. Bekanntes Beispiel: jemand betritt einen Raum und muß bemerken, daß das Gespräch plötzlich stockt und die bereits Anwesenden hilflos und nervös nach einem neuen, unverfänglichen Thema suchen. Zuweilen ist man auch, wenn ein aus wichtigen Gründen Ausgeschlossener sich nähert, so günstig placiert, daß das Gesprächsthema gewechselt werden kann, ohne daß der Ankömmling hört, was ihn verlegen machen würde (oder was die Sprechenden seinetwegen in Verlegenheit brächte, hörte er zu), und ohne daß er den Eindruck gewinnt, etwas für ihn Peinliches sei gerade noch unterdrückt worden. Die räumliche Distanz, innerhalb der dies möglich ist, variiert natürlich je nach der sozialen Geschicklichkeit der Beteiligten. Zuweilen hat ein Raum auch eine besondere »sichere Ecke«, aus der jeder Neuankömmling früh genug wahrzunehmen ist, um das Thema so zu wechseln, daß der Wechsel nicht zu bemerken ist. Unter solchen Umständen wird zuweilen eminente Geschicklichkeit entwickelt: die sich Unterhaltenden wenden sich kühn, gelassen und äußerst gewandt erst im letzten Moment einem anderen Thema zu.

c) Die Sorgfalt, die ein Zuschauer einer zugänglichen Begegnung gegenüber an den Tag zu legen hat, geht über höfliche Gleichgültigkeit hinaus bis zu der Überlegung, wie und wann er sich zu offizieller Beteiligung präsentieren kann. Selbst auf Geselligkeiten, wo jede Begegnung so sein sollte, daß jeder Gast daran teilnehmen kann, wird vom Eintretenden Takt erwartet, und wenn er irgendwelche entsprechenden Hinweise erhält, sollte er seine Rechte nicht in Anspruch nehmen. Stößt er irgendwo dazu, sollte er das aktuelle Thema und den herrschenden Ton aufnehmen, um so die Störung, die er verursacht, auf ein Minimum zu beschränken. Frühe amerikanische Etikette rät an:
»Unterhalten sich eine Dame und ein Herr auf einer Abendgesellschaft miteinander, wäre es rüde, wenn ein Dritter an sie heranträte und sie unterbräche, indem er ein neues Thema aufwirft. Ist man sicher, daß zwischen ihnen nichts von besonderem und privatem Interesse vorgeht, kann man an ihrer Unterhaltung sich *beteiligen* und den gerade anliegenden Gegenstand weiterverfolgen; stellt man aber fest, daß sie so sehr in ihrer Diskussion stecken, daß deren Beendigung oder auch nur eine Veränderung ihres Charakters unwillkommen ist, sollte man sich zurückziehen. Wenn jedoch zwei Personen miteinander beschäftigt sind in einer erkennbar delikaten und speziellen Weise, sollte man sie von vornherein mit seiner Gesellschaft verschonen[9].«

Willkommen oder nicht, der Eintretende hat im Normalfall an der Türe anzuklopfen, hinter der eine Begegnung stattfindet, ehe er hineingeht; er läßt so den an der Begegnung schon Beteiligten einen Hinweis auf seine Absicht einzutreten zukommen und verschafft ihnen einen kurzen Augenblick, ihr Haus für den Ankömmling in Ordnung zu bringen.

d) Eine der interessantesten Phänomene von Kooperation bei der Einhaltung konventioneller Abgrenzung ist, was man *räumliches Aufteilen*[10] nennen könnte: die Tendenz von Einheiten Beteiligter

---

[9] Anon., The Canons of Good Breeding (Philadelphia: Lee and Blanchard, 1839), S. 68.
[10] Der Terminus »individuelle Distanz« wurde eingeführt von dem Ethnologen Hediger; er beschreibt damit die Neigung von Vögeln, auf einem Zaun oder Eisenbahngleis in einer ganz bestimmten Entfernung voneinander zu bleiben, wobei die Distanz je nach Gattung schwankt. Er spricht auch von »Flugdistanz« und meint damit, wie nahe man einer bestimmten Vogelart kommen kann, ehe sie wegfliegt. Vgl. H. Hediger, Studies of the Psychology and Behavior of Captive Animals in Zoos and Circuses (London: Butterworths Scientific Publications, 1955), S. 40 und 66. Eine interessante Anwendung dieser und anderer ethnologischer Begriffe findet sich bei R. Sommer, Studies in Personal Space, in: Sociometry, 22 (1959), S. 247–260.

innerhalb der Situation – entweder im Blickkontakt oder als isolierte Individuen –, sich kooperativ über den verfügbaren Raum zu verteilen, um rein körperlich die konventionelle Abgrenzung zu erleichtern. (Häufig scheint dies eine räumliche Distanz von der höchstmöglichen Quadratmeterzahl zwischen den verschiedenen Einheiten zu bedeuten[11]. Wo die Gruppen einander den Ausdruck wechselseitigen Vertrauens und der Kameradschaft schulden, wird genaue Raumaufteilung natürlich absichtlich vermieden[12].
Raumaufteilung garantiert übrigens, daß »Gesprächslinien« offen verlaufen, d. h. zwischen Personen, die innerhalb einer Begegnung zueinander sprechen, gibt es kein physisches Hindernis, das den freien Austausch von Blicken vereitelte. Ein Zuschauer, der auf solch eine Linie gerät (zumindest in Amerika), wird sich entschuldigen und rasch seine Position verändern.
Während das Phänomen der Raumaufteilung schwer mit Händen zu greifen ist, weil es einem einfach als selbstverständlich gilt, ist ein Aufriß davon leicht zu gewinnen durch die Beobachtung von Kindern und geistig Kranken, – jenen Kommunikationsdelinquenten, die zuweilen ein Spiel spielen, das man »Angriff auf die Begegnung« nennen könnte. Auf vielen Abteilungen zum Beispiel folgt ein Patient zweien, die sich im Gespräch befinden, durchs ganze Zimmer, bis jene nicht weitergehen, dann stellt er sich dicht an den »Rand« der Begegnung und hängt sich schließlich hinein. Eine junge Patientin, die ich beobachtete, unterbrach Gesprächslinien, indem sie ihre Stricknadeln dazwischen schwang, ihre Arme hochwarf, ihr Gesicht

---

[11] Ein luzider Aufsatz stammt von E. T. Hall: The Anthropology of Manners, in: Scientific American, April 1955, S. 84–90. Hall warnt vor Verallgemeinerungen bezüglich des Phänomens der Raumaufteilung quer durch die Kulturen:
»In den USA achten wir mehr als andere Völker darauf, uns gleichmäßig über einen Raum zu verteilen. Wir reagieren stark auf Berührung und Gedränge; in der Straßenbahn, im Bus oder Aufzug ziehen wir uns in uns zurück. Einem Menschen gegenüber, der sich entspannt gehen läßt und an einem stark belebten Ort intensiven Kontakt mit anderen aufnimmt, haben wir gewöhnlich Reaktionen, die hier gar nicht zu beschreiben sind. Wir bemühen uns jahrelang, unseren Kindern beizubringen, uns nicht zu bedrängen und sich nicht an uns zu klammern ...
In Lateinamerika, wo Berühren üblicher ist und die Grundeinheiten bei der Raumverteilung kleiner sind, werden die breiten US-Automobile zum Problem. Die Leute wissen nicht, wo sie sitzen sollen.
[12] Eine gute ethnologische Analyse der Spielarten gegenseitiger physischer Distanz liefert J. H. Cook: The Basis of Flock Organisation in Birds, in: W. H. Thorpe und O. L. Zangwill (Hrsg.), Current Problems in Animal Behaviour (Cambridge: University Press, 1961), S. 138 ff.

vor die Gesichter der anderen hielt oder sich jemandem auf den Schoß setzte.

Mit räumlicher Aufteilung geht die Kontrolle von Lautstärke einher, damit die verschiedenen Gruppen in der Situation ihrer Tätigkeit nachkommen können, ohne sich gegenseitig zu behindern. In vielen Fällen bedeutet das eine Beschränkung der Lautstärke, obwohl bei manchen Anlässen – etwa geselligen Einladungen, wo Menschen dicht beisammen sein können, ohne an derselben Begegnung teilzunehmen – oft die Stimmen allgemein erhoben werden; dies gestattet den Beteiligten, sich gegenseitig zu verstehen, verhindert jedoch Lauschen. Auch hier sind präzis geplante Verstöße zu beobachten, etwa wenn eine junge geisteskranke Patientin, in einem Anflug von Ulk, ihr Gesicht vor das irgendeines anderen hält, der gerade zu einem weiter entfernt Sitzenden spricht, und dann so schreit, daß dieser weder etwas hören noch selbst gehört werden kann.

Das Erfordernis, visuell offene Gesprächswege zu haben und mit der Lautstärke so zu verfahren, daß sie nicht mit anderen Begegnungen, die gerade stattfinden, in Konflikt gerät, begrenzt die Distanz, über die sich gesprochene Begegnungen normalerweise erstrecken können. Sollten zum Beispiel zwei Personen ein Gespräch führen wollen vom einen Ende eines überfüllten Straßenbahnwagens zum andern, müßten alle dazwischen befindlichen Fahrgäste sich aus der Gesprächslinie heraushalten und ihre eigenen Unterhaltungen so dämpfen, daß jene eine nicht blockiert würde. Solch ein Gespräch wäre zudem für jedermann zwischen den beiden Gesprächspartnern hörbar und würde dadurch wahrscheinlich zu einer Peinlichkeit, selbst dann, wenn einer der beiden der Fahrer wäre. So werden Kontakte, die eine große, bevölkerte Distanz überbrücken müssen, meist auf den Austausch stummer Gesten beschränkt; denn diese stören weder andere Begegnungen, noch stellen sie allzusehr zur Schau, was übermittelt wird. Taubstumme, die in eine Straßenbahn steigen und nicht nebeneinander sitzen können, brauchen deshalb den Austausch von Mitteilungen nicht zu unterbrechen, sondern sind in der Lage, ihr »Gespräch« solange fortzuführen, wie die Sicht zwischen ihnen frei ist; ihr Austausch stört niemanden und ist für niemanden zugänglich.

Während räumliche Aufteilung und Kontrolle der Lautstärke bereits erhebliche Bedeutung haben für gesellige Treffen, die sich in einem räumlich relativ engen Rahmen abspielen, sind sie wahrscheinlich noch wichtiger auf öffentlichen Straßen und Wegen und in halböffentlichen Bereichen. In der westlichen Gesellschaft kommt die Entfaltung mittelständischer Herrschaft darin zum Ausdruck, daß sich ein relativ egalitärer Gebrauch öffentlicher Orte herausgebildet hat. Aber selbst heute noch dürfen Begräbnisse, Hochzeiten, Paraden und einige andere Feierlichkeiten momentan der Gesamtöffentlichkeit ihren

Stempel aufdrücken. Technische Einrichtungen wie Ambulanzen, Polizeiwagen und Feuerwehr kreischen durch den öffentlichen Verkehr mit einer Lautstärke, wie sie niemandem sonst gestattet ist; Gäste einer Stadt erhalten zuweilen eine Motorradeskorte. Manche dieser Privilegien sind indes nur kleine Überbleibsel von Praktiken, die einst viel allgemeiner waren, wie etwa das Mitführen von Troß und Gefolge[13], mit denen einst ein Würdenträger sich umgab; er demonstrierte seinen Status, indem er eine ganze Truppe abhängiger Anhänger mit sich durch Stadt und Parlament führte, die ihm den Weg bahnte, wo immer er hinzugehen wünschte. Diese Regeln sind in der westlichen Gesellschaft keineswegs einheitlich, wie aus einer Reaktion König Edwards (von England) und seiner Partei auf den Besuch des deutschen Kaisers im Jahr 1906 deutlich wird:
»Der Kaiser hatte einen Stander am Wagen und einen Trompeter bei sich, der an jeder Straßenecke lang und kräftig blies. Dadurch war es für die Bevölkerung nicht schwierig auszumachen, wo der Kaiser sich jeweils befand, und der gesamte übrige Verkehr gab sofort den Weg frei, wenn die Trompetenstöße erschallten. Dem König dagegen war verhaßt, was er »theatralische Praktiken« nannte, er fuhr umher wie jeder andere Mensch auch[14].«

e) Zum Schluß dieser Erörterung vereinbarter Abgrenzung möchte ich noch auf die Art von Umstrukturierung hinweisen, die möglich ist, wenn eine Situation mit vielen Begegnungen – eine multizentrierte Situation – umgewandelt wird in eine, die von einem einzigen, alles umgreifenden Geschehen ausgefüllt ist. Der Wärter zum Beispiel, der zur Mittagszeit auf der Abteilung des Central Hospital »Essen!« ruft, richtet sich an alle, und soweit der Klang seiner Stimme trägt, sollen seine Worte auch aufgenommen werden. Ähnlich kann sich auf einer kleinen Einladung die Gastgeberin durch die Ankunft eines Paares veranlaßt sehen, die Isolierung aller vereinzelten Begegnungen zu durchbrechen, um die Neuankömmlinge allgemein vorzustellen. Auch bei offiziellen Essen gibt die Gastgeberin den Zeitpunkt an, da die Unterhaltung »allgemein« wird, sie sagt etwas, was alle Gäste angeht. Und bei offiziellen Reden sollen die Worte des Redners, wie auch die Wärme, mit der er sie äußert, natürlich die Gesamtsituation durchdringen. In solchen Fällen ist man sich darin einig, daß die Situation im ganzen offen zu sein hat für das, was ein einzelner fähiger Sprecher zu sagen hat; er hat, wie wir sagen, das Wort. Die Transformation einer multi-zentrierten Situation in eine, die

---

[13] Zum Beispiel J. E. Neale, The Elizabethan House of Commons (New Haven, Conn.: Yale University Press, 1950), S. 24–26.
[14] Sir Frederick Ponsonby, Recollections of Three Reigns (New York: Dutton, 1952), S. 261.

durch eine einzige enge Begegnung ausgefüllt ist, stellt einen interessanten Prozeß dar. Auf geselligen Parties ist zu beobachten, wie ein Sänger oder Gitarrespieler sich bemüht, immer mehr Anwesende seinem Auditorium einzuverleiben, bis der Punkt erreicht ist, wo sein Gesang oder sein Spiel offiziell den Raum ausfüllt und die Party für eine Zeitlang in eine Darbietung umgewandelt ist[15]. Zur gleichen Zeit, da eine bestimmte Begegnung eine immer größere Anzahl von Personen einschließt, kommt es zunehmend zu Nebenbetätigungen, in denen eine untergeordnete Nebenhandlung zuweilen heimlich und nach Umfang und Charakter so gedämpft abläuft, daß die Haupthandlung in ihrer Rolle unangefochten beherrschend bleibt.

In Heilanstalten gibt es eine besondere Art von »symptomatischem« Verhalten, welches davon Notiz nimmt, wie die Situation als ganze angesprochen werden kann. Viele Patienten sprechen zu jemandem, sei er nun anwesend oder nicht, mit einer Stimme, die laut genug ist, daß jeder in der Situation sie hören kann und dadurch auch abgelenkt wird. Aber die Kranken auf der Station unterscheiden implizite diese Art von Fehlverhalten von jener, wo ein Patient »die Situation anspricht«, d. h. jeden Anwesenden in Ton und Stimmrichtung in einer Weise angeht, die zeigt, er durchbreche absichtlich die Schranken, die die einzelnen Gruppen von Sprechenden und Spielenden in ihrer zentrierten Interaktion schützen sollen. (Obwohl übrigens die tatsächliche Lautstärke in dem Fall, in dem ein Patient seinen Beitrag zu einer privaten Unterhaltung nicht genügend dämpft, größer sein kann, als im Falle des Patienten, der »die gesamte Situation anspricht«, ruft doch letzterer die größere Störung hervor[16].)

---

[15] Ich bin hier Robert Martinson verpflichtet, ich beziehe mich auf seinen unveröffentlichten Aufsatz über die Transformation informeller Kontakte in Darbietungen.

[16] Angriffe auf die Situation sollten verglichen werden mit jenen Angriffen auf Begegnungen – wir haben schon davon gesprochen –, die Kinder, psychisch Kranke und andere kommunikationsstörende Personen starten. Viele Mittelstandseltern in unserer Gesellschaft kennen die Augenblicke, da sich ihr Kind, dem verboten ist, Erwachsene zu unterbrechen oder auch nur das Zimmer zu betreten, in dem Erwachsene sich unterhalten, verstohlen in die Situation schleicht, in verhemmter Mimikri von Heimlichkeit, so die Zusammenkunft viel mehr störend, als die reine Anwesenheit es je tun würde.

ZEHNTES KAPITEL
Die Regelung wechselseitiger Engagements

1. Beschränkungen

Vorhin, bei der Erörterung nicht-zentrierter Interaktion, habe ich festgestellt, daß der Einzelne gehalten sei, ein ausreichendes Maß an Kontrolle über all seine Engagements zu bekunden, insbesondere über jenes an seinen eigenen Körper. Jetzt möchte ich zu den Beschränkungen kommen, die bestimmen, inwieweit Menschen in einer zugänglichen Begegnung aufeinander eingehen dürfen, d. h. inwieweit sie vor Zuschauern wechselseitiges Engagement aneinander kundtun und pflegen dürfen. Damit ergreifen wir die Möglichkeit, einmal nicht nur das Verhalten der Zuschauer einer zugänglichen Begegnung gegenüber zu betrachten, sondern herauszuarbeiten, was die an der Begegnung Beteiligten angesichts der Zusammenkunft als Ganzes leisten müssen.

Anglo-amerikanische Erforscher fremder Kulturen haben viel über die sozialen Unterschiede in exponierten wechselseitigen Engagements geschrieben; sie haben dargelegt, welche Engagements und Tätigkeiten zulässig sind zwischen zwei bestimmten gesellschaftlichen Kategorien, so vor allem zwischen den Geschlechtern. In einigen romanischen Ländern, so hören wir, gilt in der Öffentlichkeit Küssen auf den Mund als »obszöne Handlung«[1], auch in der UdSSR und vielen anderen östlichen Gesellschaften.

In unserer eigenen Gesellschaft bestehen zwischen den sozialen Anlässen hinsichtlich zulässiger wechselseitiger Betätigung vielsagende Unterschiede; wenige Gelegenheiten sind so definiert, daß sie jede derartige Aktivität untersagten, und wenige so, daß sie wechselseitige Beschäftigung etwa in der Art des Liebens gestatteten[2]. Ein Paar, das in einer Geschäftsstraße sich heftig küßt oder streitet, kann durch-

---
[1] V. S. Pritchett, The Spanish Temper (New York: Knopf, 1954), S. 170.
[2] An einigen Orten der Welt werden Schlüsselloch-Shows kommerziell organisiert; die Gelegenheit, Menschen beim Sexualverkehr zu beobachten, wird verkauft. Viele Autoren vertreten die Ansicht, dies stelle eine Perversion des Sexualtriebs dar. Einige wenige Forscher scheinen sich indes auch mit der Tatsache zu befassen, daß in solchen Veranstaltungen zusätzlich die Norm exponierten wechselseitigen Engagements pervertiert wird, denn vermutlich besteht ein Teil der Erregung, die Voyeurs aus solchen Shows ziehen, aus der Beobachtung, daß hier ein Paar einer Betätigung nachgeht, die der Idee nach keiner Situation angemessen ist, an der mehr als zwei Personen teilhaben; in vielen unserer Subkulturen gilt der Liebesakt sogar für zwei als unangemessen und wird deshalb im Dunkeln praktiziert.

aus als Affront gegen die Situation verstanden werden. Es werden da Privatangelegenheiten anderer aufgenötigt an Orten, wo ein etwas offizielleres Verhalten erforderlich wäre. In Parkanlagen und auf Bänken indessen werden solche Betätigungen bereitwillig geduldet, und keine Straße ist so definiert, daß sie eine gedämpfte Unterhaltung zwischen zwei Leuten, die nebeneinander gehen, ausschlösse. Das Anstandsbuch sagt, daß zwei Menschen sich zwar innig am Hafen küssen dürfen, damit von anderen Aspekten der Situation in erheblichem Maße absehend, daß aber die gleiche Handlung unangemessen sei, wenn eine grüne Witwe ihren heimkehrenden Mann am Bus abholt; dieser Situation entspreche eher ein kleiner Kuß[3]. Ähnlich hat in unseren Städten das Restaurant im Howard-Johnson-Stil einen bestimmten Bereich für Familien mit kleinen Kindern reserviert; hier wird ein Maß an familiärer Aktivität im Hinblick auf Kindererziehung toleriert, das in anderen Teilen des Restaurants Gefühle von Betretensein verursachen könnte. In solchen Situationen, in denen alle Beteiligten ein Hauptengagement entfalten müssen, und zwar nicht nur dieselbe Art von Aktivität, sondern auch innerhalb derselben Begegnung, bedeuten Nebenhandlungen und andere kleine wechselseitige Beschäftigungen per definitionem den unzulässigen Rückzug aus der dominanten Begegnung. Doch selbst dort, wo nicht ein Einzelkontakt die Situation beständig ausfüllt, sind wechselseitiger Betätigung strenge Grenzen gesetzt. In der Kirche, wo fromme Gefühle verlangt sind, ist der Enthusiasmus einer Begrüßung taktvoll zu dämpfen und Begrüßungen in Form eines Winkens ganz zu unterdrücken.

[3] Eine Zeitungsnachricht möge als Illustration dazu dienen (San Francisco Chronicle, 31. 7. 1961; Rome):
»Ein ›genußvoller‹ Kuß in vollem Tageslicht auf einer belebten römischen Piazza kann Sie ins Gefängnis bringen. ›Pflichtküsse‹ dagegen und Küsse auf die Wangen, wie Italiener und Italienerinnen sie jedesmal tauschen, wenn sie sich treffen, sind immer noch erlaubt.
Ein Gericht, das feststellen sollte, welche Art von Kuß in der Öffentlichkeit erlaubt sei, verurteilte in dieser Woche nach fast einem Jahr ein verlobtes Paar zu zwei Monaten getrennter Besserungsanstalt.
Der unglückselige Liebhaber Vittorio Grazini, 20, und seine Verlobte Angelina Rossi, 22, hatten im August letzten Jahres um 16.30 Uhr den falschen Kuß getauscht.
Der Polyp, der sie verhaftete, gab an, sie hätten sich ›lange genüßlich geküßt‹, was eine Bedrohung der öffentlichen Moral darstellte. Der Richter war derselben Meinung. Öffentliches Küssen sei in Rom gegen das Gesetz. Wagemutige italienische Jugendliche riskieren jeden Abend Gefängnisstrafen, um lange, genüßliche Küsse im Schatten von Mauern und Monumenten zu tauschen. Aber bevor Vittorio und Angelina es couragiert taten, hatte noch niemand das Gesetz so herausgefordert: in einem Auto, das mitten in einer Menschenmenge hielt, und zudem im Sonnenschein.«

Ein Anstandsbuch schreibt:
»Erstens ist eine Kirche kein geselliger Treffpunkt. Köpfe, die sich umwenden, um während des Gottesdienstes nach Freunden zu suchen, freundliches Nicken und Lächeln, fröhliche Grüße und zerstreute Unruhe sind in der Kirche samt und sonders fehl am Platze. Fängt man zufällig den Blick eines Freundes auf, gibt es natürlich keinen Grund, einen kurzen Blick des Erkennens zu unterdrücken und kurz und verhalten zu lächeln; aber Respekt für den Ort und Konzentration auf die Zeremonie sollten hier die Basis des gesamten Verhaltens sein[4].«

Träfen sich Freunde, die einander lange nicht gesehen haben, unter solchen Umständen, hätten sie es in der Tat schwer, ihrer Beziehung gerecht zu werden, ohne einen situationellen Fauxpas zu begehen. Ein solches Dilemma herrscht übrigens häufig bei Begräbnissen; denn bei diesen freudlosen, in hohem Maße organisierten Anlässen besteht eine starke Wahrscheinlichkeit, daß Menschen einander wiedertreffen, die sich lange nicht gesehen haben und einander eine überschwengliche Begrüßung schulden. Ein warmes Händeschütteln bietet sich in diesem Fall als Lösung an; so wird äußerlich strenge situationelle Feierlichkeit bewahrt, und realiter findet eine abgeschirmte Begegnung statt, deren Tiefe und deren Ferne vom Anlaß nur von den beiden Beteiligten empfunden werden kann.

So wie die Engagementregeln in manchen Situationen Beziehungen in eine unangenehme Lage bringen können, so können einige Beziehungen die Beteiligten nachhaltig spüren lassen, daß Zusammenkunft und sozialer Anlaß bedroht sind. Wenn man von zweien weiß, daß sie eine enge Beziehung zueinander haben, kann allein ihre gleichzeitige Anwesenheit im selben Raum schon mehr wechselseitiges Engagement nahelegen, als es sich mit ihren anderen Verpflichtungen der Situation gegenüber verträgt. Früher sagte man dementsprechend:
Es zeugt von schlechten Umgangsformen, wenn ein frisch getrautes Paar bei einer Abendgesellschaft den Raum gemeinsam betritt. Jemand Älteres oder ein Verwandter der Braut sollte die junge Frau hereinführen. Es gehört zum guten Ton, bei Auftritten in der Öffentlichkeit nicht ständig als Paar zu erscheinen. Das Sichtbarmachen einer solchen Beziehung sollte soweit wie möglich auf den Platz am Kamin beschränkt bleiben. Es macht keinen Spaß, Menschen dabei zuzugucken, wie sie ihre gegenseitige Liebe und Zärtlichkeit den Blicken aller Versammelten aufzwingen[5].

---

[4] Millicent Fenwick, Vogue's Book of Etiquette (New York: Simon and Schuster, 1948), S. 12.

[5] Anon., The Canons of Good Breeding (Philadelphia: Lee and Blanchard,

Ein anderer Fall: Man weiß, zwei haben eine Affäre miteinander; sie können durchaus eine gewisse Betretenheit in eine Zusammenkunft hineintragen, selbst wenn diese Spannung auf witzige, spielerische Weise gelöst wird. Personen, die bekanntermaßen auf Kriegsfuß miteinander stehen, können ebenfalls zuviel an wechselseitigem Engagement ahnen machen, selbst wenn sie versuchen, während der sozialen Veranstaltung, zu der sie zufällig beide eingeladen wurden, ihren gegenseitigen Blicken auszuweichen, oder wenn sie durch befangenes Nicken den Kontakt, der hier nicht zu umgehen ist, kaschieren.

Man wird deshalb versuchen, unpassendem wechselseitigem Engagement zuvorzukommen. Ein Beispiel aus dem Alltag liefert die weitverbreitete geläufige Mittelstandsnorm, die Ehemännern und Ehefrauen auferlegt, beim Essen und bei kleinen Geselligkeiten nicht nebeneinander zu sitzen. Denn entweder, so wird vermutet, hätte das Ehepaar sich nichts zu sagen und entspräche damit nicht dem Geist der geselligen Veranstaltung, oder es würde sich höchst intime Dinge mitteilen wollen, so die eigene Welt von Zuhause stabilisierend, nicht jedoch die Party.

2. Anlaßgemäßes wechselseitiges Engagement

Die Restriktion von exponiertem wechselseitigem Engagement darf in manchen Fällen nicht als Restriktion *jedweden* wechselseitigen Engagements gesehen werden, sondern als Restriktion von Engagement, welches die Beteiligten der Zusammenkunft entzieht. Tatsächlich kann der Einzelne zuweilen gezwungen sein, sich wechselseitigem Engagement zur Verfügung zu stellen; die Regel über Zugänglichkeit impliziert dies. Aber er darf dies nicht allein auf Grund einer vorrangigen Beziehung, es muß im Interesse der gesamten Veranstaltung sein. (Hier erhaschen wir einen weiteren Einblick in die mögliche Situation, die frisch Verheiratete oder solche schaffen,

---

1839), S. 87–88. Auf der andern Seite sollte nicht übersehen werden, daß Flitterwöchner, wo immer sie sich auch aufhalten, extensives *gegenseitiges* Engagement zu bekunden pflegen in Form von Händchenhalten und Küssen, als verschaffe der neue Status des Paares ihnen zeitweilige Paraderechte; darunter auch das zusätzliche Recht, daß zum Beispiel ihre Freunde bei ihrer Abfahrt nach der Kirche ein Hupkonzert anstimmen dürfen. Der scheinbare Widerspruch wird gelöst, wenn wir daran denken, daß eine tiefgehende Beziehung entweder fest unterdrückt werden oder eine Art offizieller Bestätigung erfahren muß; das Paar übernimmt dabei als Paar die Rolle von Schauspielern, es ist einerseits aneinander orientiert und zum andern im Einklang mit den guten Sitten dem Publikum ausgesetzt.

die völlig absorbiert davon sind, jemandem den Hof zu machen; sie mögen – anders als Menschen, deren Beziehung ruhiger und konsoldierter ist – ihr wechselseitiges Engagement nur sehr ungenau aufgeben zugunsten jener Höflichkeit und deren Folgen, die der soziale Anlaß verlangt.) So haben wir es mit einer Art beispielhaften situationellen Verhaltens zu tun, wenn zwei Menschen, die in einer schon langewährenden exklusiven Beziehung zueinander stehen, es schaffen, einander auf einer geselligen Veranstaltung allein mit jener Höflichkeit zu begegnen, die der Teilnahme an der Veranstaltung angemessen ist; zwei bittere Feinde beweisen ähnliche Rücksicht dem Anlaß gegenüber wenn sie »höflich« zueinander sind. Dieselbe Art von Höflichkeit beweist eine Lehrerin, die ihr eigenes Kind in der Klasse anspricht, als sei es ein x-beliebiger Schüler, was nicht als Rollentrennung zu bezeichnen ist, sondern auch als Geste der Rücksicht auf die gesamte Veranstaltung.
So können im Verlauf mancher sozialer Geselligkeiten gewisse Formen von flüchtigen Sexspielen auch Zeichen dafür sein, daß der Geist der Veranstaltung jeden mitgerissen hat und die Party nicht in Partikel zerfallen ist. Sollte sexuelle Interaktion sich ergeben zwischen Personen, die nur bei und zu dieser Gelegenheit zusammenkamen, kann dies ein Zeichen für das hohe Maß sein, in dem die Teilnehmer sich dem Ganzen überlassen haben. Das Extrem dieses Falles, jene Art sexueller Interaktion, über die man zum Beispiel vom alljährlichen Ball der schönen Künste in Paris berichtet, kann bedeuten, daß nicht die Verpflichtungen der Situation gegenüber verletzt und aufgegeben werden, wie man zunächst annehmen könnte, sondern eher, daß eine Art profaner Verehrung derselben statthat. Sollten sich Ehemänner auf diese Weise mit ihren Ehefrauen befassen, wären die Verpflichtungen dem Anlaß gegenüber allerdings gefährdet. Die Norm, welche die Einzelnen verpflichtet, ein anlaßgemäßes wechselseitiges Engagement zu pflegen, dient uns vielleicht eher als Kriterium, um unsere Reaktion auf unangemessenes Engagement zu erklären als um aktuelles Verhalten vorauszusagen; denn diese situationellen Artigkeiten werden häufig falsch gehandhabt. Widerstand gegen den Geist einer Veranstaltung, wie er sich etwa in der Weigerung zu anlaßgemäßem gegenseitigem Engagement ausdrückt, ist offensichtlich ein nützliches Mittel für die Mitteilung so vieler Dinge, daß man in einer Zusammenkunft sich gewöhnlich darauf verlassen kann, daß irgend jemand es anwendet. Auf öffentlichen Tanzveranstaltungen in der Hauptstadt von Shetland z. B. fand man für gewöhnlich eine Handvoll etwas abweisender Paare, solider Mittelstand, die sich von den »plebejischen« Vergnügungen der zweiten Bauerngeneration distanzierten. Diese Distanzierung gaben sie dadurch zu erkennen, daß sie nur lässig zu der lauten Musik tanzten und sich dabei rege

miteinander unterhielten, ein Verhalten, das aufdringlich der Stimmung und dem herrschenden Geist zuwiderlief.
Wir sehen also, daß es Zeiten gibt, da der Erfolg einer sozialen Veranstaltung wie einer Party sich im Erfolg der Teilnehmer ausdrückt, kongeniale Kontakte zu finden, denen sie sich überlassen können. Diese Hingabe beweist, daß jeder Anwesende ein begehrter Partner ist und daß jeder den Anlaß für bedeutsam genug hält, sich den andern zur Verfügung zu stellen. Von diesen Voraussetzungen her können wir verstehen, warum jemand, der zu lange zwischen den Begegnungen hing – »unengagiert« hing –, sich und die Gastgeberin in Angst versetzt, und daß letztere versuchen wird, ihn in einem passenden Hafen zu verankern; welcher Hafen, ist dabei von sekundärer Bedeutung. Und wir verstehen auch, warum jemand denken kann, was er der Zusammenkunft im ganzen schulde, könne zuweilen vorrangig werden vor dem, was er sich selbst und seinen Freunden in einer Begegnung schulde; hier haben wir einen weiteren Beweis dafür, daß die Beteiligung des Einzelnen an einer zentrierten Interaktion ein Faktum darstellt, das allen anderen in der Situation disponibel und damit Bestandteil der nicht-zentrierten Interaktion der Gesamtsituation ist. Hier liegt auch die situationelle Ursache für eine Art von Takt, nämlich so zu tun, als sei man spontan von einer anlaßgemäßen Begegnung absorbiert, während dies gar nicht der Fall ist. Mrs. Post gibt in dieser Richtung Ratschläge, wie man im kleinen Gespräch gegen die Regeln verstoßen dürfe, einfach deshalb, um nicht die gesamte Zusammenkunft und den sozialen Anlaß beleidigen zu müssen.
»Selbst wenn man neben jemanden zu sitzen kommt, mit dem man in erbittertem Streit lebt, fordert es die Rücksicht auf die Gastgeberin, die völlig verzweifelt wäre, wüßte sie, daß man unglücklich placiert wurde, und die Rücksicht auf die übrigen Gäste am Tisch, die sonst ›blockiert‹ wären, daß man sich seinen Widerwillen nicht anmerken läßt und statt dessen, zumindest für eine kurze Zeit, so tut, als unterhalte man sich mit seinem Kontrahenten.
Mrs. Toplofty mußte bei einem Essen neben einem Mann sitzen, den sie ganz offen haßte; mit scheinbarem Wohlgefallen sagte sie ihm, ›ich werde mich nicht mit Ihnen unterhalten, weil ich Sie nicht mag. Aber meiner Gastgeberin zuliebe werde ich das Einmaleins aufsagen. Zweimal eins ist eins, zweimal zwei ist vier –‹ sie fuhr damit fort und zwang ihn, alternierend mitzumachen. Sobald es die Höflichkeit gestattete, wandte sie sich ihrem anderen Tischgenossen zu[6].«
Ein anderes Beispiel für die Pflicht, anlaßgemäß auf andere einzugehen, liefern die Shetland-Inseln. Bei einem »progressiven« Whist-

---

[6] Emily Post, Etiquette, a. a. O., S. 273.

spiel an zwanzig Tischen während einer Einladung nahm man das massive Engagement eines Angehörigen des Landadels an seinem Tisch gerne als Zeichen, wie intensiv er an der Geselligkeit teilnehme. Indem er sich dem Gast eines Tisches überließ, schenkte er dem ganzen Raum Beachtung. Hätte er sich solch intensiver Teilnahme verweigert und darauf bestanden, von Tisch zu Tisch zu gehen, um den Spielern zuzuschauen und ihnen Nettigkeiten zu sagen, hätte er diesen einfachen Leuten – den Farmern – kein so großes Kompliment gemacht. (Wenn sich indes ein einfacher Bauer an einem einzelnen Whistspiel so engagierte, daß er das Spielende an seinem Tisch verzögert, würde diese Mißachtung des Gebots, nach jedem Spiel den Tisch zu wechseln, wahrscheinlich als Affront gegen die gesamte soziale Situation gewertet.)
Wenn soziale Anlässe sich beurteilen lassen nach ihrer Fähigkeit, alle Beteiligten in der einen oder anderen anlaßgemäßen Begegnung zu sammeln, können wir auch mit Regeln rechnen, die alle Anwesenden verpflichten, Hinzukommende aufzunehmen. (Dies entspricht der früher diskutierten Verpflichtung der Einzelnen, zugänglich zu sein, wobei der Unterschied folgender ist: während ein Einzelner anderen gegenüber unzugänglich sein kann aus Gründen organischer Unfähigkeit, gilt diese Entschuldigung für Begegnungen kaum.)
Es gibt viele Anlässe, etwa auf öffentlichen Straßen, wo diejenigen, die in einer Begegnung stehen, die Rechte der anderen hinzuzukommen, nur wenig anerkennen müssen. Auf der anderen Seite, wir haben das bereits gesagt, ist es charakteristisch für Anlässe wie gesellige Parties, daß die Teilnehmer das Recht haben, nicht nur Blickkontakte zu initiieren, sondern sich auch solchen Begegnungen zuzugesellen, die bereits ihren Verlauf nehmen. Hier können Teilnehmer, um zu demonstrieren, wie sorgfältig sie ausgewählt und zur Party zusammengebracht sind, sich verpflichtet sehen, Neuankömmlingen den Zugang zu ihrer Unterhaltung leicht zu machen. Mit »offenen« Konversationsthemen ist man auf Neuankömmlinge vorbereitet. Eine Unterhaltung, die ihrem Ton nach neuen Mitgliedern den Zugang versperrte, wäre zu tadeln. Von hier aus begreifen wir die Strategie, die zuweilen jene anwenden, die in der Öffentlichkeit über zutiefst private Dinge sprechen wollen: statt heimlich und verschwörerisch zusammenzuglucken, geben sie sich den Anschein sachlicher Offenheit.

3. Sich-treiben-Lassen

Ich habe gezeigt, daß Personen in einer zugänglichen Begegnung ihre Aktivität im Ton auf das Ethos des sozialen Anlasses abstimmen

und innerhalb der Situation ein gewisses Maß anlaßgemäßer Stimmung und Betätigung zeigen müssen. Aber ebenso war impliziert, daß jede zugängliche Begegnung, und zwar völlig im Rahmen des Erlaubten, die an ihr Beteiligten ein Stück von der in der Situation herrschenden Stimmung wegträgt. Ja, wenn dies nicht geschieht, ist dem sozialen Anlaß vorzuwerfen, er sei nicht in der Lage, einen Rahmen abzugeben, der Einzelne in engen Kontakt zueinander zu bringen und sie spontan darin festzuhalten vermag. Im letzten Fall muß die Begegnung, um weiter bestehen zu können, vielleicht auf die Standardthemen des sozialen Anlasses zurückgreifen. Andererseits, wenn jemand aus Sorge um die Zusammenkunft als Ganzes oder den Verlauf der Veranstaltung sich nicht so weit gehen lassen kann, daß er von einem situierten Kontakt gefangengenommen wird, mögen die andern annehmen, er habe sich dem sozialen Anlaß nicht überlassen können. Ein hübsches Gleichgewicht zwischen »im Tritt bleiben« und munter ausschreiten ist demnach verlangt.
Von besonderem Interesse in diesem Zusammenhang ist das Phänomen des *Sich-treiben-Lassens*. Wie die soziale Gelegenheit als Ganze wahrscheinlich eine »Engagementkontur« aufweist, wobei alle enthaltenen Begegnungen in eine sich entwickelnde Richtung getragen werden, so kann jede einzelne Begegnung eigene dynamische Anstandsformen entfalten, nicht nur eine eigene Welt für die daran Beteiligten schaffend, sondern sie auch mehr und mehr in diese Welt hineinziehend. Diese Bewegung oder Trift einzelner Begegnungen weg von der Gesamtversammlung samt ihrem sozialen Anlaß möchte ich jetzt betrachten.
Wenn wir von dem Vorhandensein verschiedener Blickkontakte in einer sozialen Situation ausgehen – von verschiedenen Personengruppen, die exklusiv miteinander reden, spielen oder arbeiten –: wieweit dürfen die Teilnehmer jedes dieser kleinen Kreise durch ihr wechselseitiges Engagement sich von den übrigen in der Situation wegtragen lassen?
Das Problem des Sich-treiben-Lassens wird vielleicht am deutlichsten in jenen sozialen Situationen, in denen eine ziemlich hohe Affektstufe als angemessen betrachtet wird. So ist es bei einer Hochzeit nicht angebracht, daß irgendwelche Gruppen allzu ernst werden oder gar in Streit geraten; das entspräche offensichtlich nicht dem Anspruch. Käme ein Streit auf, müßte er sogleich eingedämmt werden, damit er die Begegnung nicht über den ihr möglichen zulässigen Rahmen hinausdrängt. Im Falle von Beerdigungen gibt es zuweilen Gruppen, die, nicht direkt zu den Hinterbliebenen gehörend, einen Schwatz beginnen und dabei immer ausgelassener und fröhlicher werden, bis ihre Interaktion so deplaziert wirkt, daß sie auf den ernsten Ton ihrer Umgebung zurückgeholt werden müssen. Abgleiten passiert

natürlich nicht nur bei Zeremonien. Ich habe in der Chirurgie Schwestern beobachtet, die an vier Abwaschtischen Geräte schrubbten, kurz ehe der Operationsstab kam, und die dabei plauderten, wie man es in der Küche tut. Manchmal wurde diese Unterhaltung immer lauter und ungestümer, bis die Oberschwester kommen und Einhalt gebieten mußte[7]. Es gab auch Augenblicke, da der Anästhesist und sein Assistent miteinander zu flüstern begannen; sie entfernten sich dabei mehr und mehr vom Grund ihrer Anwesenheit, bis sie einen Punkt erreichten, wo der Chirurg oder die OP-Schwester über die Schranke zwischen Operationstisch und Narkosegerät hinweg einen Blick warfen, amüsiert, verwundert oder mißbilligend, worauf meist die abgleitende Unterhaltung »zurückgestutzt« wurde.
Wenn wir die Tendenz, bei zugänglichen Begegnungen sich treiben zu lassen, betrachten, sollten wir andere Probleme affektiver Bewegung nicht übersehen: Bei Gelegenheiten wie Parties, Totenwachen und anderen Feierlichkeiten kann sich eine heitere, traurige oder grimmige Stimmung herstellen, die rasch alle beteiligten Einheiten von ihrem emotionellen Ausgangspunkt wegträgt. (Zuweilen wird die sich entwickelnde Engagementkontur noch unterstützt und verstärkt durch pharmakologische Mittel, durch Alkohol.)
Wenn alle Begegnungen einer Situation zur selben Zeit in dieselbe Richtung getragen werden, können sie gemeinsam über den Punkt von Wohlverhalten, welches der soziale Anlaß impliziert, hinaustreiben. So kommt es, daß ein Handbuch der Etikette davor warnen kann, bei einer Taufe ein Getränk zu servieren, das die Angelegenheit in eine Cocktail-Party verwandelte[8].
Ein weiteres Problem liegt vor: Hat ein sozialer Anlaß von den Beteiligten Besitz ergriffen und haben die stattfindenden Kontakte sich gemeinsam in eine bestimmte affektive Richtung entwickelt, so kann es einem Spätergekommenen passieren, daß er affektiv mit der herrschenden Stimmung nicht gleichziehen kann und Schwierigkeiten hat, aufzuholen und »mitzukommen«. Ein Nüchterner, der in eine Versammlung von Betrunkenen gerät, kann dasselbe Problem haben und ebenso störend wirken wie ein Betrunkener, der zu lauter Nüchternen kommt. Totenwachen sind hier von speziellem Interesse, denn Menschen, die am längsten gewacht und gesessen haben, haben ihre Affekte dem Toten gegenüber schon etwas »verarbeitet«, während sie ihm gleichzeitig »am nächsten« sind und deshalb auch in würdiger Weise ihren Kummer zeigen müssen. Einer, der später kommt, mag eine gewisse Gleichgültigkeit auf seiten der bereits Anwesenden fühlen, die sie ihrerseits zu vertuschen gezwungen sind

---

[7] Diese Untersuchung wird behandelt in »Role Distance« in Encounters.
[8] Vogue's Book of Etiquette, a. a. O., S. 154.

durch eine Art von Rekapitulation des Trauerverhaltens, wie es innerhalb der Grenzen von Blickkontakt praktiziert wird, in den der Spätankömmling als Trauernder aufgenommen wird.

4. Abschirmen

Die Schwierigkeit, mit dem sozialen Anlaß in Berührung zu bleiben, während man gleichzeitig spontan in situierte Kontakte verwickelt wird, ist häufig durch Vertuschungskünste reduziert. Den wichtigsten Engagementschutz bietet hier offensichtlich der Konversationszirkel selber. Es scheint in der Tat wenige Konversationsgruppen zu geben, in denen nicht mimische und körperliche Kontrolle angewandt wird, um entweder die inhaltliche Leere der Begegnung oder unangemessenes Abschweifen vom Geiste der Veranstaltung zu verbergen. Ein Gespräch innerhalb einer Situation stellt wahrscheinlich eine Art von geheimem Einverständnis her gegen die Zusammenkunft; Mrs. Toplofty's Einmaleins, wir zitierten es, ist nur ein extremes Beispiel. Und doch nimmt gerade die Möglichkeit, daß konversationeller Inhalt vor der Gesamtversammlung geheim gehalten werden kann, etwas von der Bedrohlichkeit, die kleinere Kreise für den größeren umfassenderen haben können, wenn Abgleiten oder Leere offen und sichtbar werden. Nun können wir auch verstehen, warum manche »informellen« geselligen Zusammenkünfte als »erfolgreich« gelten, wenn jede Gruppe ihre Teilnehmer an einen Punkt trägt, wo sie ihre Abspaltung vom Ganzen kaum mehr verbergen können. Die Möglichkeit, innerhalb eines Gesprächs heimlicher Aktivität zu frönen, kann in gewisser Weise anerkannt und institutionalisiert sein, so daß zwei unterschiedliche Phasen einer sozialen Veranstaltung zur selben Zeit am selben Ort unter denselben Personen ablaufen können, wobei die eine auf nicht-zentrierte Interaktion und die andere auf Phänomene begrenzt ist, die in einzelne Gespräche eingehen und in ihnen verborgen bleiben; die eine Phase läßt sich demnach als dominante, die andere als untergeordnete definieren. Auf Shetland war es z. B. für männliche Nachbarn und männliche entfernte Verwandte obligatorisch, Beerdigungen in schwarzer Kleidung beizuwohnen; das ging bis zum Gebrauch schwarzer Kappen, die eigens für solche Gelegenheiten reserviert waren. Außerdem hatten diese männlichen Trauernden ernst und gesetzt vor dem Häuschen des Aufgebahrten zu stehen. Andererseits konnten sie währenddessen durchaus miteinander plauschen, wenn auch in respektvoll gedämpftem Ton, angemessen den Erfordernissen eines Begräbnisses, wobei der Inhalt des Plausches oft in eine ganz andere Richtung ging. In manchen Fällen galt es sogar als geschmacklos,

von den üblichen Späßen abzukommen und über den Toten zu sprechen; Anwesenheit und Trauerkleidung, sie gebührten den Hinterbliebenen; das kleine umgängliche Gespräch war man den Mitanwesenden schuldig.
Der Schutzschild eines Engagements, wie ein Gespräch ihn bietet, ist etwas Tragbares, seine Beteiligten können im Raum umhergehen und ihr Gespräch mit sich nehmen. Der vielleicht wichtigste in neuerer Zeit entwickelte tragbare Schutz für Begegnungen ist das Automobil. Der Schutz, den die Rücksitze bieten, hat bereits Sozialgeschichte gemacht, und die Vordersitze in Autokinos sind zu einer Art nichtbeabsichtigtem Freiluftaltar geworden, an dem die Menschen dem Gebrauch von Schutzvorkehrungen in unserer Gesellschaft huldigen.
In dieser Erörterung habe ich mich mit dem wechselseitigem Engagement einfach als einer Spielart des situierten Engagements befaßt; die Regeln, die situierte Engagements normieren, sind hier in der Tat verstärkt. Es gibt indessen Unterschiede zwischen wechselseitigen Engagements und anderen Arten von Betätigung. Nicht nur tangieren wechselseitige Engagements, in denen Einzelne die Normen verletzen, andere direkt; es scheinen auch unter allen Objekten für Engagement andere Individuen die verlockendsten zu sein, und die Individuen sind deshalb umgekehrt auch diejenigen, die am meisten sozialer Kontrolle bedürfen.
Aber es gibt noch mehr Probleme. Ein nicht-engagiertes Individuum kann leicht jene Art von Engagement bekunden, die bei anderen den Eindruck erweckt, er befinde sich wirklich in einem pathologischen Zustand; der gleiche Schluß jedoch wird kaum gezogen bei Menschen, die *gemeinsam* Normen verletzend engagiert sind. Abgesehen von den winzigen Randphänomenen der folie à deux (à trois, à quatre etc.), scheint man anzunehmen, daß, solange zwei Menschen miteinander kommunizieren – solange sie in einer Begegnung sich befinden –, alles was sie tun, so esoterisch und undurchsichtig es auch aussehen mag, keinesfalls okkult ist. Dies erklärt, warum jemand, der »mit« einem andern ist, sich relativ frei fühlt, sich an allen möglichen Possen zu beteiligen, er kann ja annehmen, daß sein Kontakt mit den anderen irgendwelchen Zuschauern gegenüber bereits seine Normalität ausweist[9].

---

[9] Im Zusammenhang mit dem Bezugsrahmen, auf Grund dessen Kriminalität attestiert wird (im Gegensatz zu Geisteskrankheit), ist ein Parallelphänomen beobachtet worden. Offensichtlich gibt es Raubzüge, die sich als Spiel interpretieren lassen, wenn eine Gruppe von Jugendlichen sie zu verantworten hat, die aber als Verbrechen gelten, wenn ein Einzelner sie begeht.

ELFTES KAPITEL
Unkonzentrierte Teilnahme

Teilnahme an einer zugänglichen Begegnung setzt den Einzelnen nicht nur direkt sprachlicher und expressiver Kommunikation mit den anderen Beteiligten in der Begegnung aus, sondern bedeutet auch die Möglichkeit, daß diese Mitanwesenden ganz explizit etwas über ihn aussagen, was die Zuschauer in der Situation aufnehmen können. Auf der Suche nach einem gewissen Maß an Intimität mit bestimmten an der Begegnung Mitbeteiligten kann der Einzelne sich auf eine Weise verschmäht oder sonstwie schlecht behandelt fühlen, die den Zuschauern sichtbar wird. Ausgehend von solchen möglichen Bloßstellungen suchen wir nach Regelungen zum Schutz des Einzelnen. Derlei Zwänge erscheinen in Zwei-Personen-Kontakten als Rücksicht, welche auf den anderen genommen wird, und in größeren Begegnungen als Ausdruck von Loyalität der Begegnung selbst gegenüber. In beiden Fällen haben wir es mit der Verpflichtung des Beteiligten zu tun, innerhalb »seiner« Begegnung zu bleiben.

1. Ablenkung von Aufmerksamkeit

Eine Form von Konzentration steckt in dem Gebot für die Beteiligten, ihre Aufmerksamkeit nicht nach draußen abgleiten zu lassen. Die Wirkung dieser Norm wird uns sofort deutlich, wenn wir die vielen Fälle betrachten, in denen sie nicht eingehalten wird.
Zu bloß momentaner und geringfügiger Achtlosigkeit kommt es beständig, so zum Beispiel wenn jemand sich für einen Augenblick abwendet, um zu schauen, wer eingetreten sei, um einen bequemen Stuhl zu suchen, usw.; in diesen Fällen zeigen Verhalten und das Geschick, mit dem das Engagement abgeschirmt wird, daß der Kopf immer noch bei der Begegnung ist. Wo die Einzelnen sich nicht zu ärgern brauchen über die kleinen Unachtsamkeiten der anderen, weil eine bereits seit langem bestehende Vertrautheit und Intimität herrscht – wie zwischen Eheleuten –, kann der eine den Kontakt aufrechterhalten, während der andere den Raum überblickt auf der Suche nach nützlicher Information. Wenn ein Paar in einem für sie »guten« Restaurant speist, ist es durchaus möglich, daß der eine Partner, der mit dem Rücken zum Raum sitzt, sich ärgert, wenn sein Gegenüber auf andere Tische blickt, statt ihm und dem gemeinsamen Gespräch die ganze Aufmerksamkeit zu widmen.
Solch mangelnde Loyalität kann natürlich nach mittelständischen

Normen überhandnehmen und eine Demoralisierung anzeigen (oder zumindest ein verändertes Verständnis) hinsichtlich dessen, was man im Normalfall seinen Gefährten schuldig ist. Hollywood-Restaurants sind ein gutes Beispiel dafür. Lillian Ross schreibt:
»Eine Bewegung ging durch Dave Chasen's Restaurant in Beverly Hills, als Dore Shary eintrat. Chasen's wird geführt von einem ehemaligen Bühnenschauspieler, nach dem es auch benannt ist, es ist in Filmkreisen sehr beliebt ... Die Blicke aller Gäste konzentrieren sich auf Shary. Sie scheinen überhaupt nach jedem zu schauen, nur nicht nach den Leuten, mit denen sie zusammen waren und irgendwie ein Gespräch führten.
Shary war keineswegs befangen ... Er war überhaupt fast der einzige im Lokal, der im Augenblick sich auf den konzentrierte, mit dem er redete[1].«
Extremere Formen von Illoyalität sind im allgemeinen unter geistig Kranken anzutreffen; häufig werden Menschen hauptsächlich solcher Verstöße wegen als geistig krank diagnostiziert. Ich beobachtete zum Beispiel eine Psychotikerin, die sehr an ihrer Mutter und ihrem Psychiater hing; im Gespräch mit jemandem ließ sie sich mittendrin völlig ablenken vom Geräusch der sich öffnenden Tür, wenn vertraute Schritte näherkamen. Näherten sich ihre Mutter oder ihr Therapeut, blieb sie zwar körperlich im Gespräch anwesend, Kopf und Interesse jedoch wandten sich woandershin. Nach einigen Wochen, als sie sich von einem Schub »erholte«, verschwand diese Interaktionsinadäquanz allmählich, bis schließlich jene beiden Personen vorbeigehen konnten, ohne eine *sichtliche* Störung der Patientin zu verursachen. Obwohl beide zweifellos immer noch einen Teil ihrer Aufmerksamkeit abzogen, war sie fähig und willig, diese Tatsache zu kaschieren. Dieselbe Patientin pflegte »in« einer psychotischen Phase mit jemand Tischtennis zu spielen und währenddessen ihre Aufmerksamkeit ganz offen auf einem Quartett von Altersgenossen ruhen zu lassen, die Bridge spielten. Allmählich, Wochen waren vergangen und sie »tauchte auf« aus ihrer tiefen Psychose, schenkte sie zunehmend ihrem Ping-Pong-Spiel Aufmerksamkeit, indem sie ihm ihre kognitive und visuelle Aufmerksamkeit zuteil werden ließ, und entsprechend stieg das Maß an höflicher Gleichgültigkeit, das sie während ihres Spiels anderen Begegnungen in ihrer Umgebung zuteil werden ließ.

---

[1] Lillian Ross, Picture (New York: Holt, Rinehart and Winston, 1952), S. 19–20. Vgl. auch S. 22, 31, 51, 116.

2. Geheimes Einverständnis
über die Grenzen von Begegnungen hinweg

Ich möchte nun eine besondere Form von Illoyalität in der Begegnung besprechen. In einer Begegnung von drei oder mehr Beteiligten kann eine Untergruppe eine Nebenhandlung initiieren, eine nicht-umfassende Begegnung, die simultan mit der wesentlichen läuft, aber auf der sorgfältigen Kalkulation beruht, nicht offen zu stören. Solche Nebenhandlungen können eher offen gehandhabt werden, wenn sie im Interesse der anstehenden Angelegenheit sind – wenn zum Beispiel ein Sprecher leise den Vorsitzenden einiges fragt, ehe er seine Rede beginnt –, oder sie sind eher heimlich, wenn die Nebenhandlung offensichtlich nicht im Interesse der dominanten Interaktion ist. Diese Art von Affektentzug scheint besonders häufig in großen Begegnungen, wo die Anwesenheit vieler loyaler Teilnehmer die Erhaltung des Hauptengagements garantiert. Entzug von Interesse ist besonders verräterisch in Gruppen von drei oder vier Leuten, wo die weiterhin Loyalen in die numerische Minderheit geraten und spürbarer Kränkung durch die Nebenbetätigung der anderen ausgesetzt sein können[2].

In vielen Fällen schließen diese untergeordneten Nebenhandlungen nur Mitglieder der dominanten Begegnung ein, und zwar in solcher Weise, daß der Gesamtgruppe – der Situation – die Illoyalität gar nicht allgemein kundgetan wird. Ich möchte dieses Phänomen hier nicht behandeln, weil es genausogut allein auf Grund der Dynamik von Kontakten selber betrachtet werden könnte[3].

Wichtig indessen sind solche Nebenhandlungen, bei denen Akteure engagiert werden, die offiziell von der dominanten Begegnung ausgeschlossen sind, denn hier wird Illoyalität Zuschauern sichtbar gemacht; die Vorgänge dieser unstatthaften Begegnung werden »bloßgestellt«, zumindest einigen der nicht beteiligten Anwesenden. Eine extreme Form von Illoyalität liegt da vor, wo ein Einzelner allmählich

---

[2] Erwartungsgemäß lassen sich Nebenhandlungen, die mit körperlicher Aktion verbunden sind, nur dort schwer kontrollieren, wo eine Begegnung von Leuten stattfindet, die das Geschehen nicht mit ihren Augen verfolgen und überwachen können; die Nebenaktionen stellen dann eine große Bedrohung für den Zusammenhalt der Begegnung dar. Bei Sidney Bigman, einem Blinden, finden wir in einem Roman über Blinde: Second Sight (New York: David McKay, Co, 1959), S. 50, eine Beschreibung der Konsternierung, die ein Blinder im Kontakt mit drei Männern und einer Frau erfährt, wenn geflüstert und unterdrückt gekichert wird und sich dies nicht aus dem gemeinsamen Gespräch zu ergeben scheint.

[3] Vgl. The Presentation of Self, »Team Collusion«, S. 176–190, und »Fun in Games« in Encounters.

zum Genasführten wird, weil man ihn mit List in einen Kontakt hineinbugsiert; genauso illoyal kann der Anstifter diese Aktion auch dem sich nun ergebenden Kontakt gegenüber sein. Er tut vor seinem Opfer so, als behandle er ihn als Freund, während er zugleich die ganz offen von ihm hergestellte Interaktion zur Quelle von Amüsement für sich und andere macht. Modell hierfür ist vielleicht die Art, mit der Menschen im Zoo Tiere herbeilocken; sie interagieren mit einem Tier, bis es reagiert, um seine Reaktion dann zur Quelle der Heiterkeit für sich und einen zweiten zu machen.

Offenes Nasführen ist natürlich ein Phänomen, das auf Krankenstationen häufig zu beobachten ist. Eine klassische Beschreibung liefert William Perfect, 1787 schrieb er:

»Im Jahre 1776 baten die Gemeindebeamten von Frindsbury mich um Rat in der Angelegenheit eines manischen Patienten, den sie in ihr Arbeitshaus eingesperrt hatten. Dieser Unglückliche war völlig verzweifelt und hatte viele Gewalt- und Zornestaten begangen; natürlich war er stark und muskulös und wirkte in seinem gegenwärtigen Elend noch stärker. Er hatte fast jeden überwältigt, ehe man ihn richtig festsetzen konnte. Und das wurde nun auf ganz außergewöhnliche Weise praktiziert: Man hatte ihn an den Fußboden gekettet mit Hilfe einer Metallöse und eines eisernen Rings, an dem die Fesseln, die man ihm um die Füße gelegt hatte, festgemacht waren, und er trug Handschellen. Der Ort seiner Einkerkerung war ein großes, niedriges Zimmer, das gelegentlich als Küche diente und nach der Straße hin lag; die Fenster waren mit Holzstangen vergattert, durch die hindurch beständig Neugierige den armen Menschen beobachteten, auf ihn zeigten, ihn verspotteten und reizten; er wurde zum öffentlichen Spektakel, zum Amüsement[4].«

Andere Beschreibungen desselben Phänomens lassen sich zitieren aus zeitgenössischen Quellen, in denen Soziologen über ihre Arbeitserfahrungen als psychiatrische Wärter berichten:

»Einige Wärter foppen ihren Patienten, um über ihre bizarren Reaktionen zu lachen – sie kneifen sie ins Ohr oder geben ihnen einen Klaps auf den Kopf, um einen Wutanfall hervorzurufen. Dieses Foppen wird zuweilen grausam und scheint nicht auf die Querulanten unter den Patienten beschränkt zu sein. Zuweilen geschieht es, um die Monotonie aufzubrechen, oder es ist in den psychologischen Eigenarten der betreffenden Wärter begründet[5].«

---

[4] Zitiert bei A. Walk, Some Aspects of the »Moral Treatment« of the Insane up to 1854, in: Journal of Mental Science, 100 (1954), S. 811.
[5] R. Willoughby, The Attendant in the Mental State Hospital (unveröffentlichte Doktorarbeit, Department of Sociology, University of Chicago, 1953), S. 90.

»Miß Kurt bat die Wärterin um eine Zigarette. Jene erwiderte, ›Sagen Sie bitteschön!‹ Auf das ›bitte‹ von Miß Kurt kam die Antwort: ›Sagen Sie jetzt zweimal: Hallo, Miß Crendall‹, auf die zweite Wärterin deutend. Miß Kurt antwortete nicht. Die Wärterin hielt eine Zigarette hoch: ›Wenn Sie zweimal Hallo, Miß Crendall sagen, kriegen Sie die Zigarette!‹. Miß Kurt tat, wie verlangt[6].«
Ähnliche Interaktionen lassen sich aus dem Central Hospital vermelden. So nahm zum Beispiel ein Wärter sich gelegentlich seinen »Lieblings-Patienten«, um mit ihm oder ihr zu tanzen, während er offen dem übrigen Personal zuzwinkerte[7]. Der Spaß erreichte seinen Höhepunkt dann, wenn der Patient weggeschickt wurde und der Wärter sich wieder dem nun lachenden Personal zugesellte. Ähnlich nahmen Patienten zuweilen einen stummen Leidensgenossen in ihre Mitte, der alle ihm gegebenen Befehle brav ausführte. Sie sprachen auf ihn ein, sie befahlen ihm eine Reihe zunehmend selbst-entäußernder Handlungen, bis der Kreis schließlich in unbändiges Lachen ausbrach.
Die gleiche Behandlung erfahren häufig kleine Kinder in unserer Gesellschaft: das Kind wird gefoppt oder zu Antworten auf Fragen ermuntert, worauf sich der Fragende schnell von ihm ab und den Erwachsenen zuwendet, um im Kontakt mit ihnen das Kind als unwillentliche Quelle von Heiterkeit oder auch Erwachsenen-Stolz zu mißbrauchen[8].

[6] H. Taxel, Authority Structure in a Mental Hospital Ward (unveröffentlichte Doktorarbeit, Department of Sociology, University of Chicago, 1953), S. 68.
[7] Zuzwinkern ist in unserer Gesellschaft das klassische Mittel, eine Nebenhandlung in Gang zu setzen, zugleich aber auch ein Phänomen unserer Engagementsprache, das außer Gebrauch zu geraten scheint; der folgende Abschnitt, den wir dem Punch vom 28. März 1962, S. 505, entnehmen, führt darüber Klage:
»... Zwinkern? In stillen, abgeschiedenen Gegenden im Norden, in alten Farcen, aufgeführt von Wanderbühnen, da findet man es noch; aber als wesentlicher Charakterzug britischer Lebensart scheint es ausgestorben. Das wissende Zwinkern des Diplomaten, der dabei meist noch einen Finger an die Nase legt, das vertrauliche Zwinkern des Komikers, das lustige Zwinkern des jungen Kuraten, der kühn die Grenzen des auf parochialen Festlichkeiten Zulässigen ausweitet, das inhaltsschwere Zwinkern des Zechers einer schutzlosen Frau gegenüber, das Zwinkern, das zwischen Finanzleuten soviel bedeutet wie ein Nicken – dies alles ist aus dem Roman und fast auch schon aus dem Leben verschwunden, das damit viel weniger farbig und abenteuerlich und viel steifer geworden ist.«
[8] Nicht nur, um anderen einen fesselnden Brennpunkt für ihr Interesse zu bieten, wird jemand einen anderen ärgern. Um ein Kind dazu zu bringen, sein Temperament zu kontrollieren oder überhaupt keines zu zeigen, wird es auch ohne Anwesenheit Dritter gehänselt. Berühmtes Beispiel aus Bali:

Einige extreme Formen von Verrat lassen sich praktizieren, ohne daß das Opfer merkt, was ihm angetan wird. Gerade die Verpflichtung des Einzelnen in einer Zweipersonenbegegnung, den Partner taktvoll in der Erhaltung der Illusion zu unterstützen, beide seien auf gemeinsamen Kontakt aus, kann zum Affektentzug führen. Der wird dem anderen verheimlicht, aber zuweilen eben allein vor ihm. Wenn zum Beispiel jemand es für unter seiner Würde hält, öffentlich mit einem anderen in Verbindung gebracht zu werden, kann er, darüber verstimmt, seinen Bekannten vor versammelter Gesellschaft insgeheim hänseln, oder er kann auf andere Art kundtun, daß die Begegnung nicht ernstzunehmen sei Bei Tanzveranstaltungen auf Shetland sah ich gelegentlich, wie ein Mädchen das Recht eines jeden Mannes auf einen Tanz zwar bestätigte, indem sie auch die Aufforderung eines Betrunkenen, eines Krüppels oder eines sonderbaren fremden Matrosen akzeptierte, dann aber, kaum in seinem Arm, durch Einverständnis heischende Gesten hinter seinem Rücken dem Kreis der Anwesenden zu verstehen gab, dieser Tanz sei nur ein Jux und sie sei wahrhaftig nicht danach zu beurteilen. Lehrgeschichten aus unserer eigenen Gesellschaft handeln von College- oder Highschool-Bällen: Ein junger Mann, der das Mädchen, mit dem er gerade tanzt, gerne loswerden möchte, schwingt, wenn sie an der Herrenbank vorbeikommen, hinter ihrem Rücken eine Dollarnote, eine stumme, aber brutale Geste der Bestechung irgendeines anderen Jungen, »zu unterbrechen«. Natürlich ist diese Möglichkeit von Verrat ein Faktor in der sozialen Kontrolle, der es dem Einzelnen nahelegt, auf irgendwelche Kontakte, in denen seine Partner ihm gegenüber nicht loyal sein werden, zu verzichten.

3. Szenen

Es sollte klar sein, daß ein Mangel an Konzentration auf die Aktivität der an einer Begegnung Beteiligten nicht nur zum Verrat eines oder

»Die Mutter tändelt ein wenig mit ihrem Kind, indem sie an seinem Penis zupft oder es auf andere Weise zu interpersoneller Aktivität anregt. Das Kind wird erregt, einen Augenblick lang findet kumulative Interaktion statt. In dem Augenblick, in dem das Kind einem kleinen Orgasmus entgegengeht und seine Arme um den Hals der Mutter schlingt, schweift ihre Aufmerksamkeit ab. An diesem Punkt beginnt das Kind eine andere kumulative Interaktion, es gerät in Wut. Entweder spielt nun die Mutter die Zuschauerin, die sich am Zornesausbruch des Kindes freut, oder sie wehrt, wenn das Kind sie wirklich attackiert, seinen Angriff ohne ein Zeichen von Ärger ab.
Aus: G. Bateson, Bali: The Value-System of a Steady State, in: M. Fortes (Hrsg.), Social Structure (London: Clarendon Press, 1949), S. 39.

mehrerer Teilnehmer führen, sondern auch Inhalt und Gefühl, die mit der verräterischen Aktion sich herstellen, in die Gesamtsituation hinein überborden lassen kann. In solchen Momenten werden Zuschauer häufig aus ihrer eigenen Beschäftigung herausgerissen, und es wird ihnen sehr schwer, weiterhin höfliche Gleichgültigkeit der überbordenden Begegnung gegenüber an den Tag zu legen.
Ein Beispiel für diese im doppelten Sinne verletzende Illoyalität findet sich in den sogenannten »Szenen«. Jemand, der in einem eingegrenzten Kontakt vermutet wird, kann andere draußen plötzlich massiv um Hilfe angehen, und zwar selbst dann, wenn diese Hilfe der Lösung eines bestimmten Problems gelten soll, das ganz allein innerhalb des ursprünglich eingegrenzten Kontakts veranlagt ist. So beobachtete ich ein Patientenpaar, das (laut Notizen der Pflegerin) in Begleitung einer Schwester zu fahren pflegte; die beiden Kranken begannen ein Gespräch miteinander, »öffneten aber schnell die Begegnung« allen Mitfahrenden, indem sie diese in einen Zwist zwischen ihnen beiden hineinzogen. Eine Frau, die in einer armseligen Gegend von ihrem Begleiter geschlagen wird, kann durchaus direkt andere um Hilfe bitten und sie so zwangsläufig in die Affäre hineinziehen. Die Verwirrung der Gefühle, die entsteht, wenn so die Grenzen der Begegnung durchbrochen werden, zeigen deutlich, was öffentliche Verhaltensnormen verhindern können. Im Extremfall kann eine Szene die gesamte konventionelle Abgrenzung niederreißen, die die einzelnen Gruppen und die nicht-engagierten Individuen in der Situation voneinander trennt, und zu einer erschöpfenden Begegnung werden, die keineswegs erwartet oder gewünscht war.
Die Tatsache, daß Zuschauer sich verpflichtet fühlen, aus einer zugänglichen Begegnung heraus zu bleiben, oder einfach draußen bleiben möchten, ermöglicht eine ganz besondere Art von Halbszene dort, wo Menschen in einer Begegnung laut und deutlich genug sprechen, um von einem Outsider gehört zu werden, ihr Gespräch aber doch auch in ausreichendem Maße dämpfen, um ihm eine kleine Chance zum Weghören zu lassen. Dafür benutzt man zuweilen die Wörter »Murmeln«, »Brummeln«, und »Bühnenflüstern«. So äußern etwa zwei Damen mittleren Alters, die im Drugstore an der Bar sitzen und Sandwiches zum Lunch bestellen: wenn sie bedient worden seien und die Füllung zu dünn fänden, würden sie ostentativ ein Stück Brot hochheben und sich darüber in einem klagenden Gespräch beschweren; in einer Lautstärke, die das Mädchen am Tresen eben noch verstehen ließe. (Gegenmaßnahme ist, wie gesagt, daß die »angebrummelte« Person versucht, den halbgesprochenen Kommentar als formell an sie gerichtete Information zu bestätigen, indem sie mit Wendungen wie »Sagten Sie etwas?« kontert.)
Eine Begegnung, der man noch angehört, kann man nicht nur »ver-

raten« – ein Beteiligter kann sie auch einfach hinter sich lassen, indem er die Emotionen, die innerhalb der Begegnung herrschen, der Gesamtsituation offenlegt. Die in der Begegnung Verbleibenden haben keine Chance, sich angesichts des Abgangs eines bisher Beteiligten zusammenzunehmen, und der Weggehende selbst weigert sich vielleicht rundweg, den besonderen Affekt, den ihm die Begegnung eingebracht hat, zu dämpfen oder zu verbergen. Im Normalfall ermöglicht natürlich eine kurze Abschiedszeremonie einen Abgang, ohne daß man sich irgendeine Blöße gibt.

Die Behauptung, einer der plötzlich geht, »schlage zurück« auf Ton und Stimmung im ganzen, bestätigt sich immer dann, wenn jemand seinen Abgang nicht entsprechend diszipliniert vollzieht. Eine spezielle Art momentaner Szene läßt sich unter Kindern, Opernstars, geistig Kranken und anderen beobachten: sie alle genießen das Vorrecht, temperamentvoll sein zu dürfen, wenn sie sich überstürzt aus einer Begegnung lösen; wenn sie eilig wegrennen oder hochmütig hinausstolzieren, lassen sie nicht nur die Begegnung oder Gesamtsituation hinter sich, sondern gleichzeitig eine Welle von Affekt, die sich konkretisiert in zugeschlagenen Türen und umgeworfenen Stühlen. Doch muß in diesem Zusammenhang auch gesagt werden, daß man vom Weggehenden erwartet, er möge der Situation im ganzen zumindest einige Zeichen seiner bisherigen Teilnahme geben, und sei es nur ein zögerndes und bereits verlöschendes Echo auf die Anregung, die die Begegnung ihm gegeben hat; tut er dies nicht, stellt er die Begegnung als eine dar, die ihn nicht anrühren konnte[9]. Es leuchtet ein, daß affektive Desorganisation besonders dann wahrscheinlich ist, wenn jemand aus einer Begegnung von nur zwei Personen ausscheidet. In solchen Fällen befindet sich der Zurückbleibende, der niemanden hat, dem er seine vorhandene Reaktion zuwenden könnte und der noch in einer Begegnung hängt, die gar nicht mehr besteht, in einer traurigen Position; er muß seinen eigenen Affekt abkappen und abstimmen auf den, der in der Gesamtsituation vorherrscht. Diese Möglichkeit läßt sich natürlich gut ausbeuten. Ich lernte zum Beispiel einen Patienten kennen, der genau zu wissen schien, wie soziale Übereinkünfte an ihrem Herzpunkt zu attackieren sind; laut Niederschrift der Schwester ging er mit einer Tüte aus dem Laden, nachdem er den Kaufpreis bis auf einen oder zwei Cents gezahlt hatte, den Verkäufer in einer Position zurücklassend, die diesem weder die Beendigung der Begegnung noch eine Rolle in ihr zubilligte.

---

[9] Angeregt zu diesen Überlegungen wurde ich durch Harvey Sacks.

4. Im-Stich-Lassen

Ich habe gesagt, daß jemand seine Begegnung »verraten« kann, indem er entweder an geheimen Nebenhandlungen gegen sie teilnimmt oder überstürzt davongeht. Es gibt indes noch eine weitere Möglichkeit – eine, die von besonderer Bedeutung ist für jene Art von Verabschiedung, welche zugleich auch die Begegnung beendet. Der Abgang, wir haben es bereits erörtert, ist ein physischer Akt, der sich sehr gut dazu eignet, jenen, die man verläßt, seine Abneigung zu bekunden. Im Falle von Zwei-Personen-Kontakten bietet sich der Zurückgelassene nicht nur als Adressat solcher Implikation an, er ist auch gezwungenermaßen plötzlich unengagiert – und dieser Zustand kann bei manchen sozialen Veranstaltungen zu einer Bedrohung werden nicht nur für den plötzlich nicht-mehr-engagierten Einzelnen, sondern auch für die gesamte Veranstaltung selbst.
Uns allen vertraut ist in diesem Zusammenhang wahrscheinlich das Problem der Rücksichtnahme beim Weggehen. Konsequenz fehlender Rücksichtnahme ist z. B. das »Hängenbleiben« auf Parties. Ein Mädchen, das auf einer Party ohne Tanz- oder Gesprächspartner zurückgelassen wird, steht als nicht gefragte Person da (und stellt zugleich die Party selber als eine Entität dar, die ihre Gäste nicht zu integrieren vermag). Daher gibt es etliche Regeln dagegen, so die, daß ein Mann nicht ohne seine Partnerin weggeht, ganz gleich wie lange er schon mit ihr zusammen ist, wenn sie ohne ihren Begleiter der Versammlung als nicht integriert preisgegeben würde. Theoretisch muß »in Gesellschaft« der Mann eine offiziell gebilligte Möglichkeit für seinen Abgang abwarten: das Überwechseln der Dame an einen passablen Kreis anderer Beteiligter, besonders an einen anderen Mann, der manchmal ihre Gesellschaft sucht[10]. Aber selbst dann ist die soziale Aufgabe der entlassenen Person noch nicht beendet: Spricht man zu einer Dame mit der gewöhnlichen Indifferenz einer alltäglichen Bekanntschaft und wartet nur darauf, daß jemand auftaucht, damit man von ihr wegkommt, sollte man nicht in dem Moment enteilen, da der andere anlangt, denn dann sähe es so aus, als sei das bisherige Verweilen unfreiwillig gewesen; man sollte erst noch einen Augenblick lang bleiben[11].

---

[10] Bei öffentlichen Tanzveranstaltungen der unteren Mittel- und der Unterschicht reicht die Verpflichtung des Mannes seiner gegenwärtigen Partnerin gegenüber oft nur so weit, daß er sie an ihren Platz zurückbegleitet, wo die Mädchen beieinander sitzen; dabei langsam zu gehen, ist übrigens aufmerksamer, als es schnellen Schritts zu tun.
[11] Anon., The Canons of Good Breeding (Philadelphia: Lee and Blanchard, 1839), S. 68–69.

Angesichts dieser komplizierten Verpflichtung wird der, der sich zurückzieht, Strategien entwickeln, die eine mögliche Kränkung, verursacht durch seinen Rückzug, auffangen und mindern. Gegenwärtig kann jemand, der in einer Begegnung festhängt, sich auf den Wunsch nach einem frischen Getränk als Motiv für einen taktvollen Abgang berufen.
Eine allgemeine Möglichkeit besteht darin, sich auf die stillschweigende Kooperation des Zurückgelassenen zu verlassen; er muß nach Auswegen suchen, Stichworte aufnehmen und etwas daraus machen. Ein Beispiel aus dem Anstandsbuch, es befaßt sich wieder mit dem Problem des Tanzens, in diesem Falle mit dem Schutz, den ein Mädchen einem Jungen gewähren sollte, der mit ihr beim Tanzen »festhängt«. Während er bereit sein muß, ein wenig länger mit ihr zu tanzen, als er eigentlich möchte, muß sie ihm nach einiger Zeit zu Hilfe kommen:
»Anfang der Weisheit ist, die Tatsache zu akzeptieren, daß man lange genug mit einem Partner getanzt hat und er vielleicht wechseln möchte. Mit einer Frau, die stundenlang festhängt, auch wenn sie bemitleidenswert ist, wird dieser Mann nicht so bald wieder tanzen. Verfügt sie nicht über jene einmalige Zuflucht, die ein Tisch oder eine Gruppe von Freunden bietet, sollte sie vorschlagen, rasch die Tanzfläche zu verlassen, und zwar sobald der Zustand des Ausharrens spürbar zu werden scheint. Klassische Formel dafür: »Es ist so heiß, möchten Sie was trinken?« oder: »Wollen wir uns ein bißchen setzen?«. Erst von der Tanzfläche herunter, sollten sie und der Partner sich einer Gruppe von Freunden zugesellen – besser einer Gruppe als einem Paar –, bis ein Mann mit ihr spricht; jetzt kann ihr Partner sich verkrümeln[12].«
Das taktvolle Vorgehen des sich Verabschiedenden und des Zurückbleibenden wird zuweilen von demjenigen erleichtert, der für den Rahmen der Veranstaltung verantwortlich ist; er kann diplomatische Mittel einsetzen, die dem Einzelnen einen taktvollen Abgang sichern. So kann die Tatsache, daß Gäste die Punsch-Schüssel als Ausflucht benutzen, die Gastgeberin veranlassen, Getränke und Speisen irgendwo, allen zugänglich, aufzubauen, aber an einem abgelegenen Tisch[13]. Die Gastgeberin kann aber auch direkter werden: sie kann einfach in solche Gruppen einbrechen, von denen sie den Eindruck hat, daß die Leute darin festhängen. Das Anstandsbuch sagt:
»Manche Tête-à-têtes lösen sich von allein auf, wenn die Gäste Geist und Erfahrung genug haben umherzugehen und wenn sie etwas mit

---

[12] Millicent Fenwick, Vogue's Book of Etiquette (New York: Simon and Schuster, 1948), S. 79.
[13] Vorschlag von Susan Irwin.

sich anfangen können. Häufig aber wird es einer Intervention der Hausfrau bedürfen. Tatsächlich sollte sie, wenn ein Tête-à-Tête nicht auffallend lebhaft und heiter zu sein scheint und sie nicht absolut sicher ist, daß beide Gäste sich sehr gut miteinander amüsieren, die Kombinationen von Zeit zu Zeit verändern[14].«
Genauso verhält es sich mit Tanzpartnern, die zu lange zusammengesteckt haben. Hier kann die Gastgeberin dafür sorgen, daß genügend Männer anwesend sind, etwa Verwandte der Familie, die »Pflichttänze« und andere Notaktionen übernehmen. Die traditionelle Rolle des Zeremonienmeisters formalisiert diese Funktionen; sie verleiht den Männern, deren Dienstabzeichen eine weiße Boutonnière ist, das Recht und die Pflicht, die Partner »zirkulieren« zu lassen[15].

---

[14] Vogue's Book of Etiquette, a. a. O., S. 441.
[15] Emily Post, Etiquette (New York: Funk and Wagnalls, 1937), S. 322–323.

TEIL V INTERPRETATIONEN

ZWÖLFTES KAPITEL
Struktur und Funktion situationeller Anstandsformen

Ich habe ausgeführt, daß das Verhalten des Einzelnen innerhalb einer Situation gesteuert ist durch soziale Werte oder Normen, die das Engagement betreffen. Diese Regelungen gelten der Intensität seiner Engagements, deren Aufteilung in mögliche Haupt- und Nebenaktivitäten und – sehr wichtig – deren Tendenz, ihn, den Einzelnen, in Kontakt mit allen, einigen oder keinen Anwesenden zu bringen. Wir haben es demnach mit einer genormten Verteilung oder Zuwendung des Engagements von seiten des Einzelnen zu tun. Von der Situation als Ganzem her gesehen, können wir die Engagementzuwendung jedes einzelnen Beteiligten in Zusammenhang bringen mit dem, was jeder andere Beteiligte tut, und so ein Mosaik zusammensetzen, das sich beschreiben läßt als die *Engagement-Struktur der Situation*. (So wie wir von aktueller Zuwendung und Struktur von Engagement sprechen, können wir die Sache auch vom normativen Standpunkt aus betrachten und von vorgeschriebener Zuwendung und Struktur von Engagement reden.) Da Form und Verteilung von Engagement in anschaulicher Weise einen Aspekt enthalten von allem, was sich in der Situation tut, können wir hier vielleicht von Situations-Struktur sprechen. Wenn wir das Verhalten auf der Krankenstation, auf dem Markt, beim Bridge, bei einer Investitur oder bei einem Ostergottesdienst beschreiben wollen, scheint es jedenfalls vernünftig, die Engagement-Struktur dieser Situationen als Bezugsrahmen zu verwenden.
Wir können die Arten situationellen Wohlverhaltens, die beschrieben wurden, nun noch einmal kurz Revue passieren lassen und ebenso die sozialen Funktionen, welche sie zu haben scheinen.
Die Regeln über den Zutritt zu einem abgegrenzten Bereich und die Achtung, die seinen Grenzen zu zollen ist, sind offenkundig Normen zugunsten des Respekts der Zusammenkunft selbst gegenüber. Regeln, die sich gegen externe Betätigung,»okkulte« Engagements und gewisse Formen von »Absenz« richten, garantieren, daß der Einzelne sich nicht Dingen hingibt, die aus der Situation herausfallen. Regeln, die nicht dem Anlaß entsprechende Hauptengagements oder über-

gewichtige Nebenengagements (besonders wenn eine davon Beschäftigung mit sich selbst bedeutet) verbieten, scheinen zu garantieren, daß der Einzelne sich nicht partiell in Dinge versenkt, die nur ihn allein betreffen; Regeln gegen intensives wechselseitiges Engagement verschaffen die gleichen Garantien hinsichtlich des Verhaltens von Untergruppen unter den Anwesenden. Kurz, Interessen, die umfassender oder kleiner sind als jene, die jeder in der Gesamtversammlung pflegen kann, werden zurechtgestutzt; jener Art Selbstemigration, die betrieben werden kann, ohne daß man körperlich sich entzieht, sind Grenzen gesetzt. Dadurch, daß der Einzelne gezwungen ist, Engagement außerhalb der Situation und geteiltes Interesse innerhalb der Situation zu reduzieren, wird zwangsläufig demonstriert, daß etwas von ihm aufgespart ist für das, was Dauer besitzt: für den kleinen Rahmen eines geregelten sozialen Lebens. Dieser Rahmen wird gemeinsam und exklusiv von allen in der Gesamtsituation aufrechterhalten, so daß man sagen kann: Die Situation ist die Entität, die sich mit jenem Bereich deckt, in dessen Grenzen wahrnehmbar bleibt, wie jeder Einzelne sein Engagement regelt. Indes wissen wir, daß eine Versammlung samt den dort ablaufenden gemeinsamen Lebensvollzügen nur der Ausdruck, nur die sichtbare Phase der sozialen Veranstaltung sind, in der die Situation sich herstellt. Sich situationell unangemessen zu verhalten, heißt demnach, sich nicht das einfallen zu lassen, was man dem sozialen Anlaß schuldig ist.

Ähnliche Implikationen ergeben sich, wenn wir von den Zwängen, denen die Objektwahl bei Engagements unterliegt, übergehen zu jenen, die für die Art und Weise gelten, in der der Einzelne mit sich selbst verfährt. Indem das Individuum sein Gesicht einer an der Öffentlichkeit orientierten Kontrolle unterwirft und die mehr materiellen Aspekte seiner Erscheinung angemessen organisiert, erweist es sich als eine Person, die zu sozialer Interaktion in der Situation bereit ist. Indem es sich nicht gehen läßt, sich aber auch allzu intensives Engagement versagt, stellt es sicher, daß es für jedes Geschehnis innerhalb der Situation gewappnet ist und allen Möglichkeiten geziemende Beachtung schenken kann. Indem es sich nicht zu sehr in eine situierte Aufgabe versenkt, hält es sich stets in Bereitschaft und nahe an der Oberfläche einer Situation. Durch all dies zeigt das Individuum, daß es in der Situation »auf dem Teppich« ist, agil der Zusammenkunft gegenüber, an ihr orientiert und willig und offen für alle Interaktion, die sie bringen mag.

Ein ähnliches Bild ergibt sich, wenn wir einige Verkehrsregeln im Hinblick auf zugängliche Begegnungen betrachten, insbesondere Begegnungen während sozialer Veranstaltungen, wie es Parties sind. Verbote inkorrekten Engagements mit anderen sind Verbote, sich gemeinsam der Zusammenkunft und dem sie umfassenden sozialen Anlaß zu entziehen. Häufig sind Verbote, die sich etwa auf Illoyalität der eigenen Begegnung beziehen, zugleich Verbote, auf Zuschauer einzudringen, auf Personen also, die vermutlich angemessene Rücksicht dem sozialen Anlaß gegenüber walten lassen. Regeln, die jemanden bestimmen, sich in anlaßgemäßes wechselseitiges Engagement einzulassen, und Regeln, die den Ausschluß rücksichtsvoller Neuankömmlinge verbieten, sind Regeln, die eine sichere Basis für Engagement an der Gesamtveranstaltung abgeben sollen. Mit der Zugänglichkeit allen Anwesenden gegenüber zeigt man, daß die Zusammenkunft per se wichtig genug ist, um jedem Teilnehmer allein kraft seiner Teilnahme das Recht auf Beachtung zu garantieren und ihm gleichzeitig die Pflicht aufzuladen, seinerseits jedem anderen Beachtung zu schenken. Loyalität, Zurückhaltung, Raumaufteilung, Sich-treiben-Lassen – in alledem verbergen sich fundamentale Probleme für die Organisation zugänglicher Begegnungen und des Rahmens der Zuschauer drumherum. Diese Probleme sind recht schwierig zu beschreiben, wenn nicht Bezug genommen wird auf ihre Funktion als Stützen der Gesamtzusammenkunft und, dahinter, des sozialen Anlasses.

Die Zwänge, die den Objekten von Engagement, den Möglichkeiten, seine Engagements zu handhaben, und (durch sie) der Durchführung zugänglicher Begegnungen gelten – sie scheinen alle zusammen den Beweis für Gewicht und Realität der »Situation« zu liefern. Tatsächlich könnte man geneigt sein, das Ganze dahin zusammenzufassen, daß man sagt, der Einzelne sei verpflichtet, sich *an* einer Situation engagiert zu zeigen durch Zurückhaltung in seinen Einzelengagements *innerhalb* der Situation. Das allerdings wäre nachlässiger Sprachgebrauch. Denn erstens wird, was der Einzelne schuldet, durch angemessene Dämpfung situierter Engagements bezeugt. Was dadurch bezeugt wird, ist indes hin wiederum nicht »Engagement«, sondern eher eine Art von Respekt und Rücksicht dem gegenüber, dem Neigung und Zugehörigkeit gebühren. Zugrunde liegt eine Art von Interesse, welches zeigt: man ist Teil der Sache, mit der man sich befaßt. Zweitens ist eine Situation, wie sie in dieser Arbeit definiert ist, nur die Umgebung für Kommunikationsmöglichkeiten und nichts, woran man seine Zuneigung hängen kann. Die kleine Gesellschaft, die betroffen ist, besteht in der Zusammenkunft innerhalb der Situation, und das kleine soziale System ist das Verhalten, das in Übereinstimmung mit den Normen situationellen Wohlverhaltens geübt wird. Schließlich gebührt das, was der Versammlung gebührt, auch dem sozialen Anlaß, der den Rahmen abgibt, mithin dem gemeinsamen sozialen Leben, das die Zusammenkunft leitet, die ihrerseits die Verkörperung des Anlasses selbst ist.

Situationelle Anstandsformen geben demnach dem gemeinsamen sozialen Leben in der Zusammenkunft Gestalt und transformieren sie aus einer reinen Ansammlung von anwesenden Personen in so etwas wie eine kleine soziale Gruppe, eine soziale Realität mit eigenem Recht. Hinter dieser sozialen Funktion lassen sich weitere Funktionen erkennen. Wenn eine Situation entsteht, ist der gelungene Austausch körperlicher Sprachsymbole und Zeichen nicht der einzige Zweck, den die Anwesenden anstreben. Wie schon gesagt, wird jeder zum potentiellen Opfer oder Aggressor im möglichen Geschehen heftiger interpersoneller Handlungen, wie physischer oder sexueller Übergriffe, Behinderung des Weges usw. Weiter befindet sich jeder Anwesende in einer Lage, in der er andere ansprechen oder von ihnen zum Zwecke eines Gesprächs – eines gemeinsamen Konversationsengagements – angesprochen werden kann. Dies hat auch seine eigenen Gefahren. Denn wenn Personen auf diese Weise zusammenkommen, können sie einander kommandieren oder bitten, können sie Beleidigungen oder Komplimente austauschen, einander informieren oder fehlinformieren oder (von anderen) für vertraut miteinander gehalten werden usw. Geschieht ferner der Kontakt unter den Augen von Zuschauern, so geben die Beteiligten sich eventuellen Mithörern und Störungen preis, so wie die Zuschauer ihrerseits unerwünschten Ablenkungen ausgesetzt sind.

Obwohl diese verschiedenen Gefahren, denen man in Gegenwart anderer ausgesetzt ist, vielleicht nicht oft realisiert werden, besonders in der Mittelstandsgesellschaft, sind sie potentiell immer vorhanden. Durch körperliche Zeichen geben die Anwesenden einander zu verstehen, man könne ihnen trauen, es liege ihnen fern, die bedrohlichen Möglichkeiten auszunutzen. Nur wenn diese Zeichen gegeben und aufgenommen werden, braucht der Einzelne nicht mehr an eine Verteidigung zu denken und kann sich getrost den rein-situierten Aspekten seiner Engagements überlassen. Abgesehen vom mangelnden Respekt, den jemand einer Zusammenkunft bekundet, indem er sich unbotmäßig verhält, können solche Unbotmäßigkeiten die anderen Anwesenden um ihre physische und soziale Unverletzlichkeit fürchten lassen, sei es zu Recht oder Unrecht.

Hier liegt übrigens auch der Grund für die Behauptung, soziale Situationen und ihre Zusammenkünfte seien untersuchenswert, selbst wenn man vom sozialen Anlaß, der zugrunde liegt, absehe. Normalerweise gelten Situationen als eng verwoben mit einem besonderen vorhandenen institutionellen Rahmen, und diese Rahmen sind voneinander so unterschiedlich, daß ein Ausschnitt von Situationen und ihren Zusammenkünften für Einzeluntersuchungen fragwürdig erscheinen mag. Aber Menschen können nur in Situationen physisch bedroht, um ein Gespräch angegangen oder aus Gesprächen und

anderen Engagements durch Interventionen von Zuschauern herausgerissen werden.
Innerhalb von Situationen hat man es mit diesen Möglichkeiten der Kontaktaufnahme zu tun. Und im Hinblick auf sie und durch sie erhält das soziale Leben in Situationen seinen allgemeinen und bezeichnenden Charakter, ungeachtet der Einmaligkeit des weiter gespannten Rahmens von sozialem Leben, in den die Zusammenkunft eingebettet und deren Ausdruck sie ist.

DREIZEHNTES KAPITEL
Rigidität und Freizügigkeit

Der Versuch wurde unternommen, einige der Reglements zu beschreiben, welche Engagements *innerhalb* einer Situation steuern und Respekt und Rücksicht der gesamten Zusammenkunft gegenüber garantieren. Außerdem wurde implizite behauptet, jedes solche Reglement sei allgemeiner struktureller Bestandteil von Zusammenkünften (nimmt man Zusammenkünfte als natürliche Klasse sozialer Einheiten); wobei den Beleg dafür nicht nur die Vielfalt der Mittel hergibt, die Befolgung der Reglements zu manifestieren, sondern auch die reiche Vielfalt der Situationen, für welche diese Regeln gelten.
In manchen Fällen sprachen wir von einem Kontinuum, das eine bestimmte Norm überspannt. An dessen einem Extrem standen Situationen, wo das Reglement die Beteiligten gerade eben noch dazu nötigte, der Zusammenkunft ihren Respekt zu bekunden, und am anderen solche, wo ein gerüttelt Maß dieser Art Respekt gefordert war. Inzwischen sollte klar sein, daß es Situationen gibt, die als Extrembeispiel für vielerlei Engagementaspekte hätten dienen können. Ein Beispiel aus unserer eigenen Gesellschaft ist ein Park am Sonnabendnachmittag im Sommer. Hier darf der Mensch reduzierte situationelle »Anwesenheit« bekunden, indem er seine Krawatte lockert, seine Schuhe auszieht, ein bißchen döst, verknitterte alte Kleidung trägt und kaum Wert darauf legt, sein Rülpsen zu verbergen. Hier ist es auch zulässig, ein wenig Unengagiertheit zu zeigen, sich völlig in Rollen wie die des dritten Mannes beim Baseball oder die des Fängers zu versenken. Und wie mit sich selbst darf er auch mit Objekten umgehen: im Park kann er sich intensivem wechselseitigem Engagement hingeben, er kann streiten, lieben (bis zu einem gewissen Grad), einem Freund, der den Weg entlangkommt,

laut zurufen; er kann sich mit sich selbst beschäftigen, indem er seine Ohren von Schmalz befreit, Hühnchen aus der Einkaufstüte ißt oder einen Beinmuskel massiert; er darf in offensichtlichem Nichtstun herumgammeln, völlig gedankenverloren sein und sogar noch weniger Sorgfalt als sonst darauf verwenden, nicht den Anschein zu erwecken, mit okkulten Dingen beschäftigt zu sein.
Umgekehrt sind manche soziale Situationen, wie etwa bei einer Investiturzeremonie, Szenen, in denen wenige – wenn überhaupt – solcher situationell unorientierten Aktivitäten erlaubt sind. Hier muß sich jeder Anwesende konstant an der Gesamtzusammenkunft orientiert und dem Geist der Veranstaltung hingegeben zeigen; Mittel und Möglichkeiten hierzu haben wir genannt.
Es sieht demnach so aus, als gebe es ein übergreifendes Kontinuum oder eine Achse, entlang welcher das soziale Leben in Situationen variiert, und zwar abhängig davon, wie streng der Einzelne an die verschiedenen Möglichkeiten gehalten ist, Respekt für die Zusammenkunft und ihren sozialen Anlaß auszudrücken. So können wir zum Beispiel zurecht annehmen, daß dann, wenn die Leitung eines Restaurants oder der Gastgeber einer Gesellschaft den Anwesenden ein Schachspiel zur Verfügung stellt und damit zwei Spielern und einer Gruppe von Zuschauern eine Art gemeinsamen Kreises gestattet, wahrscheinlich auch andere situationelle Freiheiten erlaubt sind. In der Umgangssprache werden die Termini »formell« und »informell« zuweilen im Zusammenhang mit jener zentralen Achse situationeller Reglements verwandt. Diese Termini lassen sich auch hier anwenden, vorausgesetzt wir vergessen nicht, daß sie die Art der Kleidung, die getragen wird, das Maß, in dem die Abfolge von Handlungen in einer sozialen Situation im voraus festgelegt und verankert ist, und den Bereich von erlaubten Aktivitäten unverhältnismäßig stark betonen. Die Termini »eng« und »locker« sind vielleicht deskriptiver und legen ein gleichmäßigeres Gewicht auf die beiden Möglichkeiten, Hingabe an eine soziale Veranstaltung zu bekunden. Ist dieses summarische Kontinuum erst definiert, müssen wir auf alle Fälle sorgsam die Allerweltstendenz meiden, einzelne Momente der Muster dadurch zu »erklären« und zu belegen, daß wir aufs Muster als Ganzes verweisen. Im schlechtesten Falle sind solche Erklärungen tautologisch, im besten verschieben sie nur den Punkt, der erklärt werden soll; es findet eine Verschiebung statt vom einzelnen Punkt aufs Gesamte, dessen Teil er ist.
Was wir früher über die Art und Weise der Regelung von Engagement gesagt haben, könnte jetzt wiederholt werden im Hinblick auf die umfassende Dimension von Rigidität und Freizügigkeit. Dies wäre aber in der Tat nur eine andere Form, über Engagement-Struktur zu sprechen.

Zum Beispiel ist dieselbe Art sozialen Rahmens in verschiedenen Gruppen unterschiedlich definiert, soweit es sich um Rigidität handelt. So scheinen die Straßen von Paris freizügiger definiert als die von England oder Amerika. In vielen Pariser Straßen kann man auf dem Weg von der Arbeit nach Hause vom Brotlaib herunterbeißen, sich peripathetisch in ein Gespräch einlassen, ein ganzes Menü im Straßencafé verzehren, damit rechnen, daß verschroben gekleidete Leute nicht neugierig angeschaut werden, usw. In der anglo-amerikanischen Gesellschaft müßte man schon an Ferienplätze gehen, um ähnliche Freizügigkeit anzutreffen. (Immerhin empfinden Amerikaner Frankreich und Ferienorte aus den gleichen Gründen erholsam: die meisten öffentlichen Zusammenkünfte verlangen weniger Hingabe und Respekt, man kann sich eigenen oder interpersonellen Belangen intensiver widmen.) Ähnlich verlangen viele angloamerikanischen Gemeinden von ihrem Lehrer, das er während der Schulstunden sorgfältig orientiert sei an und in der Situation, während es in einer Landgemeinde Süditaliens folgendermaßen zugeht:
»Es ist nicht unüblich, daß ein Lehrer zu spät zum Unterricht kommt und den Vormittag damit zubringt, zu rauchen und nichtstuend aus dem Fenster zu gucken[1].«
Von unseren Universitätsstudenten erwartet man beträchtlichen »Respekt« für das Zentrum der Aufmerksamkeit im Hörsaal, was einen Autor zu folgendem Kommentar über indische Kommilitonen angeregt hat:
»Die Hörsäle, in denen indische Undergraduates und Aspiranten auf den M. A. und L. L. B. sitzen, sind häufig Schauplätze von Unruhe – nicht immer des organisierten Zorns, der die verärgerte Aufmerksamkeit des Präsidenten der Republik, des Premierministers, des Gouverneurs und der Staatsminister, der Journalisten, der Hohen Universitätskommission, des Vizekanzlers, der gandhischen Sozialarbeiter et al. auf sich zieht – sondern die zufällige individuelle Unruhe scharrender Füße, hörbarer Unterhaltung, getauschter und weiter geschobener Zettel und von Gesten ängstlich herausfordernden Verhaltens[2].«
Gegensätze lassen sich auch feststellen zwischen ähnlichen Zusammenkünften innerhalb desselben Volkes und selbst innerhalb eines bestimmten Teils einer Nation. In vielen geographischen Regionen Amerikas läßt sich zum Beispiel ein Kontinuum aufzeigen in den Formalitäten von Kleidung, wie Männer sie in öffentlichen Speiselokalen tragen sollen. Es gibt noch immer Etablissements, wo Dinner-

---

[1] E. C. Banfield, The Moral of a Backward Society (unveröffentlichtes Manuskript), S. V–7.
[2] E. Shils, Indian Students, in: Encounter, 17 (September 1961), S. 13.

jackets Vorschrift sind. Ihnen folgen die Lokale, wo auf Binder und Jackett insistiert wird, viele von ihnen halten Krawatten vorrätig für Gäste, die informell gekleidet Zutritt haben möchten. An Ferienorten der gleichen geographischen Gegend gibt es Etablissements, deren per Aushang verkündete Hausregeln zu Badeanzügen T-Shorts vorschreiben, weil sie sich unterscheiden wollen von jenen informellen Strandkneipen, wo Essen, Trinken und Tanzen auch barfüßigen Männern in der Badehose gestattet ist. Es mag übrigens hier angemerkt sein, daß die einzelnen Gesellschaften jeweils ihre eigenen Grenzen von Rigidität und Freizügigkeit haben und daß sich diese Grenzen mit der Zeit zu wandeln scheinen. Trotz neuerer Bemühungen, ins amerikanische Leben Pomp zurückzubringen, wird richtige formelle Abendkleidung immer seltener, und Schmuck, wie etwa ein Juwelendiadem, kann heute fast gar nicht mehr getragen werden.
Jede soziale Einrichtung liefert per se vielsagende Varianten von Rigidität oder formellen Erfordernissen, je nach Zeit und Ort. Im Central Hospital zum Beispiel sollen Pfleger Binder tragen und »gepflegt« aussehen, d. h. situationell orientiert sein, doch nur in der einen Hälfte des Areals, dort nämlich, wo das Verwaltungsgebäude sich befindet. Auf Nachtwache, wenn Ärzte und Schwestern nicht da sind, versehen die Pfleger ihren Dienst, ohne die Zigarette aus dem Mund zu nehmen, und lassen sich beim Sitzen und Stehen schlacksig hängen[3].
Auch das Abteilungssystem, das einen zentralen Aspekt der Sozialstruktur in Heilanstalten darstellt, kann auf Grund von Engagementregeln skizziert werden: die »schlechten« Abteilungen sind die, in denen rigide situationelle Orientierung wenig verlangt ist; die »guten« oder rekonvaleszenten Abteilungen sind jene, wo viel mehr Respekt für die Gesamtheit gefordert ist[4]. Die verschiedenen ge-

---

[3] Nachtschichtlaxheit ist in vielen Studien erörtert worden. Vgl. S. M. Lipset, M. Trow und J. Coleman, Union Democracy (New York: The Free Press of Glencoe, 1956), S. 139.

[4] Umgekehrt sind die »guten« Abteilungen die, wo andere Arten von Privilegien zur Verfügung stehen, und die »schlechten« sind Orte, wo es solche gar nicht gibt. Wenn das Personal diese Nomenklatur benutzt, meinen sie häufig die Unterschiede im situationellen Wohlverhalten; Patienten andererseits neigen dazu, nur die rein-situierte Komponente von Privilegien auf der Abteilung zu beachten. Derselbe Terminus bezeichnet demnach dieselbe Abteilung, assoziiert aber verschiedene Dinge mit den beiden Status-Ebenen. Man kann hinzufügen, daß im allgemeinen Heilanstalten auf der Basis von Privilegienquoten zu operieren scheinen: der Patient, der situationelle Freiheit will, muß die rein-situierte Komponente des Privilegs opfern, und in dem Maß, in dem er letztere haben will, muß er bereit sein, »sich zu benehmen«.

meinschaftlichen Einrichtungen im Hospital sind unterschiedlich definiert, was das Maß an zu praktizierender Rigidität anbelangt. Im großen 300 Personen-Speisesaal, wo 900 chronisch kranke Menschen ihre Mahlzeit einnehmen, war es nicht verboten, mit dem Hut auf dem Kopf zu essen; der Raum hatte etwas von der Atmosphäre eines Wartesaals. Im Rotkreuzhaus indessen (es enthielt einen großen Aufenthaltsraum, der auch als Tanzsaal diente), war das Personal der Meinung, daß die Patienten etwas »Respekt« dem Ort gegenüber entwickeln und sich so verhalten sollten, als wären sie zu Hause in ihren eigenen vier Wänden. Hinweisschilder, kollektive Gebote und andere Verfügungen bestimmten, man habe keinen Hut zu tragen, nicht auf den Boden zu spucken, nicht herumzutoben[5].
So wie Unterschiede bestehen zwischen Situationen hinsichtlich darin herrschender Verhaltensrigidität, so bestehen natürlich auch Unterschiede zwischen verschiedenen Rollen, und jeder dieser Unterschiede geht quer durch mehrere unterschiedliche Situationen. Im einen Extrem haben wir den Geisteskranken von der chronischen Abteilung, der noch gar nicht versucht hat, durch gutes Verhalten hier herauszukommen. Er mag der Meinung sein, er habe das Recht, sich freizügig zu verhalten, verdient und dafür bezahlt und könne nun auch davon Gebrauch machen. Er spielt die Rolle des »Narren« und teilt, wie angedeutet, mit Kindern, alten Leuten, Gammlern und Bohemiens die spezielle Freiheit, mit situationellen Verpflichtungen nachlässig umzugehen; das wird ja von ihm erwartet. Im anderen Extrem haben wir die hohen kirchlichen und militärischen Beamten, deren Würde sich in ihrer Uniform ausdrückt, und die Begegnungen bevorzugen, die nahe genug für eine Begrüßung sind.
Hier ist übrigens ein sehr deutlicher Unterschied zwischen der männlichen Mittel- und Unterschicht in der amerikanischen Gesellschaft festzustellen. All jene, die ohne Krawatte arbeiten, in einer Kleidung, die ruhig schmutzig werden darf, sind Menschen, die es sich leisten können, ihre Umgebung anzufassen und körperlichen Kontakt mit ihr zu haben. Das »Informelle« ihrer Kleidung ist Moment eines komplexen Phänomens, das in der Erkenntnis besteht, daß diese Leute keine enge Orientierung an öffentlichen sozialen Situationen zu leisten brauchen. Während sie auf den Bus warten oder auf der Straße mit einem Freund sprechen, können sie die

---

[5] Wenn wir einige dieser Kontrollfaktoren als dem Verhaltenssystem immanent analysieren, können wir leichter verstehen, warum es manchen Geisteskranken gleich erheblich besser geht, wenn sie in eine »bessere« Abteilung kommen; wir können indes nicht ebenso leicht entscheiden, wieviel neues menschliches Material ein Rahmen aufnehmen kann, bis er seine bisherige Engagement-Struktur verliert.

Schultern hängen lassen, sich irgendwo anlehnen oder alles mögliche als Sitz benutzen, ihre Orientierung an der Zusammenkunft als solcher kann äußerst freizügig sein, was der Rolle, die ihnen zugedacht ist, durchaus entspricht[6]. Daß ihre Kleidung dies gestattet, ist ebensosehr Folge wie Ursache ihrer situationellen Orientierung. Einen Grenzfall stellt jener Mensch dar, der wie der Kaminfeger oder ein Kumpel seine Umwelt schmutzig machen darf und dadurch zugleich auch besonderen Anlaß hat, umsichtig zu sein. Angehörige des Mittelstandes unterliegen in der Öffentlichkeit andererseits eher dem Gebot, sich relativ aufrecht und steif zu halten und relativ willig auf Interaktion einzugehen. Und auch hier wieder wäre die Tatsache, daß ihre Kleidungs- und Reinlichkeitsmuster unvereinbar sind mit einer allzugroßen Vertrautheit mit der räumlichen Umgebung der Straße, ebensosehr Folge wie Ursache des Grads ihrer Orientierungsdisziplin. Menschen, die sehr korrekt gekleidet sind, können natürlich nur mäßiges Interesse an einer Zusammenkunft bekunden, vielleicht tun sie es aber mittels relativ zarter Hinweise eher als die informell Gekleideten. Da die ganz Alten und die ganz Jungen besondere Freiheiten genießen, was Engagementregeln anbelangt, könnten wir fragen, ob zumindest in der amerikanischen Gesellschaft nicht auch die Geschlechter in dieser Hinsicht unterschiedlich definiert sind. Einiges Material legt nahe, daß Frauen im allgemeinen strenger definiert sind als Männer. Zumindest herrscht der Volksglauben, daß das Ankleiden einer Frau mehr Zeit in Anspruch nehme als das des Mannes und daß deshalb mehr dazugehört, eine Frau präsentabel zu machen als einen Mann. So stellt auch ein Mann auf der Straße mit wirrem Haar, gelockerter Krawatte und einer Zigarette im Mundwinkel einen geringeren Verstoß gegen das öffentliche Dekorum dar als eine Frau, die in ähnlicher Weise nachlässig ist[7]. Und doch sind Frauen manchmal definiert als Wesen,

---

[6] Gute Photographien, die solchen Umgang mit der Umgebung illustrieren, finden sich in J. Ruesch und W. Kees, Nonverbal Communication: Notes on the Visual Perception of Human Relations (Berkeley: University of California Press, 1956), S. 53, 58, 70.

[7] Die Möglichkeit, daß Frauen strenger definiert sind als Männer, hat häufig beiläufige Beachtung gefunden in der Literatur, welche von Trinkern handelt. E. Lemert schreibt in Social Pathology (New York: McGraw-Hill, 1951), S. 353:

»Trunkenheit bei Frauen fällt viel mehr auf als bei Männern, man braucht nur an die symbolischen Qualitäten von Trinken und Trunkenheit bei Frauen in der Vergangenheit zu denken, wo Trinken gewöhnlich Kupplerin und Dirne assoziierte. Der Mangel an langer Trinkerfahrung unter den Frauen in Amerika vermag den stärkeren Kontrollverlust zu erklären, den sie beim Trinken zeigen. Eine zweite Möglichkeit, die bedacht werden muß, besteht

von denen gar nicht erwartet wird, daß sie völlig flügge gewordene Partner öffentlicher Veranstaltungen seien; sie können sich deshalb getrost Nebenbeschäftigungen hingeben in der Erkenntnis, daß sie nicht tief ins Hauptengagement des Anlasses einbezogen sind. Ähnlich gibt es mehr und mehr halböffentliche Situationen, in denen eine junge Frau halbkeck ihre Schuhe ausziehen kann, während dies im gleichen Rahmen den Männern keineswegs gestattet ist; aber vielleicht ist dies nur ein Zeichen dafür, daß die Orientierungsrigidität, die für Frauen gilt, viel weiter reicht als bis zu den Schuhen und daß ein nylonbestrumpfter Fuß bereits so präsentabel ist, daß er der Öffentlichkeit zugemutet werden kann.

Von allgemeinem Rigiditätsniveau oder von Freizügigkeit als Bestandteil einer Rolle zu sprechen, heißt soziale Rigidität implizieren: das soll heißen, es kann durchaus sein, daß der Einzelne von Anfang an in bestimmte soziale Zusammenkünfte einfach nicht hineinpaßt, und zwar deshalb, weil einige zu lässig und andere zu streng definiert sind. Entsprechend wird der Einzelne dazu neigen, sich von solchen Zusammenkünften zurückzuziehen, für die seine Rolle ihn ungeeignet macht, und er wird diese Art von Distanzierung auch dann bekunden, wenn er gar nicht will.

In diesem Zusammenhang lohnt es sich, das Verhältnis von Arbeit und Kleidung zur Frage zu machen, ob man dazu passe oder nicht. Manche Kleidung, wie die von Tiefseetauchern oder Feuerwehrleuten, gehört unausweichlich zur entsprechenden Tätigkeit. Solche äußeren Fassaden können nicht-beruflichen Situationen kaum dienlich sein, ebensowenig wie ihre Besitzer, wenn sie sich nicht umziehen. Selbst in der Kaffeepause werden sie eine gewisse Hingabe an ihre Arbeit bekunden. Im Falle von Stehkragenposten indes transzendiert Arbeitskleidung den Arbeitsplatz und versetzt den Tätigen in die Lage, in Zusammenkünfte einzutauchen, die außerhalb seines Berufs liegen. Dem entspricht, daß er während seiner Arbeit Teile von sich nicht an die Arbeit zu entäußern braucht, was ihn in der Tat mit einer Basis für Selbstbewußtsein und Würde ausrüstet. Wer bei der Arbeit eine Uniform tragen muß und diese nicht im Spind lassen kann, wenn er den Betrieb verläßt, spürt wahrscheinlich, daß er unter einem besonderen Zwang steht, viel von sich selbst an die Arbeit zu entäußern

darin, daß Frauen sich wahrscheinlich viel normenloser verhalten, wenn sie sich dem Alkohol ergeben, und ihr Verhalten so viel offener desorganisiert ist. Das hohe und schrille Lachen der betrunkenen Frau denunziert ihr Verhalten viel schneller, als es bei Männern der Fall ist. Frauen sollen hübscher, sauberer und penibler sein mit ihrer Kleidung als das andere Geschlecht, Unordnung, die das Trinken bringt, wirft ein viel schärferes Licht auf ihren Zustand.«

und diesen Tribut auch auf jede Nichtarbeitssituation, in der er sich befindet, zu übertragen. In der Armee kann man dies ganz ausdrücklich betonen in Form von Auflagen, die Uniform sorgfältig zu pflegen. So fühlen sich Menschen oft in ungerechter Weise eingeschränkt, solange sie in Uniform sind; sie bemängeln, daß sie nicht in der Lage seien, sich ohne weiteres in Gruppen zu integrieren, die sich zufällig ergeben, und sie sehen ihre Autonomie bedroht[8].

Im allgemeinen meidet der Mensch natürlich Zusammenkünfte, die mehr Hingabe verlangen, als er gerade zu geben in der Lage ist, was impliziert, daß genügend Interesse am Anlaß für ihn schon zuviel wäre. So lesen wir in Anstandsbüchern, nach einem Todesfall in der Familie dürfe man nicht an Essen von mehr als acht Personen teilnehmen, nicht in schicke Restaurants, in die Oper, ins Theater oder zum Rennen gehen. Dabei wird davon ausgegangen, daß bei allen diesen Gelegenheiten die Beteiligten festlich gestimmt sein und sich recht extensiv der jeweiligen Betätigung überlassen sollen; und da jemand, der gerade eine Erschütterung erlebt hat, nicht in der Lage ist, sosehr »aus sich herauszugehen«, sollte er erst gar nicht teilnehmen[9]. Ja, er mag sogar zuweilen das Gefühl haben (wenn gerade jemand gestorben ist, der ihm nahestand), daß er gar *nicht* in der Lage sein *sollte*, einem besonderen Rahmen situationeller Erfordernisse gerecht zu werden, und er wird sich deshalb verpflichtet fühlen, einer bestimmten Zusammenkunft aus dem Weg zu gehen, auch wenn er in Wirklichkeit dafür gerüstet wäre.

Ich möchte jetzt die Möglichkeit betrachten, daß innerhalb derselben Situation verschiedene Klassen von Teilnehmern verschiedenen umfassenden Engagementgeboten unterliegen und verpflichtet sind, durch verschiedene Komponenten der Engagementsprache die gleiche Intensität von Orientierung zu bekunden. (Wie früher angedeutet, kann es in der Tat schwierig sein festzustellen, welcher dieser Faktoren – Verpflichtung oder Ausdruck – im einzelnen Fall wirksam wird.) In öffentlichen Krankenhäusern unserer Gesellschaft können Patienten zum Beispiel durchaus im Bademantel den Aufzug benutzen; Angestellte des Krankenhauses hingegen haben keinen Anspruch auf entsprechende Freizügigkeit. Ärztinnen beweisen hier angemessene Rücksicht, indem sie auf Nagellack verzichten, relativ unmodische Kleidung tragen, unaufwendig frisiert sind und auf

---

[8] Später werden wir noch darauf kommen, daß manche Leute natürlich den Wunsch haben können, sich durchgängig von ihrer Gruppe zu distanzieren, und Mitgliedschaft in uniformierten, quasi-militärischen Gruppen suchen, zum Teil, um sicherzustellen, daß sie immer ein wenig außerhalb bleiben.
[9] Millicent Fenwick, Vogue's Book of Etiquette (New York: Simon and Schuster, 1948), S. 154–155.

mittelhohen Absätzen und nicht allzu gemächlich einhergehen; Sekretärinnen, die ihren Respekt weniger durch tiefernste Handhabung ihres Hauptengagements beweisen können, zeigen ihn durch eine relativ gepflegte äußere Erscheinung. Ähnlich ist es bei sozialen Gelegenheiten, wo Gäste einen beträchtlichen Spielraum in Aufmachung und Kleidung haben, solange sie der Veranstaltung gestatten, sie zu animieren; gleichzeitig werden die Gäste daran erinnert, daß die Zusammenkunft als solche Gewicht hat, und zwar werden sie daran gemahnt durch die Anwesenheit von Bedienten deren Aufmachung und Benehmen erstarrt ist zu einer rigiden und beständigen Hingabe an die Festivität im ganzen. Ähnlich hat der Zuschauer eines Hochzeitszugs das Recht, Kaugummi zu kauen, sich einen Fussel vom Jackett zu zupfen, sich die Nase zu schnauben oder mit seinem Nachbarn zu sprechen; der Bräutigam, der das Kirchenschiff hinuntergeht, verhielte sich wider alle Sitten, würde er irgend etwas dergleichen tun.
Unter rigiden Veranstaltungen stellen wir uns meist solche vor, die den Teilnehmern viele lästige Verpflichtungen auferlegen, unter lockeren dagegen solche, die relativ frei von Zwängen sind. Aber das stimmt nur teilweise. Das Recht des einen, in seiner Einstellung auf die Zusammenkunft lax zu sein, lädt den anderen Anwesenden die Pflicht auf, diese Laxheit zu akzeptieren, ohne eine Korrektur zu versuchen. So bestand zwischen einigen chronisch kranken Männern im Central Hospital und ihren Wärtern ein Einverständnis darüber, daß sie auf dem Boden schlafen, halluzinieren und in Papiertassen spucken konnten; diese extrem lockere, informelle Definition des Rahmens stellte eine der kleinen Annehmlichkeiten in diesem Leben dar. Aber einmal beobachtete ich einen Patienten, der gegen die heiße Dampfheizung urinierte, um sich den Gang aufs Klo zu sparen; seine Leidensgenossen, die in der Wolke des verdampfenden Urins saßen, schienen der Auffassung zu sein, sie seien stillschweigend übereingekommen, auf das Recht zu verzichten, mit mehr als einem leisen Stirnrunzeln oder ironischem Lächeln auf das, was geschah, zu reagieren. Ich habe auch Patienten gesehen, die passiv aus ein paar Meter Entfernung zuschauten, wie ein junger psychotischer Patient einen alten, wehrlosen, stummen Mann notzüchtigte, und zwar an einer Stelle im Aufenthaltsraum, die der Wärter für einige Augenblicke nicht überwachen konnte. Die Mienen der Zuschauer schienen zu sagen, daß mißbilligende Blicke allein sie nicht in Unsicherheit stürzten, jegliche Einmischung jedoch sie tiefer in die situationelle soziale Realität stellen würde, als ihnen angenehm sein konnte. Auf jeden Fall scheint eine wichtige Interdependenz vorzuliegen: Toleranz von intensivem Selbstengagement und wechselseitigem Engagement scheint funktional zu korrelieren mit der Praxis und Norm,

auf viele unmittelbare Stimuli nicht anzusprechen. Geisteskranke, die schon lange leiden, machen zuweilen diese funktionale Verbindung differenziert sichtbar durch ihre fabelhaft kultivierte Fähigkeit, Zwei- und Vier-Personen-Kartenspiele inmitten eines wahren Tollhauses zu spielen. Natürlich zeigt dies an, daß die Unerreichbarkeit der regredierten Patienten Bestandteil eines umfassenden Kommunikationssystems ist; und daß ihre »Unablenkbarkeit« von jener Art ist, wie sie zuweilen an ganzen Bridge-Tischen vorkommt.

Rigide definierte Veranstaltungen können ihre eigenen Kompensationen haben. Beispiel dafür ist der Exerzierplatz der Soldaten, ein Bereich, in dem extreme situationelle Orientierung herrscht. Hier kann die Regel gelten, daß ein Offizier einen Untergebenen niemals anders als auf unpersönliche Weise ansprechen darf; er muß zudem laut genug sein, um daraus eine allgemeine öffentliche Äußerung zu machen, wie etwa mit dem Zuruf »Aufwachen, der Mann da hinten«, was den so Angesprochenen zwingt, gleichwohl den Mund zu halten oder, ist eine Antwort verlangt, jede Äußerung drastisch zu beschränken, er trotz wie bereits erwähnt, beim Sprechen stur geradeaus zu blicken und sich so aus allem wechselseitigen Engagement auszuschließen, damit garantierend, daß sogar sein Blick situationell bleibt. Und doch mag der Soldat beim Exerzieren feststellen, daß sein Geist völlig frei umherschweifen kann. Im Gegensatz dazu kann die Freizügigkeit mancher Cocktailparties vom Gast verlangen, daß er geistig sozusagen fest auf seinen Füßen steht. Zudem ist der Mensch in Situationen, wo er der Gesamtveranstaltung großen Respekt zollen soll, meist entschuldigt im Hinblick auf jedes tiefere Engagement an seinen Nachbarn. Andererseits kann in Situationen, wo keine Schranken zwischen den Gästen aufgerichtet sind, das interpersonelle Gerangel, zu dem es oft kommt, extrem anstrengend und belastend sein. Hier haben wir es natürlich mit jenem traditionellen Argument zu tun, das zur Unterstützung der Ritualisierung geselliger Anlässe immer wieder vorgebracht wird; dazu wäre ein längeres Zitat von Elizabeth Bowen anzuführen:

»Verhalten – soziales Verhalten – ist teilweise Kunst, teilweise Instinkt. In unserem, wie wir es nennen, modernen Leben gelten Manieren nicht mehr viel, wodurch jedoch reines Benehmen viel wichtiger geworden ist. Nun, da es von geringerem vitalem Interesse ist, korrekt zu sein, wird es viel wichtiger, akzeptabel zu sein. Tatsächlich hat der Verfall der Manieren im umfassenden und starren Sinne das Verhalten unendlich erschwert. Ein dauernder, erzwungener Rekurs auf den Instinkt (das Kunstelement ist entwertet) verleiht unseren Freunden eine gequälte, instabile Miene. Die Sicherheit der vorgegebenen Welt, deren 1001 Regeln man lernen konnte, mit deren Hilfe man sicher und wohl unterwiesen seinen Weg gehen

konnte, besteht nicht mehr. Die Welt, selbst die große Welt, kann in einer Zeit der Manieren keine schlimmeren Schrecken bereitgehalten haben, als es der Verkehr am Hydepark Corner mit seiner offenkundigen Kompliziertheit für den bescheidenen Fahrer tut, der gerade seine Fahrprüfung gemacht hat. Für jede Situation der Gesellschaft paßte eine der 1001 Regeln, die man gelernt hatte. Man wußte, was man zu tun hatte. Die Gesellschaft lief wie ein Uhrwerk[10].«
»Außerhalb dieser Gebote, die instinktiv erfaßt werden, wenig kosten und den Wert von Kunst haben, konnte man frei zu sich selbst sein, aber ohne sich darstellen zu müssen. Es gab weit mehr »Persönlichkeiten« in der Zeit der Manieren. Aber die sogenannte freie oder intelligente Gesellschaft legt allen vorhandenen Kräften eine beständige Bürde auf. Es gibt keinen Führer. Um zu gefallen, ja, sogar um dem zu entsprechen, was erwartet wird, muß man konstant auf sein privates natürliches Genie zurückgreifen, das doch dem eigenen Vergnügen oder den Intimitäten der Liebe dienen sollte. Erschöpfung, ein Gefühl, sich verausgabt, Luft abgelassen zu haben, folgt bei vielen Menschen dem unkonventionellen Abendessen, den Longueurs eines zwanglosen Wochenendes.

Überall kann man etwas falsch machen und im Falschmachen eine Unmenge Leiden hervorrufen: es geht um zuviel. Manieren waren ein Schutz; man wurde durch sie stabilisiert. Wieviel lieber würde man ein Ritual beachten, als in eine Reihe von bedrohlichen Kalamitäten zu geraten[11].«

Bisher wurde in dieser Untersuchung angenommen, die Engagementregeln, die das Verhalten in einer bestimmten Situation steuern, blieben für die Dauer der Situation konstant und die umfassende Tendenz zu Rigidität oder Freizügigkeit innerhalb der Situation sei etwas, was säuberlich festgestellt werden könne, zumindest in der Theorie. Wenn wir aber, wie bereits angedeutet, über die soziale Situation hinausblicken auf den sozialen Anlaß, dessen Teil sie ist, finden wir wichtige Verwandlungszyklen hinsichtlich der Engagementregeln offensichtlich besonders dann, wenn die Gelegenheit formell oder rigide definiert ist. So kann eine Veranstaltung mit einer Phase des Flüsterns und Umhergehens beginnen, zum Formellen fortschreiten und mit einem locker definierten Abschnitt enden, was zugleich ein Standardtypus von Engagementkontur ist[12].

---

[10] Elizabeth Bowen, Collected Impressions (London: Longmans Green, 1950), S. 67.
[11] a. a. O., S. 69.
[12] Ein analysiertes Beispiel finden wir in K. L. Pike, Language in Relation to a Unified Theory of the Structure of Human Behavior (Glendale, California: Summer Institute of Linguistics, 1954), Teil I, S. 33–34.

Die Veranstaltung kann dementsprechend mit einer multizentrierten Situation beginnen, zum offiziellen Inhalt kommen, der die Situation voll ausfüllt, und wieder als multizentrierte enden. Eine Situation kann demnach Szenerie eines Routinezyklus von Veränderungen hinsichtlich Rigidität und Freizügigkeit sein, mit dem Ergebnis, daß ein Schnappschuß zu irgendeinem und jedem Zeitpunkt ein irreführendes Bild des Ganzen abgäbe.

Ausgehend vom allgemeinen Rigiditäts- (oder Freizügigkeits-)Niveau in einer Situation und ausgehend auch von den normalerweise vorgegebenen Verschiebungen, lohnt es sich festzustellen, daß die normative Stabilität einer Situation der Anwesenheit von Ordnern verdankt werden kann, die formell oder informell die besondere Aufgabe haben, »Ordnung« zu halten. So hören wir vom *silentarius*, dem römischen Sklaven, dessen Aufgabe es war, den Geräuschpegel der anderen Sklaven zu regulieren[13].

Heute üben unter anderem Anstandsdamen, Schiedsrichter, Kindergärtnerinnen, Dichter, Polizisten, Krankenwärter und Protokollchefs diese Funktion aus.

Eines möchte ich noch einmal nachdrücklich betonen: wenn man ausgeht von der Rigidität oder Freizügigkeit situationeller Orientierung und ebenso von den Dimensionen und der Sprache, in welcher sie sich äußern, gewinnt man eine erste Handhabe, um mit dem Urteil ein wenig über die rationalisierenden Sprüche hinauszukommen, mit deren Hilfe wir normalerweise unsere wesentlichen expliziten situationellen Regelungen erklären.

Nehmen wir zum Beispiel unsere durcheinandergewürfelten Attitüden und Rationalisierungen im Bereich des Körperlichen. Statt zu betrachten, wieviel und welche Teile des Körpers allen sichtbar sind, wäre es sinnvoller, die theoretischen Implikationen von Zurschaustellung überhaupt zu untersuchen. Die relative Unangezogenheit im Badeanzug gehört in den Gesamtkomplex der Freizügigkeit; er schließt ein, wie man mit Stimme, Augen und Körper umgeht. Und es ist dieser gesamte Komplex, der am Strand toleriert, ja, gefördert wird. (Warum er gerade hier zu billigen ist, bleibt natürlich immer noch eine Frage, aber immerhin eine etwas andere.) Die relative Unangezogenheit des Dekolletés auf Bällen kann aus gegenteiligen Gründen angemessen sein. Das Zurschaustellen von soviel Ich könnte zum Teil aufgefaßt werden als Anerkennung der Tatsache, daß alle Beteiligten sich fest im gleichen Tritt mit der gesamten Veranstaltung befinden und so sehr auf das gute Benehmen ihres sozial homogenen Kreises vertrauen, daß sie soviel Versuchung zu unbotmäßigem wechselseitigem Engagement aushalten können, ohne ihr nachzu-

---

[13] H. Nicolson, Good Behavior (London: Constable, 1955), S. 64.

geben. Ein Extrem hierzu findet sich vielleicht in den Londoner Moralregeln, nach denen auf der Bühne Nacktauftritte unter der Voraussetzung gestattet sind, daß diese Personen sich nicht bewegen, solange der Vorhang offen ist. Vermutlich ist die Starrheit ihrer Pose ein solches Zeichen für Hingegebenheit und Anpassung an die Veranstaltung als Ganzes, daß die Erlaubnis für Nacktheit gegeben werden kann[14]. Doch wäre eine Frau in Unterwäsche, auch wenn sie damit gut bedeckt wäre, in fast jeder öffentlichen Situation unserer Gesellschaft sehr deplaciert; denn solche Aufmachung bedeutet, daß die Trägerin ihr situationelles Kostüm, gleich welches, noch nicht angelegt hat, sie also nicht in der Lage ist, ihren situationellen Verpflichtungen nachzukommen, welcher Art diese auch sein mögen. Nacktheit in einer Nudistenkolonie, im Sprechzimmer des Arztes oder auf dem Podest einer Malklasse ist deshalb tragbar, weil diese Aufmachung hier angemessen funktional ist. Sie bekundet Rücksicht auf die Erfordernisse des Anlasses. Die Logik weist in diesem Falle aus, daß eine Frau im Slip bei diesen Gelegenheiten ein Fauxpas wäre; und in der Tat gibt es zuweilen Bestimmungen darüber, daß diejenigen, die sich aus guten Gründen nackt zeigen, nicht zuerst halbnackt und außerhalb ihrer Rolle erscheinen dürfen. Nach derselben Logik läßt sich erklären, warum ein Mannequin auf einer Modenschau für Unterwäsche halb bekleidet erscheinen kann, sie entspricht damit ihrem Engagement in der Situation, wenn auch in der besondern Rolle der Vorführdame. Und so läßt sich das Maß an Formalität eines Modehauses (sein »Ton«, seine gute Lage in einer Geschäftsstraße usw.) an der Sorgfalt ablesen, mit der es die Mannequins vermeiden, noch nach der Modenschau in den vorgeführten Slips herumzulaufen[15].

Zuhause kann man sich eher in situationellem Déshabillé zeigen, zumindest innerhalb gewisser Grenzen. Der springende Punkt dabei ist, daß bestimmte nahe Verwandte als Personen definiert sind, die einander gestatten, in ausschließlicher Gegenwart voreinander lax mit Situationen umzugehen. Wenn indes ein Besucher kommt und einen Bewohner des Hauses zufällig in seiner Nachlässigkeit antrifft, wird es zu einer kleinen Krise der Beziehung kommen. Diese Krise hat in der momentanen und peinlichen Implikation ihren Grund, daß der Besucher zum Überraschten in einer Beziehung steht, die den Austausch situationeller Höflichkeiten zwischen ihnen verlangt. Kleidungsgepflogenheiten während Krisen und Katastrophen lassen

---

[14] Eine Beschreibung dieser Praktik gibt Hortense Calisher: Bowlers and Bumbershoots at a Piccadilly Peepshow, in: The Reporter, 4. 10. 1956, S. 33–36.

[15] Vgl. Eleanor Carroll.

sich ähnlich analysieren. Während eines Hotelbrandes dürfen Gäste unbekleidet sein, und zwar nicht, weil die Blicke auf wichtigeren Dingen ruhten, sondern weil die Betroffenen zugestandenerweise so tief in der Krise stecken, daß ihre mangelnde Bekleidung als angemessenes Eingehen auf die Situation genommen und die fehlende Bekleidung für die anderen unter diesen Umständen als längst nicht hinreichender Stimulus verstanden werden kann, ein unangemessenes wechselseitiges Engagement zu indizieren. Ist das Feuer unter Kontrolle und die Krise überschritten, so ist die Situation sofort wieder von jener Art, die Distanz zu ihr ermöglicht. Mangelnde Bekleidung wird dann wieder zur Bedrohung der situationellen Orientierung, und die Überlebenden fühlen sich unwohl ihres unangemessenen Aufzugs wegen. Das Argument lautet hier, daß jeder Bekleidungszustand angemessen oder unangemessen ist allein im Hinblick darauf, welche anderen Beweise für die Engagementverteilung des Einzelnen und seine Orientierung an der sozialen Situation und ihrer Zusammenkunft vorhanden sind. Da auf das Konto von Kleidung ein gut Teil der Orientierung an der Situation verbucht wird, verstehen wir, warum so offensichtlich triviale Fragen »reiner« Etikette von Interesse sind. Aber angenommen, dies sei der Hauptgrund, weshalb Kleidung von Belang ist, so ist viel Abwechslung zu erwarten und vorauszusagen in dem, was als zulässige Kleidung gilt. Ein College-Student, der in den Hörsaal kommt, unrasiert und in Bermudas, oder eine Studentin mit Lockenwicklern, sie bekunden offensichtliche Achtlosigkeit dem Verhaltensrahmen gegenüber; wenn aber ein Examen abgehalten wird, alle Studenten im Examensraum tief in ihren Aufgaben stecken, nachdem sie die vergangenen zwei Wochen besessen gearbeitet haben, dann ist genug studentisches Engagement erkennbar, um Informalitäten in der äußeren Erscheinung, wie ich sie eben genannt habe, gestatten zu können. Sie sind dann kein Zeichen von Distanz mehr. Und weiter: ein Steuerberater oder ein Anwalt mit Praxis in der Innenstadt, die ihren Klienten in einem alten Pullover und ohne ein Jackett entgegentreten, gälten als Banausen in Geschäftssituationen und in der Geschäftswelt schlechthin; derselbe Mann, der am Sonnabend Überstunden macht, kann sich solche Laxheit durchaus leisten, weil nämlich seine Anwesenheit im Büro zu dieser absoluten Privatzeit sein Engagement an die Arbeitswelt hinreichend ausweist.

Wie in der Frage von Nacktheit und Kleidung kann die Engagementanalyse auch einen Sinn herausholen aus unseren verschiedenen Reaktionen auf Geräusch und Geräuscherzeugung. Das Verbot von unziemlichem Lärm wird zuweilen als rationale Reaktion auf die Verpflichtung gesehen »Rücksicht zu bekunden« im Hinblick auf die Nachbarschaft, in diesem Fall auf jene, die durch den rein physikalischen Klangeffekt gestört sein könnte. Doch werden häufig in Wirklichkeit (vom rein physikalischen Standpunkt her) große Mengen an Lärm toleriert. Was jedoch einen Affront gegen die Versammlung bedeutet, ist ein Überengagement in irgendeine situierte Aufgabe. Lärm bedeutet nur dann einen Verstoß, wenn er Überengagement beweist, und nicht schon deshalb, weil er laut ist. In einem großen Büro zum Beispiel, wo viele an der Schreibmaschine sitzen, gilt jeder als störend, dessen Maschine auch nur geringfügig mehr Lärm macht als die der anderen. Und das nicht etwa, weil diese kleine Phonzugabe den Lärmpegel merklich erhöht, sondern weil man darin unangemessene Konzentration oder Achtlosigkeit dem Gebot gegenüber sieht, eben nicht laut zu sein. An dieser Stelle begreifen wir auch, daß ein Jugendlicher, der sich in der Heilanstalt wiederfindet, weil er im YMCA einen Plattenspieler zu laut laufen ließ, wahrscheinlich nicht nur hierher kam, weil seine Rücksichtslosigkeit die Angestellten ärgerte, sondern auch weil ihnen die Welt des Jungen, die er mit soviel Musik füllen konnte, unbekannt ist.

Auf die Frage, wo er dem Lärm, den er verursacht, Grenzen setze, könnte der Mensch antworten, er nehme auf andere Anwesende Rücksicht. Mit dieser Rücksicht zeigt er jedoch, daß er Kenntnis von der Anwesenheit anderer in der Situation hat, und damit demonstriert er zugleich seine Offenheit und seinen Respekt der Zusammenkunft gegenüber. Es ist die Demonstration seiner willentlichen »Anwesenheit« in der Situation, welche die andern von ihm haben wollen, und zwar viel eher als den inhaltlichen Wert von Rücksicht an sich. Von daher wird verständlich, daß anwesende Personen eine ganze Menge Lärm aushalten können, vorausgesetzt, der Erzeuger des Lärms stellt ihn als notwendig hin und bittet im voraus dafür um Entschuldigung. Die Entschuldigung beweist, daß er den anderen in der Situation und damit der Zusammenkunft selbst wach und aufmerksam entgegentritt; er liefert einen wirksamen Ersatz für die Bekundung von Rücksicht, die normalerweise Ruhe garantiert. Und nun ist auch zu verstehen, warum Ruhe, übt jemand sie in einer Situation, in der die Beteiligten emsig mit Handlungen oder Gesprächen befaßt sein sollten, ebenfalls eine ›laute‹ Sache sein kann, indem sie nämlich akustisch bezeugt, daß der Ruhige nicht angemessen engagiert und auf die Versammlung eingestimmt ist; diese lautlose Art von Lärm kann Aufmerksamkeit ebensogut ablenken wie lauter Krach.

Das gleiche Argument läßt sich anführen im Hinblick auf sichtbares wechselseitiges Engagement. Auch hier ist das Geräusch, das verursacht wird, in dem Maße laut, in dem es ein dem Anlaß unangemessenes Engagement verrät. So können zwei Personen, die in einem Kino leise miteinander sprechen über etwas, was mit der abendlichen Unterhaltung überhaupt nichts zu tun hat, ein unangemessenes wechselseitiges Engagement bekunden und dadurch mehr Verweigerung ausdrücken als jene, die im physikalischen Sinne zwar mehr Krach machen, aber eben nur in Form von Billigung oder Mißbilligung dessen, was zu sehen ist.

Wenn wir sehen, wie etwa Parkanlagen zu Schauplätzen von Raubüberfällen und sexuellen Betätigungen werden, zu Orten, an denen Betrunkene, Gammler und Psychotiker herumlungern, und schließlich zu Müllplätzen – so haben wir diesen Zusammenbruch der öffentlichen Ordnung nicht nur aufgrund der Tatsache zu begreifen, daß man dort der Polizei leicht aus dem Wege gehen kann; wir müssen auch erkennen, daß es die Engagement-Struktur selbst ist, die, weil sie sich hier in ganz locker definierten Verhaltensrahmen institutionalisiert hat, den Grad der Unangemessenheit solcher Zuwiderhandlungen erheblich reduziert. Ein Park kann der Ort sein, wo die Annehmbarkeit dieser Handlungen am größten und der Preis, wird man dabei erwischt, am geringsten ist.

VIERZEHNTES KAPITEL
Die symptomatische Bedeutung situationeller Inadäquanzen

Entgegen einer Annahme mancher Soziologen scheint es kaum Zweifel darüber zu geben, daß unangemessenes Verhalten in der einen Situation zuweilen viel aussagen kann über die Aufnahme dessen, der da abweicht, in anderen Situationen. In allen Gesellschaften sind ganz unterschiedliche Situationen Schauplatz vieler identischer normativer Anforderungen an unser Verhalten und somit vieler identischer situationeller Regelungen. Verhält sich jemand auf eine bestimmte Weise in der einen Situation nachlässig, so kann er in gleicher Weise lax sein, wann und wo er immer mit Menschen zusammen ist. Einem Menschen, der senil wird und dem es oft passiert, daß er einschläft, verdirbt diese Eigenheit die Teilnahme an allen Situationen in der gleichen Weise und aus demselben Grund. Einer, der schlecht hört oder fast blind ist, kann die hier ausführlich erörterten Artigkeiten einfach nicht erweisen; er muß einfach unbeholfen sein in allen Situationen[1]. So kann inkorrektes Verhalten in der einen Situation

---

[1] Beispiele zu den Folgen solcher Kommunikationshemmnisse bringt F. Warfield, Cotton in my Ears (New York: Viking, 1948) und R. Criddle, Love is not Blind (New York: Norton, 1953).

eine generelle Entmündigung für unmittelbare Interaktion bedeuten. Solches Verhalten braucht nicht unbedingt aus einer psychopathologischen Anlage herrühren; es kann vermutlich aber zu einer Psychose führen durch die mögliche Reaktion des Einzelnen auf seine Exkommunizierung. Manche Verhaltensfehler zeigen demnach den Preis an, den der Abweichende für seinen Verstoß zu zahlen hat, und den Preis, der wiederum für den Preis fällig wird.
Ausgehend von der Beobachtung allgemein relevanter Verstöße, konzentrierte sich das Verfahren in dieser Untersuchung auf den Versuch, herauszufinden, was anstößiges Verhalten die Zusammenkunft kostet, in deren Rahmen es offenbar wird; es ging auch, aber eben nicht an erster Stelle darum, was es für den »Straffälligen« bedeutet und über ihn besagt. In diesem Abschnitt wollen wir nun zu der traditionelleren Frage zurückkehren: Wenn sich jemand absichtlich oder unabsichtlich in einer Weise verhält, die andere für situationell inkorrekt halten, und dabei zeigt, daß er sich entweder von der Zusammenkunft distanziert oder ihr überhaupt fremd gegenübersteht – welche weiteren Informationen sind daraus über seinen gegenwärtigen Zustand zu entnehmen? Und zwar abgesehen von dem, was sein Verstoß über sein wahrscheinliches Geschick aussagt.
Die Bedeutung, welche gekränkte Menschen einer beleidigenden Handlung beimessen, hängt zum Teil davon ab, ob sie der Meinung sind, das Geschehene sei absichtlich oder unabsichtlich passiert. Indes, Komplexität und Ambiguität dieser Dichotomie und die sich verschiebende, aber tiefe Relevanz ihrer Tragweite verhindern jede simple Erörterung der wirklichen oder vermuteten Bedeutung situationeller Verstöße[2].
Ihrem gegenwärtigen Gebrauch nach bezieht sich die Dichotomie nicht sosehr auf den psychologischen Faktor von Willensstärke oder Kontrolle, zu deren Erklärung man die Unterscheidung zwischen Quer- und Längsmuskeln, dem zerebrospinalen und dem vegetativen Nervensystem bemühen könnte, sondern vielmehr auf die Art der Verantwortlichkeit für eine mißliebige Handlung, die auf dem Einzelnen ruht[3]. Die unwillkommeneren Handlungen an sich brauchen

---

[2] Nützliche Kommentare zu diesem Problem finden sich bei G. Ryle, The Concept of Mind (London: Hutchinson's University Library, 1949), S. 69–74; und bei H. L. A. Hart, The Ascription of Responsibility and Rights, Kap. 8, in: A. G. N. Flew (Hrsg.), Logic and Language (Oxford: Blackwell, 1955), S. 145–166. Vgl. auch A. L. Austin, Philosophical Papers, Kap. 6: »A Plea for Excuses« (Oxford: Clarendon Press, 1961).

[3] Die Dichotomie wird im Alltag auch an ganz anderen Stellen bemüht – zum Beispiel erhebt sich bei der Charakterisierung einer ganz ausgezeichneten Arbeitsleistung die Frage, ob der Mann oder die Frau sie noch einmal leisten können.

vom psychologischen Standpunkt her weder willkürliche noch unwillkürliche zu sein. Zum Beispiel wird das Versäumnis, auf einer Einladung zu erscheinen, weil man den Gastgeber nicht mag, als beabsichtigte Handlung betrachtet; das gleiche Versäumnis aus Gründen eines Todesfalles in der nahen Verwandtschaft indes gilt als legitim und entschuldbar. Im ersten Falle sprechen wir von jemandem, der freiwillig, und im zweiten von jemand, der unfreiwillig wegbleibt.

Zu jeder situationell inkorrekten Handlung und zu jedem Abweichenden lassen sich vom Standpunkt aller übrigen Anwesenden her folgende Fragen stellen: Ist der Handelnde fähig und gebildet genug, die Bedeutung seines Verstoßes einzuschätzen, und wenn, schätzt er die Bedeutung tatsächlich ein? Steht die Handlung unter der körperlichen Kontrolle des Handelnden, und wenn, würde er sein Verhalten ändern, wenn er über dessen Bedeutung in Kenntnis gesetzt würde und Gelegenheit bekäme, die Änderung vorzunehmen? Gibt es »mildernde« Gründe – die außerhalb der Beteiligten in der Situation liegen – dafür den Verstoß zu begehen? Diese Faktoren in etlichen verschiedenen Kombinationen liefern so viele konkrete Möglichkeiten, daß aus der reinen Anwesenheit oder Abwesenheit von Absicht im einen oder andern Sinne sich wenig Erklärung ziehen läßt. Einige bekanntere Faktorenkombinationen mögen erwähnt werden.

Eine Klasse von Verstößen betrifft sogenannte Boshaftigkeiten und Gehässigkeiten, häufig implizieren sie Arroganz, Verachtung, tiefe Feindseligkeit, so wenn ein Angehöriger der Mittelschicht anderen langsam und sorgsam direkt ins Gesicht gähnt. Boshaft verletzende Handlungen vermitteln folgenden Eindruck: sie sind leicht kontrollierbar; ihre Bedeutung kann vom Aggressor eingeschätzt werden und wird es auch; der »Übeltäter« würde sein Verhalten derzeit nicht modifizieren, selbst wenn er eine zweite Chance bekäme, und er scheint keinen andern Grund für sein Handeln zu haben, als eben das zu tun, was den anderen wehtut. Den tückischen Kränkungen sehr ähnlich sind die sogenannten bedingten Kränkungen. Sie haben die gleiche Qualität wie die böswilligen, außer daß der Übeltäter für seine Handlung Gründe hat, die außerhalb des Anlasses und der Beteiligten liegen. Hier handelt es sich z. B. um jemanden, der unreflektiert laut loslacht, während er liest, nicht aus Böswilligkeit, sondern weil er belustigt ist. Je »legitimer« natürlich die Gründe des Kränkenden sind, desto eher werden diese bedingten Kränkungen als voll entschuldbar angesehen und um so weniger Intentionalität wird ihnen unterstellt.

Heimtückische Handlungen stellen eine Art extremer Intentionalität dar. Am andern Extrem, dem der völligen Unabsichtlichkeit, steht das Delikt dessen, der einen organischen Gehirnschaden hat; er kann

seine Kränkung nicht kontrollieren, zuweilen kann er ihre Bedeutung gar nicht übersehen und tut es auch nicht, und schließlich kann er nicht zu einer Korrektur gebracht werden. Irgendwo zwischen diesen Extremen steht derjenige, der kränkt, weil er an eine andere Sprache und Engagement-Struktur gewöhnt ist, als sie in der Situation sanktioniert sind. Er kontrolliert seinen Verstoß; vielleicht wäre er gewillt, sein Verhalten zu ändern, würde er dessen gegenwärtige Bedeutung kennen; er ist zu solcher Beurteilung durchaus in der Lage. Außerdem gibt es den Fall des zurückgezogenen Einzelnen, der, wenn er nur wollte, sich aus seinem Desinteresse lösen könnte und in diesem Sinne ebenfalls sein Handeln kontrolliert. Er kann die Bedeutung seines Handelns für andere nicht abschätzen, weil er kein Interesse hat, dies zu tun, obwohl er es vermutlich könnte, wenn er wollte; er ist gegenwärtig nicht zu einer Korrektur seines Verhaltens zu veranlassen.
Dann gibt es natürlich den Menschen, der so beschäftigt ist, so nervös oder so scheu, daß er sich nicht einfügen kann. Die Gründe seines Unbehagens betrachten die anderen als vorübergehend, als natürlich und verständlich. So jemand kann die Schwierigkeit abschätzen, deren Ursache er ist, und er kann es ganz ausgezeichnet; vielleicht will er sogar aktiv sein Verhalten korrigieren, ist dazu aber im Augenblick nicht fähig. Die kreatürliche Entspannung, bekannt als »Tick«, ist ein Beispiel dafür; solches Fehlverhalten ruft zuweilen Mitleid und Verachtung für die Unfähigkeit des »Tickigen« hervor, dem Bild gerecht zu werden, das seine übrigen Mittel zur Selbstkontrolle von ihm fordern. Ein ähnliches Beispiel stellt derjenige dar, dessen Kleidung Stücke enthält, die entweder zu formell oder zu informell für den Anlaß sind, zu dem er gehen muß, und ihn dann deplaciert wirken lassen. Schließlich gibt es denjenigen, der zufällig und ganz untypisch in eine Situation eindringt, in die er nicht passen kann, der dadurch einen Verstoß begeht, den er bereut und den er auch ganz und gar hätte vermeiden können, hätte er im voraus gewußt, was geschehen würde.
Man beachte, daß in allen diesen Fällen die Zeugen den Missetäter als jemanden zu begreifen pflegen, dem die Zusammenkunft und ihre Regeln fremd sind, obwohl einigermaßen klar ist, daß in keinen zwei Fällen die Basis der Distanz dieselbe ist.
Weil die Bedeutung eines Verstoßes davon abhängt, ob die Handlung absichtlich oder unabsichtlich geschah, und weil es so viele Arten von Intentionalität und Unabsichtlichkeit gibt, leuchtet es ein, daß ein Verstoß per se noch wenig über den Abweichenden selbst aussagt. Alle, die Distanz zur Zusammenkunft bekunden, teilen vielleicht nicht alle ihre Distanz. Unter diesem Gesichtspunkt kann man dann versuchen, sorgfältig einige der Informationen über den betreffenden

Menschen zusammenzutragen, welche uns sein situationelles Fehlverhalten liefert, abgesehen davon, daß er in gewissem Sinne Distanzen der Zusammenkunft gegenüber hat. Dies läuft auf die Isolierung einiger Typen von sozialer Einheit hinaus, die – anders als soziale Veranstaltungen – Objekte von Distanzierung sein können.

1. Die Bezugsgruppe

Es ist eine Tatsache, das das Verhältnis des Einzelnen zu Zusammenkünften und sozialen Anlässen häufig etwas besagt auch über sein Verhältnis zu größeren sozialen Einheiten des sozialen Lebens. So waren auf der Shetland-Insel die wenigen, die sich nicht regelmäßig rasierten, zugleich diejenigen, die sich weigerten, ihren Vorgarten in Ordnung zu halten, obgleich ihr Anwesen und dessen Ungepflegtheit den Blicken der Inselbewohner voll ausgesetzt waren. Dieselben Menschen lehnten es ab, die örtlichen sozialen Veranstaltungen regelmäßig zu fördern, einer arbeitete sogar sonntags[4] und bekundete damit bürgerliche wie auch situationelle Unempfindsamkeit. Ähnliches erfahren wir aus einer Untersuchung über das zeremonielle Leben der britischen Unterschicht in der Stadt, wo Mitglieder dieser Gruppe »Ansehen« definierten als: ›kein Geld borgen‹, keine Arbeitslosenunterstützung beantragen, nicht mit der Haustür des Nachbarn umgehen wie mit der eigenen; dieses bürgerliche Dekorum spiegelt sich in situationellem Wohlverhalten folgendermaßen wider:
Eines der herausragenden Merkmale angesehener Leute besteht darin, daß sie »individuell« sind, was bedeutet, daß sie sehr darum bemüht sind, ihre Standards trotz Widrigkeiten und Schwierigkeiten zu halten ... wenn Arbeitslosigkeit oder andere widrige Umstände ihren Ausgaben Beschränkungen auferlegen, läuft das bei den Angesehenen nicht auf die völlige Aufgabe der Standards hinaus, denn, so sagen sie, »es kommt nicht darauf an, wieviel man bekommt, sondern *was* man damit macht«.
Die Vorstellung »individuell« zu sein, gilt besonders im Hinblick auf Kinder und Reinlichkeit. In Notzeiten vor dem Krieg mußten die

---

[4] Ich möchte wiederholen, daß es hier um die symbolische Bedeutung geht, und daß es sehr wohl Anlässe gab, wo Sonntagsarbeit durchaus zulässig war. Die selbstlose Arbeit, die darin besteht, dem in Bedrängnis geratenen Nachbarn, dem die Arbeiter fehlen, beim Einbringen der Ernte zu helfen, ist durchaus zulässig, auch am Sonntag; denn in solchem Zusammenhang wird Arbeit zum Ausdruck der Sympathie für die Gruppe und ist eine Geste der Achtung und nicht eine von Abneigung.

Kinder zwar abgelegte Kleidung tragen, aber die Mütter bestanden zumindest darauf, daß sie sauber war. »Jedes Kind tollt irgendwann herum, aber es kann dennoch gepflegt bleiben.« In einem andern Zusammenhang betonte eine Informantin, die sich über den dürftigen Zustand ihres Hauses beklagte, sie habe zumindest versucht, das Ganze »zu verdecken«, indem sie über den Kamin eine Zeitung gelegt und vor die Lücke, wo die Schranktür hätte sein sollen, einen Vorhang gehängt habe. »Aber die Schlampigen«, so sagte sie, kümmerten sich nicht einmal ums Verdecken. Man kann nichts für ein armes oder baufälliges Haus, aber man kann was dafür, ob man's hübsch macht[5].«

Ganz sicher findet sich solche Kopplung zwischen situationellen und anderen Abweichungen bei geistig Kranken »im Vorstadium«; jemand, der den ganzen Tag auf dem Sofa liegt und grübelt, erweist sich als einer, der abweicht und Normen verletzt, er hält zum Beispiel keine Verabredungen ein oder kümmert sich nicht darum, ob er Luft in den Reifen hat.

Des weiteren kann, wie bereits erörtert, eine institutionelle Rolle, die ihren hauptsächlichen Ort an einer einzigen Stelle hat, vom Inhaber verlangen, Zeichen seiner Zugehörigkeit überall, wo er geht und steht, mit sich zu tragen, sich vom Gesamtpublikum abhebend, wenn auch häufig ganz ohne seine Schuld. T. H. Pear gibt ein Beispiel dafür in einer Erörterung der Statussymbolik der äußeren Erscheinung:

Eine ernsthafte Frage wurde debattiert, wenn auch den Zeitungsberichten nach auf verblümte Weise; eine Konferenz auf hoher Ebene in London diskutierte ausführlich darüber, ob Angehörige der Kirche von England in der Öffentlichkeit jederzeit Laienkleidung tragen sollten, außer beim Tennisspiel oder andern zulässigen Spielen. Hier haben wir ein Beispiel für die Überzeugung, der im Stillen viele Leute huldigen und die neulich im Falle eines Luftwaffenoffiziers auch geäußert wurde, nämlich daß Inhaber eines Amtes gesehen werden sollten als Personen, die immer im Dienst sind; eine öffentlich zugeschriebene Rolle überschattet alle andern. In den Vorschriften mancher Schulen, eher implizit als explizit, findet sich ein Widerhall dieser Vorstellung, etwa wenn gesagt wird, ein Junge, der außerhalb des Schulgeländes seine Schulmütze nicht trage, habe nichts Gutes im Sinn oder werde zumindest bald Unfug machen. Bei der Armee haben »die unteren Chargen«, nicht jedoch die Offiziere, »Ausgeh«-Kleidung; die Vorstellung, ein hübsches Kindermädchen warte auf einen Soldaten, ist entzückend viktorianisch und echtes

---

[5] M. Broady, The Organisation of Coronation Street Parties, in: Sociological Review, 4 (1956), S. 227.

Westend. Die »Zivilklamotten« der »unteren Charge« der Nationalarmee werden sorgfältig kontrolliert von den Vorgesetzten, die sich mit verständlichen Rationalisierungen »Teddyboys« gegenüber rechtfertigen[6].
Wo der Einzelne solche Insignien nicht aus Gründen institutioneller Vorschriften benutzt, sondern weil er selbst es so will, scheint das Bindeglied zwischen öffentlicher und situationeller Distanz besonders deutlich zu sein. Die Insignien werden zu einer Art Proklamation der Distanz zum normalen Verlauf der sozialen Existenz, zur Proklamation auch einer Art Schaubeziehung dem Gesamtpublikum gegenüber. Man beachte zum Beispiel das freiwillige Anlegen einer Uniform bei Anhängern plötzlich aufkommender sozialer Bewegungen, wie der ersten europäischen Faschisten. Etwas Ähnliches ist zu sehen bei Matrosen, die ihre lebenserfahrene Solidarität und ihre Distanz zu den auf dem Festland Lebenden ausdrücken, indem sie zwischen sich und dem Scheinwohlverhalten der Gastkultur eine Tätowierung legen[7]. Einen ähnlichen Effekt erreichen College-Studenten und Beatniks (und ihre Fellow-Travellers), die Distanz zur arbeitenden Bevölkerung durch einen Vollbart[8] oder einen Zweitagebart und durch schmuddelige Kleidung bekunden. Und obwohl die Kleidungsmuster der jungen männlichen schwarzen Drogensüchtigen in den Städten nicht die der Collegebesucher sind, scheint auch ihre Aufmachung mit der Erhaltung bekundeter Distanz zusammenzuhängen[9].
Die tabuierten kreatürlichen Ventile, die gewöhnlich den Beweis für unzureichende situationelle Anwesenheit liefern, scheinen eine besonders beliebte Ausdrucksform zu sein, um eine Art Verachtung für die allgemeinen Phänomene konventioneller Gesellschaft zu bekunden; sie zeigen, wie aus Handlungen, die vermutlich unfreiwillig sind, freiwillige beabsichtigte Bemühungen werden. College-Studenten zum Beispiel wetteifern zuweilen miteinander im Rülpsen und teilen damit etwas über ihre Beziehung zur Erwachsenenwelt mit. Vorpubertäre Jungen haben ihr eigenes Spiel, das sich um Blähungen dreht; es macht es möglich, den gegen die Norm Verstoßenden zu strafen und gleichzeitig bürgerliche Standards zu umgehen.

---

[6] T. H. Pear, Personality, Appearance and Speech (London: Allen and Unwin, 1957), S. 58.
[7] Vgl. S. M. Ferguson-Rayport, R. M. Griffith und E. W. Straus, The Psychiatric Significance of Tattoos, in: Psychiatric Quarterly, 29 (1955), S. 112–131.
[8] Eine gute Beschreibung der Entfremdungsimplikationen des Bartes liefert L. Lipton, The Holy Barbarians (New York: Messner, 1959), S. 25–26.
[9] Vgl. H. Finestone, Cats, Kicks and Color, in: Social Problems, 5 (1957), S. 3.

2. Soziale Einrichtungen

Durch situationelle Unbotmäßigkeiten läßt sich auch die Abneigung ausdrücken, die der Abweichende etwas Engerem, Begrenzterem als einer Klasse oder Bezugsgruppe gegenüber empfinden mag, einer sozialen Einrichtung gegenüber zum Beispiel, einer Institution, der er angehört. Hier hat der »Milieu«-Ansatz der institutionellen Psychiatrie uns mit Daten versorgt, wie die folgenden Statements illustrieren mögen:
»Die unkonventionelle, ungehemmte Reaktion in (bestimmten) Situationen legt es nahe, daß sie eine symbolische und dunkle Geste auf seiten jener Patienten ist, denen es schwerfällt, sich überhaupt oder klar und direkt zu äußern. Sie wählen diese Reaktion als eine Form von Kommunikation, um den »unbefriedigenden« Charakter ihrer sozialen Umgebung und ihrer Teilnahme an ihr anzudeuten, ebenso die Tatsache, daß sie gewisse wichtige Erfordernisse nicht erfüllen wollen[10].«
»Hier sollte indes erwähnt werden, daß eine sorgfältigere Analyse von Natur und Bedeutung der Handlungen von Kranken anzeigen würde: Ein großer Teil des stark gestörten und störenden Verhaltens war eher eine Art von Teilnahme an einer exzessiv restriktiven und elenden Anstaltsumgebung als ein immanenter Bestandteil psychotischer Krankheit. Die meisten Gefühlsausbrüche schienen vorübergehende, impulsive Reaktionen auf Angst, Wut, Überaktivität zu sein, sie wurden im wesentlichen selbst gesteuert und eingedämmt, wenn das Personal sie durch seinen Eingriff nicht verschlimmerte[11].
In Heilanstalten stellt der Patient, der äußerlich völlig angemessen an der Situation orientiert ist, insgeheim aber etwas tut, was ihn von der gegenwärtigen Realität total entfernt, einen der dramatischsten Fälle von Distanzierung dar. Wenn abweichender Gebrauch der Engagementsprache zum Mittel wird, um Distanz zur Situation zu symbolisieren, dann scheinen diese einzelnen Inkongruenzen Symbole für Symbole zu liefern – eine Art Geste oder Proklamation von Distanzierung. So habe ich im Central Hospital einen ansonsten sich

---

[10] M. S. Schwartz, Social Interaction of a Disturbed Ward of a Hospital (unveröffentlichte Dissertation, Department of Sociology, University of Chicago, 1951), S. 199. Vgl. auch M. S. Schwartz und A. H. Stanton, A Social Psychological Study of Incontinence, in: Psychiatry, 13 (1950), S. 399–416.
[11] M. Greenblatt, R. H. York und E. L. Brown, From Custodial to Therapeutic Patient Care in Mental Hospitals (New York: Russell Sage Foundation, 1955), S. 257.

wohlverhaltenden (wenn auch stummen) Jugendlichen dabei beobachtet, wie er den Gang entlang ging mit ziemlich gedankenvoller Miene und zwei Pfeifen im Mund; ein anderer verhielt sich auch korrekt, kaute aber Zahnpasta; wieder einer lief mit Seifenschaum auf seinem rasierten Kopf umher; ein Frau ging lächelnd rückwärts und hatte ein adrett gefaltetes Handtuch auf dem Kopf; ein Mann trug einen kleinen Papierball wie ein Monokel vors Auge geklemmt, und einem andern baumelte eine Strippe aus Zeitungspapier aus der Tasche. Ein Patient nahm graziös Tabak für seine Pfeife entgegen und steckte sich das Angebotene mit einer kunstvollen Geste der Dankbarkeit in den Mund; ein anderer betrat leise die Cafeteria, nahm friedlich seine Mahlzeit ein und ging wieder weg, wenn er dazu aufgefordert wurde; während er sich so wohlgefällig verhielt, balancierte er die ganze Zeit ein Brötchen auf seinem Kopf. Ein anderer Patient tat, als nähere er sich einem Angehörigen des Personals zum Zwecke gescheiter Konversation und murmelte dann etwas in affektiertem englischem Akzent, während sichtbar wurde, das er einen Zigarettenstummel im Ohr trug. Häufig lagen Patienten auf Bänken, sich leger ausruhend, hielten dabei aber ein paar Finger oder einen Arm steif ausgestreckt, deutlich bekundend, daß sie sich keiner echten Entspannung hingaben. Zuweilen waren diese Proklamationen begleitet von einem listigen Blick des Patienten, so daß es schien, er sei sich mehr als sonst der Implikationen seiner Handlungen bewußt.

Wie bereits gesagt, scheint diese situationelle Selbst-Sabotage häufig einen Faktor in einer Gleichung von Selbstverteidigung darzustellen. Es scheint so, als ob der Patient zuweilen spüre, daß das Leben auf der Station derart ungerecht und unmenschlich ist, daß die einzige Reaktion, in der noch Selbstachtung steckt, darin besteht, das Leben hier so zu handhaben, als sei es in verachtungswürdiger Weise jenseits von Realität und Ernsthaftigkeit. Das geschieht, so scheint es, indem ein Ich projiziert wird, das entsprechend verrückt und, soweit es den Handelnden betrifft, offensichtlich nicht sein wirkliches Ich ist. Der Patient demonstriert auf diese Weise, zumindest sich selber, daß sein wahres Ich nicht beurteilt werden darf nach dem gegenwärtigen Rahmen und durch diesen auch nicht gebrochen oder verdorben wurde. Aus demselben Blickwinkel teilt er implizit mit, das Verhalten, das ihn in die Anstalt gebracht habe, sei ebenfalls keine gültige Darstellung seines wahren Ich. Kurz, der Patient kann ausgesprochen verrückt handeln auf der Station, um allen normalen Leuten klarzumachen, das er offensichtlich gesund sei. Das erklärte auch die sehr wissenden Blicke, die solche Patienten zuweilen freundlichen Außenseitern zuwerfen; sie scheinen häufig zu sagen, »dies hier ist doch eine garstige, lächerliche Welt, nicht wahr?«

Ziel mancher dieser bizarren Handlungen ist demnach zweifellos, eine Art Distanz und Isolierung vom Rahmen zu demonstrieren, und damit Distanz von der jeweiligen gesamten Einrichtung. Die Mittel dazu bestehen in Mitteilungen über die Verteilung der jeweiligen eigenen Engagements.

Es gibt noch eine Art Angriff auf die Einrichtung, die zu erwähnen wäre; sie ist klarer umrissen, bedeutet weniger Selbstzerstörung als vielmehr ein ›Langenasemachen‹. Wieder haben wir unsere Beispiele aus dem Central Hospital: ein Patient stößt seinen Stuhl zurück und bläst systematisch aus einem Nasenloch nach dem anderen Schleim in weitem Bogen heraus, oder er spuckt in einer ähnlichen Parabel oder wirft einen brennenden Zigarettenstummel quer durch den Aufenthaltsraum mit einer verächtlichen Miene[12]. Tatsächlich sind, wenn nicht absichtlich, diese »boshaften« Verstöße allesamt Gesten von Verachtung der Zusammenkunft und ihrer sozialen Organisation gegenüber.

Während Proklamationen von Distanz und Gesten situationeller Verachtung ganz sicher Mittel für den Einzelnen sind, Distanz zwischen sich und die nichtgebilligte Einrichtung, in der er sich befindet, zu bringen, gibt es jedoch immer auch noch die paradoxe Tatsache, daß diese Handlungen symptomatisch sein können für tiefes Interesse an der Einrichtung. Denn es sind Strategien, durch die der Einzelne den Konflikt zu lösen sucht zwischen seiner Anwesenheit in der Zusammenkunft und dem, was für ihn ein Grund ist, Distanz zu zeigen. Wenn solche Konfliktlösungen nicht gefunden werden, kann er gezwungen sein, etwas viel Unangemesseneres zu tun[13]. Mit anderen Worten, der Mensch ist darum bemüht, etwas mit seinen situationellen Verpflichtungen anzufangen, obwohl er absichtlich das tut, was als falsch gilt. Wenn jemand seine Distanz zur Zusammenkunft dadurch bekundet, daß er eine Illustrierte durchblättert oder ein Getränk eingießt, obschon er doch dem Redner zuhören sollte, so hält der Verstoß ihn zumindest davon ab, den Raum gänzlich zu verlassen. Diejenigen, welche die Anstandsformen, die der Versammlung gelten, offen angreifen, zollen der Zusammenkunft (und damit der umfassenden Einrichtung) also mehr Respekt als jene, die ihr überhaupt keine Beachtung schenken. Man könnte hinzufügen, daß der Unterschied zwischen jenen, die aktiv den Anforderungen der Situation sich wider-

---

[12] Hierher gehört die interessante Nebenbetätigung, von der die Zeitungen 1958 berichteten; ein berühmter Bräutigam behielt während der Trauungszeremonie die Zigarette im Mund.

[13] Da Beerdigungs- und Hochzeitsgäste von der Alltagsgesellschaft weit entfernt sein können, ist die Erlaubnis, die öffentliche Ordnung zu stören, vielleicht als eine ähnliche Art des »Verarbeitens« zu betrachten.

setzen, und jenen, die sich anpassen, unterschätzt wird; er besteht darin, daß die Widersetzlichen die soziale Zusammenkunft eher als einen besonderen Lebensbereich wahrnehmen als konventionelle Menschen, die häufig die Regeln durchgängig einhalten, ohne sich der situationellen Verpflichtungen, die ihr Verhalten stützt, bewußt zu sein.

Eine andere Basis für Distanz zur Zusammenkunft illustrieren jene, die gegenüber dem, was die Situation bringen kann, so furchtsam zu sein scheinen, daß sie sich nicht angemessen der Situation hingeben können; sie können sich der Zusammenkunft nicht so recht überlassen. Das kommt natürlich in jedem Personenkreis vor, und zwar in Augenblicken sozialer Verlegenheit. Extreme Beispiele sind bereits zitiert worden: geistig Kranke, die es schwer haben, sich voll auf ein legitimes Hauptengagement einzulassen; andere Beispiele lassen sich finden. So mag ein Paranoiker seiner Umgebung so sehr mißtrauen, daß er eine halluzinatorische Unterhaltung hinter vorgehaltener Hand führt, sich nicht trauend, offen mit jemandem zu sprechen, der gar nicht da ist. Ein beobachteter Patient hatte sich offensichtlich während der letzten acht Jahre nur wohl gefühlt, wenn er in den niedrigen Gängen zwischen Schlaf- und Aufenthaltsraum gekauert hockte. Wenn die Abteilung, wie jeden Tag, gewischt wurde, kroch der Patient von einer Tür zur andern, stand vor dem Putzpersonal, traute sich aber nicht in den Aufenthaltsraum, in die dort gegebene Situation als solche. Eine Patientin versuchte dauernd, sich aus der Situation zurückzuziehen, indem sie ängstlich Nase und Augen hinter der Hand verbarg. Diese Patienten machten den Eindruck, etwas Gefährliches, eine Seuche oder ein kleiner Balkankrieg, finde im Aufenthaltsraum statt. Auch wenn ihre Ängste als unrealistisch erscheinen, sagen ihre Reaktionen nichts desto trotz etwas darüber aus, was geschehen würde, wenn ihre Besorgnis zurecht bestünde. Und dies wiederum sagt einiges über die Art Vertrauensbeziehung, die man zu den Anwesenden haben muß, soll man sich situationell wohlverhalten.

3. Soziale Beziehungen

In sozialen Einrichtungen kann, wir haben es bereits gesagt, ein bestimmtes Mitglied als Wächter der situationellen Ordnung wirken, er muß zusehen, daß alle Anwesenden ihr Engagement in angemessener Weise verteilen. Eine Lehrerin kann zum Beispiel den Lärm und die Nebenbeschäftigungen ihrer Schüler als Formen unzulässiger Engagements interpretieren, die ihre Herrschaft im Klassenzimmer in Frage stellen. Unter Umständen ist sie gezwungen, mit dem

Lineal auf den Tisch zu klopfen, um jene Art von Ordnung in ihre Klasse zu bringen, die ein Richter mit seiner Glocke in den Gerichtssaal bringt; sie wird so auf ihre eigene Weise in der Lage sein, das Ungehörige verächtlich zu machen. In solchen Fällen können gewisse Arten von Betätigung, die in der Einrichtung verboten sind, als Handlungen interpersoneller Mißachtung präsentiert und auch als solche verstanden werden. Zuweilen sind solche Verstöße Mittel, um die Grenzen zu testen, um zu bestimmen, wie weit man bei der Kontrollperson gehen kann; manchmal wird der Abweichende in dieser Weise agieren, um zu sehen, ob der Aufpasser ihm geneigt ist, ganz gleich was er tut.

Situationelles Mißverhalten als Mittel, die Beziehung zu einem einzelnen Offiziellen in der Situation zu fördern, ist nur ein Beispiel für die allgemeine Tatsache, daß situationelle Artigkeiten oder Verstöße durchgängig als eine Art Reflexion auf die eigene Beziehung zu spezifischen anderen, die anwesend sind, gedacht sind[14]. Das läßt sich nachweisen an dem Bindeglied in unserer Gesellschaft zwischen Hierarchiesystem und Engagementsystem, zwischen dem Maß an gefordertem Respekt auf der einen und dem Maß an Rigidität des Verhaltens auf der anderen Seite. Zu Hause, im Kreise seiner Familie kann ein Mittelstandsamerikaner im Sessel hängen, seine Brillengläser mit dem Hemdzipfel polieren, seine Kinder behandeln, als seien sie auf gewisse Weise gar nicht da; er darf in der Nase popeln und muß seinen Blähungen keinerlei Hemmung auferlegen – letzteres allerdings vielleicht nur, wenn seine Frau nicht anwesend ist. Derselbe Mann im selben Rahmen, aber in Anwesenheit seines Chefs, kann durchaus leuchtendes Beispiel rigider Mittelstandsetikette sein. Will jemand Abneigung bekunden einem Menschen gegenüber, dem er normalerweise sich rigid an die Formen haltend begegnen würde, so stehen ihm als Mittel dazu extreme Äußerungen von Freizügigkeit zur Verfügung. T. E. Lawrence, der über das Leben in einem Ausbildungslager der Royal Air Force schreibt, gibt dafür ein anschauliches Beispiel:

»... unsere Bäuche sind so heiß, daß in diesem Pferch für 54 Männer keine drei Minuten vergehen, ohne daß jemand hörbar seine Winde fahren läßt. Den ›Schrei des Gefangenen‹ nennen sie es: unser sicherster Humor, der sogar die Spannung einer Waffenruhe für zwei Minuten brechen kann. Die Sergeanten schütteln sich vor Lachen,

---

[14] Die Untersuchung der Bedeutung kleiner körperlicher Aktionen und Reaktionen für die Beziehungen der in einer Situation Anwesenden hat neulich Birdwhistells Arbeit über »Kinesics« angeregt. Soziometrie ist hier ebenfalls bedeutsam. Die subtilsten Daten erhalten wir auch hier zweifellos aus Beobachtungen, die Therapeuten in ihrer Situation mit Patienten machen.

wenn jemand einen fahren läßt: denn Fürze sind nicht strafbar im Gegensatz zu jeder anderen schlagfertigen Antwort[15].«
Wir erfahren auch von anderen, weniger institutionalisierten Variationen desselben Themas[16]. Wir möchten hinzufügen, daß dann, wenn die Beziehung bereits von der Art ist, daß ihr informelle Freizügigkeit adäquat ist, sich eine Art sozialer Distanz ausdrücken läßt, indem man wieder rigide Anstandsformen aufnimmt.
Solche aggressiven Mittel sind besonders geeignet, wenn der gegen die Normen Verstoßende und sein Opfer die Szene nicht verlassen können (aus welchen psychologischen und sozialen Gründen auch immer), denn diese Mittel gestatten es dem Abweichenden, zusammen mit dem Ziel seiner Kränkung in der Situation zu verharren. Daß der Übeltäter beiläufig alle anderen kränkt, die in die Situation eintreten, ist der Preis, den er für die Wahl seiner Waffe zu entrichten hat und steht häufig im Zusammenhang mit seiner eventuellen Einweisung in eine Heilanstalt. Wenn entsprechend jemand sich für situationelle Anstandsformen entscheidet als Mittel, einer bestimmten Person Achtung zu zollen, dann können – wie früher im Zusammenhang mit Parfüm angedeutet – auch die übrigen Anwesenden in diesen Genuß kommen. Auf jeden Fall ist so zu verstehen, daß in der Organisation von Engagement mit dem »Sie-gestatten«-Austausch ein Standardmechanismus liegt; durch diesen Austausch wird um Erlaubnis für Lockerungen gebeten und diesem Wunsch stattgegeben, durch ihn wird Lockerung angeboten und zugebilligt von jenem und für jenen Anwesenden, dem Achtungsbeweise zukommen. Auf diese Weise kann der Handelnde partiell die Engagementstruktur aus dem Hierarchiesystem herausschälen.
Hier haben wir übrigens einen wichtigen Typus von Herrschaft. Derjenige in der Situation, dem das rigideste Anstandsverhalten in der Situation geschuldet wird (im Gegensatz zu Personen, bei denen lockeres Verhalten angemessen ist), neigt dazu, die Zusammenkunft zu »dominieren«, ohne zu beachten, inwieweit er den übrigen Anwesenden gegenüber in einer hoffnungslosen Minderheit sich befindet, ihnen, die alle gleich vertraut miteinander sind und die sich locker verhalten könnten, wäre er nicht da. So wird der Wandel des Verhaltens von Männern in Anwesenheit von Frauen kaum davon beeinflußt, wie viele Frauen da sind, häufig genügt eine einzige. Auf der Shetland-Insel pflegte bei irgendwelchen Geselligkeiten, wenn nach den Spielen und der Preisverteilung der Tanz begann, der *gesamte* Landadel aufzubrechen. Offensichtlich spürten die Herr-

---

[15] T. E. Lawrence, The Mint (London: Jonathan Cape, 1955), S. 38.
[16] Über einige schreibt A. S. Lorand, Aggression and Flatus, in: International Journal of Psycho-Analysis, 12 (1931), S. 368.

schaften, daß ein einziger von ihnen, der bliebe, mit seiner Anwesenheit die gesamte Veranstaltung zu einem allzu zurückhaltenden Ton zwingen würde. Eine ähnliche Wirkung scheint auch durch die Anwesenheit einer Anstandsdame bewirkt zu werden.
In Situationen, wo nur zwei Personen anwesend sind, trägt situationelles Wohlverhalten eine besonders schwere Last an Informationen über die Beziehung, speziell was Nebenengagements anbelangt[17].
Man spricht von Prostituierten, die für ihre Kunden Mißachtung demonstrieren, indem sie während des Geschäfts rauchen oder sich die Nägel feilen, und von den Männern sagt man, sie revanchierten sich, indem sie den Hut aufbehielten.
Das Verhältnis zwischen dem situationellen Fehlverhalten eines Menschen und seinem emotionellem Engagement an einzelne Anwesende ist natürlich etwas, worüber Psychiater der Sullivanschen Richtung uns viel berichtet haben. Manche Psychiater sehen hier in der Tat das zentrale Problem bei der Betrachtung von Fehlverhalten[18]. Ein sehr wichtiges Beispiel, das diese Analyse belegt, ist die private Desorganisation von Verhalten, die häufig jemanden kennzeichnet, kurz ehe seine Familie eine Einweisung für notwendig hält. Während seine Schwierigkeit durchaus verursacht sein kann durch seine Beziehung zum Ehepartner oder zu den Eltern, schließen die ihm zur Verfügung stehenden Äußerungen, soll er nicht das Haus verlassen, die Negierung häuslicher situationeller Verpflichtungen ein. Es ist ihm überlassen – um in der Sprache von Fallgeschichten zu reden –, als schlampig, faul, unsauber, abgewandt, unaufmerksam, achtlos, vulgär, schläfrig oder nachlässig und gleichgültig den Kindern gegenüber usw. bezeichnet zu werden. Die »Genesung« einiger dieser Abweichenden, sind sie erst in der Heilanstalt, hängt oft nicht mit der Isolation und der Therapie zusammen, die diese Institutionen verfügen, sondern mit der Tatsache, daß, wie Psychiater selber oft betonen, die jeweiligen Zielobjekte für Kränkung einfach nicht mehr vorhanden sind.

4. Kontakte

Wir brauchen nicht besonders anzumerken, daß es zu Fehlverhalten natürlich auch kommen kann, weil jemand dem statthabenden Kon-

---

[17] Vgl. Encounters, S. 40.
[18] Ein Beispiel für psychiatrische Analyse von Mißverhalten gibt S. Feldman, Mannerisms of Speech and Gestures in Everyday Life (New York: International Universities Press, 1959), bes. Teil II: Gestures and Other Nonverbal Expressions.

takt fremd gegenübersteht oder zumindest so erscheinen möchte. Beispiele geben die Gruppentherapiesitzungen in Kliniken, wo Patienten, gezwungen teilzunehmen, nun absichtlich und betont Illustrierte lesen oder Patiencen legen[19].

Ich habe gesagt, daß situationelles Fehlverhalten eines Einzelnen den Betroffenen, zu Recht oder zu Unrecht, bedeuten kann, daß der Akteur weniger zur Zusammenkunft selbst als zu seiner Gruppe, seiner Einrichtung, seinen Freunden oder seiner Konversation Distanz hat. Indes muß ganz klar gesagt werden, daß, wie groß die Distanz zum Zielobjekt der Kränkung auch immer sei, die Sprache in diesem Falle zuallererst Mittel ist, Distanz oder Zuneigung zur Zusammenkunft auszudrücken. Alles andere, was der Einzelne auf diese Weise sagt, ganz gleich wie entscheidend es für die Bedeutung seiner Handlung auch sei, es muß den ursprünglichen situationellen Inhalten hinzugefügt werden. Und um welche soziale Einheit, der jemand seine Beziehung bekunden will, es auch immer gehen mag, viele der Zeichen, auf die er sich stützen muß, gehören einfach einer situationellen Sprache an und sind in ihr geschrieben. Wegen dieser Neigung, die situationelle Sprache der Beziehung zu benutzen, ist sie zugleich mehr und weniger wichtig, als man zunächst annehmen könnte.

Wir können jetzt zu den Folgerungen kommen und damit zu jenem Punkt, wo der Soziologe einen Grund haben könnte, aus der Hand des Psychiaters zu fressen, die ihn mit Daten füttert. Doch während Psychiatrie unsere Aufmerksamkeit zwangsläufig auf situationelles Fehlverhalten lenkt, scheint sie an bestimmten Punkten in laienhafte Auffassungen diesem Verhaltensaspekt gegenüber zu verfallen; sie versucht, da zu rationalisieren, statt uns über diese Vorstellungen hinauszuführen. Der Psychiater, der in einem Büro oder Hospital eine beträchtliche Bürde diagnostischer Arbeit und die Verantwortung für eventuelle Einweisungen trägt, tendiert gegenwärtig dahin, seiner eigenen spontanen Reaktion auf das Verhalten dessen, den er diagnostisch untersucht, etliches Gewicht beimessen; und weitgehend auf Grund dieser Reaktion entscheidet er, ob das Verhalten des Subjekts der Situation angemessen oder unangemessen sei. Ist das Verhalten unangemessen, entscheidet er weiter, ob es in eine der nicht-symptomatischen Klassen situationellen Fehlverhaltens einzuordnen sei[20], oder ob

---

[19] Vgl. zum Beispiel H. A. Wilmer, Social Psychiatry in Action (Springfield, Ill.: Charles C. Thomas, 1958), S. 262ff. Wilmers Buch liefert, wie einige andere Bücher über Gruppentherapie, sehr nützliches Material über die Struktur und Dynamik von Begegnungen, in denen viele Menschen engagiert sind.

[20] Einige der bereits vorgetragenen Gründe für nicht-symptomatisches Fehlverhalten sind: Unfälle (definiert als unangemessenes Verhalten, das

es Geisteskrankheit bedeute. Dabei handelt er in gewisser Weise natürlich wie ein Laie – und sei seine Analyse der psychodynamischen Implikationen einer besonderen Inadäquanz noch so fachkundig –, weil es keinen umfassenden Konsens in der Gesellschaft, vor allem nicht hinsichtlich der geringfügigen Verstöße, gibt, wie die Unterscheidungen anzuwenden seien. Kurz, jede dieser Unterscheidung zwischen symptomatischer und nicht-symptomatischer Inadäquanz ist ein im Denken unserer Gesellschaft zutiefst verwurzelter Modus; er läßt uns jede Art von Fehlverhalten in dieser doppelten Weise aufteilen, ungeachtet der Gutartigkeit eines Ausbruchs oder auch nur seiner Bedeutung.

Diese dichotomisierende Tendenz wird natürlich kräftig bestärkt durch unsere institutionellen Übereinkünfte; denn nach allem muß jemand, der sich unangemessen verhält, entweder in die Heilanstalt oder er muß nicht in die Heilanstalt, und in beiden Fällen muß eine angemessene Begründung, ein Prinzip, geliefert werden, da die unterschiedlichen Konsequenzen für den von der Norm Abweichenden und seine Verwandten sehr erheblich sind.

Wie jeder andere wird auch der Psychiater manches Verhalten als ungemessen interpretieren, einfach weil er mit der Engagementsprache und den Engagementregeln der Kultur, welcher die Gruppe und der Patient angehören, nicht vertraut ist. Es kommt zum Beispiel vor, daß ein emigrierter männlicher, mittelständischer Jude in mittleren Jahren, der Psychiater ist, selbstsichere detaillierte Urteile abgibt über die symptomatische Bedeutung des affektiven Tons eines weiblichen, jugendlichen schwarzen Patienten aus der Unterschicht – eine interessante Leistung, da es nicht viele Kontakte gibt, in denen beiden Personen Gelegenheit haben, die unmittelbare Anwesenheit oder das Verhalten des anderen als natürliche, ungezwungene Sache zu sehen.

Ähnlich interpretieren Menschen, die einen geistig Kranken oberflächlich kennen und ihn nur während flüchtiger Begegnungen sehen, eine Reihe von Handlungen als symptomatisch für seine geistige Verwirrung, während jene, die mit ihm gelebt haben, diese

---

der Handelnde hätte vermeiden können und wollen, hätte er im voraus gewußt, er würde so handeln); zeitweilig emotionelle Zustände, wie Müdigkeit, Trunkenheit und Nervosität; verständliche Gedankenverlorenheit, etwa wenn ein werdender Vater sich nicht angemessen einer Situation anpassen kann; organische, aber nicht geistige Bedingungen, wenn zum Beispiel jemand, der taub ist, sich in der Situation nicht angemessen zurechtfindet; oder Umweltbedingungen, so wenn jemand mit dem Ritual und dessen Ausdrucksform nicht vertraut ist in einer Gesellschaft, in der er sich befindet.

Handlungen eher übergehen und sich auf andere konzentrieren[21]. So können auch Handlungen, die für einen Außenstehenden Zeichen geistiger Verwirrung zu sein scheinen, wie der Anblick von psychisch Kranken, die auf dem Boden liegen oder sich vom Teller ihres Nachbarn bedienen, normativ natürlich werden, wenn man, vertraut mit dem Verhaltensrahmen, begreift, daß der Fußboden benutzt wird, weil die Bänke zu hart und nicht in ausreichender Anzahl vorhanden sind, und daß man, weil niemand der Besitzer der Speisen ist und es zuweilen ausreichend davon gibt, schon einmal vom Teller seines Nachbarn essen kann. Und von Psychiatern selber ist zu erfahren, daß auch die regressivste »primitive« Handlung zuweilen »verstanden« werden kann, wenn nämlich ihre bizarr »bedeutungslose« Qualität von ihr abfällt und ihre rührend menschliche Qualität sichtbar wird.

Und doch kann man sagen, daß alle diese Fragen nur Abwandlungen des Problems darstellen und daß die Grundposition des Laien und des Psychiaters immer noch gilt: Man kann sagen, wichtig an einigen Inadäquanzen sei nicht, daß sie Regeln brechen, sondern daß die Abweichenden überhaupt etwas so Übles tun wollten – oder Grund hatten, es zu tun –, wie diese Regeln zu brechen. Es ist sicher von Belang, ob jemand auf ein unangemessenes Ereignis reagiert, indem er in katatonischen Stupor verfällt; aber unser Interesse gilt und sollte dem gelten, was mit dem Geist des Abweichenden passiert ist, und nicht, was mit der Zusammenkunft geschieht, in der es zu besagtem Stupor kommt. Man kann auch sagen, je schwerer jemand die herrschenden Regeln verletzt, um so tiefer ist seine Persönlichkeit geschädigt und um so ernsthafter ist seine Krankheit, obwohl diese Behauptung eher der praktizierten Annahme administrativer und offizieller Psychiatrie entspricht als der erklärten Lehre Freudscher Psychodynamiken. Ein gutes Beispiel ist hier eine Person, die unter Veitstanz leidet, deren allmählicher sozialer Abstieg – so wird dies gesehen – den irreversiblen allmählichen Verlust der grundlegenden organischen Fähigkeit, ein menschliches Wesen zu sein, widerspiegele.

Zweifellos liegt in dieser Position viel Wahrheit, dennoch sollte ein ergänzendes, wenn nicht alternatives soziologisches Argument daneben eingeführt werden.

Eine bestimmte Zusammenkunft ist als Zusammenkunft kaum von irgendwelcher Bedeutung. (Die einzelnen Individuen, die die Zusammenkunft ausmachen, haben natürlich jeweils ihre eigene

---

[21] Eine Erörterung dieser Probleme findet sich bei C. G. Schwartz, Perspectives on Deviance – Wives' Definitions of Their Husbands' Mental Illness, in: Psychiatry, 20 (1957), S. 275–291.

individuelle Bedeutung.) Zusammengenommen jedoch haben Zusammenkünfte eine große Bedeutung, denn in diesen Zusammenkünften ist zum großen Teil unser soziales Leben organisiert. Zusätzliches Interesse an den Regeln, die das Verhalten in sozialen Situationen lenken, leitet sich von der Tatsache her, daß Brüche als Zeichen genommen werden können dafür, daß dem Abweichenden nicht zu trauen sei, ob er seine Position in der Situation nicht zum Zwecke von Übergriffen, Störungen oder Annäherungen ausnutzt, mag auch der ursprüngliche Bruch selber durchaus als harmlos angesehen werden können. Deshalb werden jene, die eine besondere Engagementsprache sprechen, wahrscheinlich spüren, daß ihre Regeln für die Teilnahme an Zusammenkünften entscheidend sind für das Wohlbefinden der Gesellschaft – daß diese Regeln natürlich, unverletzlich und fundamental richtig sind. Und diese Personen werden einiger Mittel bedürfen, um sich gegen die Zweifel zu verteidigen, die durch Personen, die die Regeln brechen, auf diese Regeln geworfen werden. Je schwerer der Verstoß, um so größer die Notwendigkeit für solche kompensatorische Verteidigung.

Eine Möglichkeit, situationelle Verstöße zu korrigieren, besteht darin, den Abweichenden als einen anzusehen, der unnatürlich ist, nicht so ganz vollgültiges menschliches Wesen; denn dann schlägt der Verstoß auf ihn zurück und nicht auf das, was er verletzt hat. In dem Maß, in dem die gebrochene Regel wichtig ist für die Organisation von Zusammenkünften, wird eine Notwendigkeit bestehen, ihren Bruch als profunde Selbstanklage des Akteurs zu behandeln. Gegenwärtige psychiatrische Diagnose und Behandlung – in der Praxis, wenn auch im Gegensatz zu einigen psychologischen Theorien – bieten diesen Ausweg an, auch wenn der Verstoßende psychologischer Krankheit geziehen wird und nicht der Einfalt oder der Besessenheit durch den Teufel. Hier kann offensichtlich die relativ kleine Zahl organischer Fälle, die tatsächlich diese Auffassung stützen, als Beweis eines nicht allzu bewußten Modells genommen werden[22].

Psychiater scheinen kaum den Verdacht zu hegen, sie vermuteten und stützten eine Art prästabilierter Harmonie, fast zu schön, um wahr zu sein. Denn was ist dem eigenen Gefühl, die Welt sei in Ordnung, angenehmer als der wissenschaftliche Beweis, daß die Spezies von schlechtem Verhalten, die wir nicht mit Hilfe unserer Methoden erklären können, einfach auf eine Krankheit der so agierenden Person zurückzuführen sei, und, natürlich, daß je schlechter diese Person sich benehme, sie um so kränker sei? Was auch immer die Psychiatrie demnach für den Abweichenden tut – und das schwankt sehr –, es

---

[22] Vgl. E. Goffman, The Medical Model and Mental Hospitalization, Asylums (New York: Doubleday Anchor, 1961), S. 351–352.

wirkt sich zusätzlich als Schutz der Unverletzlichkeit des sozialen Anlasses und der Gefühle der Beteiligten aus. Das ist ein ganz wichtiger Dienst. Wir *müssen* denken, daß situationell sich Vergehende krank seien; manchmal läßt sich natürlich nachweisen, daß sie wirklich krank sind, aber selbst diese Nachweisbarkeit darf uns kein Grund sein, so zu denken.

Nimmt man die Position ein, daß viele nicht-organische »funktionale« Formen geistiger Verwirrung (Funktionsstörungen) keineswegs Formen von Krankheit sind, sondern eine Klasse situationeller Verstöße, die bestraft und neutralisiert werden dadurch, daß man Krankheit unterstellt, dann sind einige Schwierigkeiten in der laien-psychiatrischen Perspektive zu lösen.

Eine dieser Schwierigkeiten besteht darin, daß die Haltung eines Patienten, die man als »regrediert« klassifiziert, uns eindeutig den Eindruck zu vermitteln scheint, er sei völlig und unwiderruflich verschieden von normalen menschlichen Wesen – ein Gefühl beiläufig, das Soziologen aus ihren Untersuchungen über Kasten und soziale Klassen kennen. Diese Auffassung geht einher mit der laien-psychologischen Annahme, ein angemessenes Maß an Munterkeit und situationeller Orientierung sei der natürliche menschliche Zustand, katatonisches Schweigen hingegen müsse sich durch etwas Besonderes hergestellt haben oder zumindest etwas Spezifisches darstellen, was der Erklärung bedarf. Wenn der Patient wieder »herauskommt«, wie er es gewöhnlich tut, gibt es meist keinen befriedigenden Weg, unser gegenwärtiges Bild von ihm in das vorherige zu integrieren. Und wir können auch nicht erklären, wie es möglich ist, daß manche Patienten, die völlig ohne Kontakt zu sein scheinen, plötzlich jemand einen wissenden Blick zuwerfen oder ein Gefühl ausdrücken, das einfach zuviel enthält, um unter den Tisch zu fallen. Diese Diskrepanzen können soziologisch verarbeitet werden, indem man davon ausgeht, der Patient sei vor allem niemals »in etwas hineingegangen« und es habe deshalb nichts gegeben, aus dem er wieder habe »herausmüssen«. Man könnte sagen, macht sich jemand erst einmal frei von Respekt sozialen Zusammenkünften gegenüber, gleich aus welchen der vielen möglichen Gründe auch immer, dann wird Immobilität (oder im anderen Falle motorische Erregung) zu einem angenehmen Zustand; und was wirklich der Erklärung bedarf, ist unser normatives Niveau angemessener Lebhaftigkeit – selbst wenn es nur wenige Ausnahmen hierzu gibt. Natürlich müssen wir wissen, was jemanden außerhalb der Normen einer Zusammenkunft stellt, und bestimmt ist solche Distanz zuweilen Symptom einer tiefen Persönlichkeitsstörung; aber unsere Attitüde situationeller Botmäßigkeit gegenüber, der wir fast religiös anhängen, macht uns zu schlechten Erforschern von Fehlverhalten. Wir können dem laien-psychiatrischen Ansatz zustimmen, daß die

menschliche Persönlichkeit eine organische Basis habe und normalerweise eine schnelle fundamentale Veränderung nicht zu erwarten sei; dann müssen wir aber anderswo nach einer Erklärung für plötzliche Veränderungen im »Zustand« des Patienten suchen. Und wenn wir woanders suchen, finden wir, daß das, was sich gänzlich und plötzlich ändert, die Botmäßigkeit seines situationellen Verhaltens und die Wahl seiner Strategien ist, mittels derer er seine Beziehung zu seiner Umgebung ausdrückt. Diese beiden Veränderungen können natürlich langsam geschehen, aber jeder normale Mensch hat die Fähigkeit, die harmonische Form einer Situation im Handumdrehen zu sprengen.
Eine weitere Illustration der Schwierigkeiten des laien-psychiatrischen Ansatzes seien genannt. Wie früher angedeutet, basiert die Vorstellung, »geistige Funktionsstörung« sei ein Fall von Krankheit, der in gewisser Weise der des Paretikers ähnele, zum Teil auf der Tatsache, daß es in vielen Fällen extrem schwierig ist, allein aus dem Verhalten zu schließen, ob jemand an einer organischen Psychose oder an einer durch Funktionsstörung leidet. Annahme dabei scheint zu sein, das Fehlverhalten organisch kranker Patienten sei durch und durch symptomatisch, und wenn Funktionsgestörte eben dieses Verhalten zeigten, könne zumindest gesagt werden, sie verhielten sich symptomatisch. Wie eine psychogen begründete Verwirrung eine Verhaltensstruktur entstehen lassen kann, wie sie bei organischen Fällen zu finden ist, wird indes nicht erklärt. Der Soziologie der Situationen nach kann dieses glückliche Zusammentreffen zwischen organischen und Verhaltenssymptomen nur angenommen werden. Was auch die verschiedenen Gründe – soziale oder organische – von Abweichung seien, es gibt gewöhnlich nur einen Komplex situationeller Regeln innerhalb einer gegebenen Situation. Und diese Regeln müssen gebrochen werden, wenn bedeutsame Abweichung festgestellt werden soll, nenne man diese Abweichung nun ein Symptom oder nicht. Man nehme zum Beispiel jene Form von Besessenheit, die in Trinidad bzw. im Shangokult mit einiger Häufigkeit auftritt und als sogenannte »weré« bezeichnet wird:
»Menschen in diesem Zustand, auf halbem Wege zwischen totaler Besessenheit und normalem Verhalten, gelten als ›Sendboten höherer Mächte‹; sie bewahren übrigens ein hohes Maß an Bewußtsein. Die ›weré‹ kommt zum Ausdruck im Ungehorsam zeremoniellen Regelungen gegenüber, im Rauchen, im Fluchen, im Lächerlichmachen heiliger Stätten oder im Bespucken heiliger Gräber.
Das Verhalten wird extrem kindisch; der Besessene lispelt betont, näßt ein oder besudelt sich, benutzt vulgäre Gesten und vulgäre Sprache. Zuschauer sind ihm gegenüber tolerant, man behandelt ihn wie ein ungezogenes, aber geliebtes Kind. Jemand in diesem Zustand behauptete, er sei eben in »New York Thity« gelandet, sein Flugzeug

sei vor dem Gartentor geparkt. Er lud alle anwesenden Frauen herzlich ein, das Innere seines Flugzeuges mit ihm zusammen zu besichtigen (er rief bei allen Anwesenden hysterisches Gelächter hervor[23]).« Es ist möglich, diese Art von Verhalten als eine Form vorübergehender Psychose zu betrachten, aber je mehr wir über die Voraussetzungen zu solchem Verhalten und über die Stellung dieser Menschen in der Gemeinschaft erfahren, um so mehr kommen wir zu dem Schluß, daß auf dasselbe Vokabular von Inadäquanzen zu rekurrieren sei, ungeachtet der Gründe und der Bedeutung der Abweichung. (Diese Lektion wurde natürlich von Freudschen Psychiatern in ihrer Theorie, wenn nicht in ihrer Praxis selber gelehrt im Zusammenhang mit der Vorstellung, daß ein psychotisches Symptom eine Verteidigung sein und total geändert werden könne, ohne daß sich die zugrunde liegende Psychopathologie ändere, während zur gleichen Zeit ähnliche Symptome an Personen von völlig anderer Psychopathologie zu beobachten seien.)
Hier hat uns paradoxerweise der vergleichende Ansatz doch einen Bärendienst erwiesen. Psychiater, die fremde Länder besuchen, stellen oft fest, die Kultur dort sei völlig andersartig und die Sprache sehr schwer zu verstehen. Aber sehr häufig ist ihnen auch das Verhalten von dortigen Geisteskranken vollkommen geläufig; betreten sie eine lokale geschlossene Anstalt, fühlen sie sich wie zu Hause. Da sie sich auf ähnlich vertrautem Territorium sehen, wenn sie in einen Operationssaal blicken oder einen Eingeborenen untersuchen, der an Masern erkrankt ist, neigt man zu der Annahme, woran Geisteskranke litten, sei eine medizinische Art von kulturunabhängiger Verwirrung. Hier wäre indes die Möglichkeit in Betracht zu ziehen, daß einige derselben Regeln situationellen Wohlverhaltens sozialen Zusammenkünften in vielerlei Kulturen zugrunde liegen könnten. In dem Maß, in dem es Gleichförmigkeiten quer durch die Kulturen gibt, gibt es auch Fehlverhalten, das international als solches gilt; und dann sind Psychiater in der Tat überall in der Welt zu Hause.
Ein letztes Beispiel für die Nützlichkeit der situationellen Auffassung sei vorgetragen. In Heilanstalten sehen wir, daß dort ein Verhalten toleriert ist, welches Menschen draußen große Angst einjagen würde. In der Tat beschäftigen sich Patienten in der Anstaltsgemeinschaft mit den anspruchsvollsten Aufgaben, bedenkt man ihren sozioökonomischen Status, sie praktizieren dabei aber die schreiendsten situationellen Inadäquanzen. Solches Verhalten wird als »gute Hospitalanpassung« bezeichnet, und die sichtbare Leistungsfähigkeit dieser Patienten wird gern der »Schutzfunktion« der Anstaltsumgebung zu-

---

[23] W. und F. Mischel, Psychological Aspects of Spirit Possession, in: American Anthropologist, 60 (1958), S. 252–253.

geschrieben, eine Erklärung, die jedem gestattet, den Patienten weiterhin als Kranken anzusehen. Untersuchen wir indessen die Sache näher, so stellt sich heraus: ein wichtiger Punkt, durch den das soziale Leben im Innern sich von dem draußen unterscheidet, besteht darin, daß die Insassen Menschen sind, deren Bedrohlichkeit für die situationelle Ordnung hervorragend aufgefangen wurde, indem man ihnen den Status des eingewiesenen Geisteskranken mit allen Begleitumständen von Einkerkerung und Stigmatisierung verlieh. Es besteht keine Notwendigkeit, hier jeden Bruch negativ zu sanktionieren, weil eben der Rahmen, in dem diese Brüche vorkommen, selbst bereits eine permanente negative Sanktion darstellt. Der Bruch ist etwas, wofür im voraus bezahlt wurde. Was für das öffentliche Wohl draußen einen gefährlichen Verstoß bedeutet, ist drinnen eine unwichtige Sache. Die Patienten, die tatsächlich das Leben in der Anstalt allmählich mögen, tun dies teilweise aus eben diesem Grund. Für alle erkennbar des Wahnsinns beschuldigt, brauchen sie die tiefe Demütigung und Peinlichkeit nicht mehr zu fürchten, die häufig folgt, wenn diese Anschuldigung von bisher nichtsahnenden Personen kommt.
Eine situationelle Analyse bietet demnach einige Alternativen zur psychiatrischen Auffassung, pointiert aber gerade dadurch auch die sozialen Funktionen des medizinischen Modells. Psychiatrie und Einweisung in die Heilanstalt stellen zum Teil die Therapie dar, mit der unsere Gesellschaft den Bedrohungen ihrer Anstandsnormen begegnet. Aber dies ist schließlich eine teure Kur, denn einen Teil der Kosten trägt grimmig der Staat, den anderen der »Straffällige«.
Zumindest eine ernste Frage bleibt. Vorausgesetzt, Symptome geistiger Verwirrung sind meist Fälle situationellen Fehlverhaltens, dann, so wird argumentiert, kann von hier aus die Psychiatrie nicht ins Spiel kommen, denn es gibt andere situationelle Verstöße und situationelle Freiheiten, mit denen sie sich keineswegs befaßt. Frechheit, Verachtung, Indifferenz, Anmaßung – alles sind Eigenschaften, die in situationellem Mißverhalten ihren Ausdruck finden, und doch weiß man, daß Menschen mit diesen Eigenschaften nicht krank sein müssen. Ähnlich können Menschen in Zusammenkünften allerlei Schrullen zeigen; niemand würde automatisch behaupten, sie seien verrückt. Es gab auch vornehme aristokratische Exzentriker, die die Anstandsformen serienweise verletzten und dennoch dem Vorwurf des Wahnsinns entgingen. »Ausgehend von der Situation«, so pflegte man zu sagen, sind alle diese Schrullen zu verstehen und mit geistiger Gesundheit durchaus im Einklang.
Problematisch ist hier der Terminus »Situation«, denn in diesem Zusammenhang hat er eine spezielle Bedeutung. Die Zusammenkunft innerhalb einer Situation, wie sie in dieser Abhandlung definiert war,

erleidet in vielen dieser Fälle einen Affront. Aber die sozialen Umstände des Abweichenden immunisieren ihn gegen eine mögliche Bestrafung.
Ob wir es mit einem Einzelnen oder mit einer Gruppe Abweichender zu tun haben, die alle gemeinsam dieselben Verstöße praktizieren, ist nicht der springende Punkt, nicht das Problem; die Frage ist, ob der Missetäter in einer Lage ist, die verhindert, daß etwas gegen ihn unternommen wird. Viele Leute begehen situationelle Verstöße. Die Gesellschaft würde in der Tat hoffnungslos stagnieren ohne solche Abweichung. Ein geistiges Symptom indes ist ein situationeller Verstoß, mit dem der sich Vergehende nicht fertig wird; er ist weder in der Lage, die anderen zu zwingen, seinen Affront zu akzeptieren, noch sie zu überzeugen, daß andere erklärende Gründe zu akzeptieren seien. Situationelle Erfordernisse haben moralischen Charakter: der Einzelne ist gezwungen, ihnen Rechnung zu tragen; zudem soll er dies auch wollen; mißlingt es ihm, wird gleichsam offiziell davon Kenntnis genommen. Ist dieser Charakter situationeller Verpflichtungen aber erst selbstverständlich, müssen wir sehen, daß ihre Untersuchung in viele verschiedene Richtungen läuft. Wir können mit vielen verschiedenen Motiven für Übereinstimmung mit ihnen rechnen, mit vielen verschiedenen Gründen, sie zu brechen, mit vielen verschiedenen Wegen, Brüche zu vertuschen oder zu entschuldigen, und mit vielen verschiedenen Möglichkeiten, mit dem Abweichenden umzugehen. Wir können auch damit rechnen, daß Regeln, die vor dem einen Publikum befolgt oder gebrochen werden, vor einem anderen Auditorium von derselben Person nicht in derselben Weise gehandhabt werden. Und wir sehen natürlich, daß eine bestimmte Norm für Engagement, die in der einen Gruppe eingehalten wird, in der anderen durchaus ohne Anklang bleibt. Ein Thema dieser Studie lautet demnach: eine moralische Norm kann nicht als Mittel dienen, die Welt zu dichotomisieren in solche, die sie stützen, und solche, die sie stören. Tatsächlich wird es immer schwieriger, über jemand, der eine Norm bricht, etwas zu sagen, je mehr vergleichende Information über die moralische Norm wir erlangen. Wir würden ganz bestimmt zögern, ohne weitere Beweise die populäre und die psychiatrische Auffassung zu akzeptieren, es gäbe eine einzige Klasse situationeller Verstöße, die den Forscher zwängen, von der sozialen Ebene auf eine spezielle, nämlich die der tiefsten Schichten von Persönlichkeiten überzugehen.
Wenn wir nun Insassen von Heilanstalten als Menschen ansehen, die Engagementregeln brechen, und wenn wir diese Regeln etwas großmütiger betrachten, wird es möglich, die sauer-verdiente Konzeption in Frage zu stellen, Anstalts-Insassen seien notwendig »kranke Personen«. Selbst eine locker definierte soziale Zusammenkunft ist immer noch

ein enger kleiner Raum; es gibt mehr Türen, die hinaus und hineinführen und mehr psychologisch normale Gründe, sie zu durchschreiten, als jenen träumt, die situationeller Gesellschaft gegenüber immer loyal sind.

FÜNFZEHNTES KAPITEL
Schlußfolgerungen

Unsere Studie befaßte sich mit dem Verhalten an öffentlichen Orten, speziell mit jenem Aspekt der öffentlichen Ordnung, der das Wohlverhalten von Menschen auf Grund ihrer gemeinsamen Anwesenheit betrifft. Indes wurde nur ein Ausschnitt aus diesem Verhalten untersucht. Reglements zum Phänomen der physischen Gewalt sind kaum erörtert worden, und auch kaum solche, die dem Anspruch auf substantiellen Beistand gelten, den Menschen in einigen Gesellschaften an anwesende Fremde anmelden können. Mehr noch, ich habe nur wenige jener »Persönlichkeitskreise« betrachtet, welche die Menschen um sich ziehen, und welchen die anderen auf vielerlei Weise Respekt zu zollen haben. Unsere Betrachtung beschränkte sich auf die Regelung kommunikativer Handlungen, der expressiven und sprachlichen, und besonders solcher Aktionen, deren Bedeutung über Gesprächszirkel und -gruppen hinausdrängt und sich auf die Gesamtsituation erstreckt. Sicherlich ist die Reglementierung von Kommunikationsverhalten nicht allein im Hinblick auf die öffentliche Ordnung interessant, sondern ist auch in sich selbst wichtig genug, um mit Begriffen, die ihren Erfordernissen direkt auf den Leib geschneidert sind, untersucht zu werden. Spezielles Interesse hatte dem zu gelten, daß die Symptomatologie der »geistig Kranken« zuweilen mehr zu tun hat mit der Struktur der öffentlichen Ordnung als mit der Natur verwirrter Geister.
In unserem Bericht wurden drei soziale Einheiten verwendet, alles Interaktionsentitäten. Da war der *Blickkontakt oder die Begegnung*, bestehend aus einem Kreis, normalerweise konversationellen Inhalts, in dem ein einziger Brennpunkt visueller und kognitiver Aufmerksamkeit als wechselseitig verbindlich für die Teilnehmer akzeptiert ist. Die zweite war der *soziale Anlaß, die Veranstaltung*, bestehend in der weiteren sozial-psychologischen Einheit, die den Bezugsrahmen stellt, in dessen Grenzen der Kontakt stattfindet. Die dritte und einzig im Detail behandelte war die *soziale Zusammenkunft*. Anfangs war sie definiert als der umfassende Rahmen für alle Personen, die sich

während eines kontinuierlichen Zeitraums in gegenseitiger Anwesenheit voneinander befinden, wobei ihre Anwesenheit eine *soziale Situation* schafft; eine Umgebung voller Überwachungsmöglichkeiten, in der der Eintretende zum Teilnehmer an der hier stattfindenden Zusammenkunft wird. Gegen Ende der Untersuchung gewann der Begriff der »Zusammenkunft« mehr an Inhalt, an Bedeutung. Auf Grund von Anwesenheit in einer sozialen Situation, die wiederum innerhalb einer sozialen Veranstaltung ruht, modifizieren die Menschen ihr Verhalten auf vielerlei normativ bestimmte Weise. Menschen, die gemeinsam anwesend sind, werden so aus einer reinen Ansammlung zu einer kleinen Gesellschaft, einer kleinen Gruppe, einer kleinen Niederlassung sozialer Organisation. Ähnlich bilden die Modifikationen in ihrem Verhalten, die dadurch zustande kommen, daß sie in einer bestimmten sozialen Situation sich befinden – sie praktizieren situationelles Wohlverhalten – zusammengenommen ein kleines soziales System. Man kann hinzufügen, daß der Terminus der »sozialen Situation«, im Alltag benutzt, zuweilen nicht die Umwelt mit ihren Kommunikationsmöglichkeiten meint, sondern entweder dieses kleine soziale System, diese kleine soziale Realität, welche die Anwesenden konstituieren, oder die subjektiv bedeutsamen Transaktionen, die sie im Augenblick untereinander vornehmen.
Ich möchte zusammenfassen: in Gegenwart anderer wird der Mensch durch ein besonderes Normensystem gelenkt; wir haben es als die situationellen Anstandsformen bezeichnet. Bei der Analyse stellt sich heraus, diese Regeln bestimmen über die Zuwendung von Engagement auf seiten des Einzelnen innerhalb der Situation, wie die allgemein akzeptierte Wendung »Verhaltensfingerzeige« deutlich macht. Solche Zuwendung hat eine angemessene Behandlung von Angelegenheiten zur Folge, die wir als anlaßgemäße Hauptengagements, geistige Absenz, okkulte Engagements, Selbst-Engagements, wechselseitige Engagements, Spielraum von Interessenentzug usw. wahrnehmen. Diese geltenden Regelungen lassen den Einzelnen erkennen, daß ein Teil seiner Fähigkeit, sich zu engagieren, der Zusammenkunft als Ganzes reserviert ist (und damit dem sozialen Anlaß, der dahinter steckt), im Gegensatz zu interessanten Dingen, die nur einen Teil der Anwesenden oder auch der Abwesenden betreffen. Diese verbindliche Definition von Engagement bedeutet eine Art pflichtgemäßer Zuneigung der Zusammenkunft gegenüber, eine Art Zugehörigkeit zu ihr. Der Einzelne sieht demnach, daß jede Teilnahme in einer sozialen Situation ein Moment dessen darstellt, was unter persönlicher Zuneigung verstanden wird. Ausgehend von situationellen Anstandsformen sind wir schließlich zum Problem der Bindung, der Zugehörigkeit gekommen.
In der soziologischen Untersuchung verschiedener Spielarten mensch-

licher Organisation, wie politischer Bewegungen, Berufsvereinigungen, örtlicher Vereine oder Familie, hat es sich als nützlich erwiesen, die Frage nach angemessener persönlicher Bindung zu stellen: in welcher Weise ist das Mitglied verpflichtet, sich in die Organisation zu integrieren, und inwieweit soll es Distanz zu ihr bewahren? Diese Frage erleichtert uns die Erkenntnis, daß der Mensch an den sozialen Verpflichtungen, die ihn festhalten, zu erkennen und durch diese Verpflichtungen an etwas festgemacht ist, was eine soziale Entität mit eigener Grenze und eigener Lebenssubstanz darstellt. Betrachtet man Verhalten in sozialen Situationen, so findet man, daß dieselbe Schlüsselfrage uns die vielen verstreuten Details alles dessen koordinieren und verstehen hilft, was wir über interaktionelle Aktivität wissen. Es ist insofern vertretbar, eine soziale Zusammenkunft als kleine Gesellschaft zu betrachten, die einen sozialen Anlaß verkörpert, und die Artigkeiten sozialen Verhaltens als die institutionalisierten Verpflichtungen anzusehen, die uns an die Zusammenkunft binden. Wir können damit von der interaktionellen Betrachtungsweise übergehen zu einer, die sich aus der Untersuchung grundlegender sozialer Strukturen herleitet. Eine soziale Zusammenkunft mag nichts als die punktfeine Nadelspitze einer sozialen Organisation sein, aber so winzig sie ist, wir haben Grund, sie soziologisch zu untersuchen. Wenn wir die Zusammenkunft als etwas sehen, was den sozialen Anlaß konkretisieren muß, in dessen Rahmen sie stattfindet, dann haben wir noch zusätzliche Gründe, welche ihr Gewicht verleihen.

Die allgemeinen Vorstellungen, welche die Soziologie zur Untersuchung menschlicher Organisation mitbringt, können demnach der Betrachtung von Anlässen, Zusammenkünften und Begegnungen zugrunde gelegt werden. Selbst die speziellen Koordinaten, die bei der Analyse von Institutionen im kleinen Maßstab benutzt werden, lassen sich verwenden – die von Rolle, Position, Statussymbol, sozialer Beziehung, formeller und informeller Organisation. Eine Anstandsform, die das Verhalten eines Menschen reguliert, kann häufig als Regulativ für das Verhalten des Inhabers einer bestimmten Position in einer bestimmten Organisation nachgewiesen werden. Es könnte demnach scheinen, daß, um über situationelle Anstandsformen sprechen zu können, einfach die traditionelle Liste von Rollenerwartungen, die bestimmten Positionen anhängen, erweitert werden müßte. Zuweilen geschah dies, wie zum Beispiel im Hinblick auf so spezielle institutionalisierte Gebote, wie »Ordnung zu halten«.

Wenn wir jedoch versuchen, Engagementgebote näher zu analysieren, scheint eine mehr grundsätzliche Art begrifflicher Angleichung erforderlich. Unmittelbare Interaktion findet in den ihr angemessenen Einheiten statt; wir haben sie hier als Kontakte, Zusammenkünfte und soziale Anlässe bezeichnet. Eine soziale Einrichtung kann als

System dieser Einheiten betrachtet werden, wie sie auch als Rollensystem gesehen werden kann. Aber obwohl die organisationelle Position eines Menschen formell und informell seine Engagementgebote während Interaktionen, die im Rahmen der Organisation stattfinden, beeinflußt, braucht kein Eins-zu-Eins-Verhältnis zwischen seinem Platz außerhalb und innerhalb der Interaktion bestehen. Personen, die sich im Status innerhalb der Situation kaum unterscheiden, sehen sich zu irgendeinem bestimmten Moment mit ganz unterschiedlichen Interaktionsauflagen ausgestattet; und jene mit recht unterschiedlichem Status innerhalb der Organisation sehen sich momentan in dieselbe Interaktionsrolle gezwungen. Weiter, während es stimmt, daß Verhaltensauflagen von Rolle zu Rolle innerhalb einer Organisation variieren, trifft es ebenso zu, daß diese Auflagen vom einen Rahmen, wo sich Personen in ihrer wechselseitigen Gegenwart in bestimmten Rollen an bestimmten Orten befinden, zum andern variieren. Für manche dieser Auflagen ist das System der in Rollen Interagierenden viel eher die natürliche Einheit als die individuelle Rolle selbst. Manche Verhaltensregeln lassen sich am besten studieren, wenn man das Verhalten des Versammlungsvorsitzenden betrachtet; aber es gibt auch Normen, die am besten zu studieren sind, wenn man die gesamte Versammlung bei ihrer Sitzung ins Auge faßt. Die Untersuchung situationeller Auflagen unterscheidet sich von der Untersuchung der Auflagen, denen die soziale Rolle unterliegt.
Natürlich kann der Mensch, wir haben es bereits gesagt, situationelle Unbotmäßigkeit (und auch Botmäßigkeit) üben, um etwas auszusagen über sein Verhältnis zu einer Gruppe, einer sozialen Einrichtung, zur Verwandtschaft, einer Zwei-Personenbeziehung und jeder anderen Einheit sozialer Organisation, die ihm am Herzen liegen könnte. Was immer auch seine Absicht sei, wer sich in gemeinsamer Anwesenheit mit ihm befindet, wird wahrscheinlich zu Interpretationen dieser Art über sein Verhalten kommen. Tatsächlich kann der Mensch, wenn immer er in unmittelbare Gegenwart eines Repräsentanten einer sozialen Organisation, gleich welcher, gerät, oder in die bezeugte Gegenwart irgendeines Symbols einer Organisation, kaum umhin, etwas über seine Beziehung zu dieser Organisation zu kommunizieren. Die Sprache jedoch, die ihm hauptsächlich zur Verfügung steht, um diese Beziehung zum Ausdruck zu bringen, ist in erster Linie eine solche, die bestimmt ist, Zugehörigkeit zu oder Distanz von sozialen Zusammenkünften und den dahinter stehenden sozialen Anlässen auszudrücken, in deren Rahmen sie eingebettet sind. Von jemand, der einer Party beiwohnt und einen Zweitagebart trägt, kann man (zuweilen mit Recht) sagen, er sei seiner Frau, seinem Gastgeber, seinem sozialen Kreis, dem Beruf, dem die männlichen Gäste angehören, der Gemeinschaft im weiteren Sinne gegenüber distanziert.

Aber das sind bereits Interpretationen, denn in erster Linie betrifft sein Fehlverhalten den sozialen Anlaß und die Regeln, die das Verhalten in sozialen Situationen im Rahmen des Anlasses regulieren sollen. Ob das anvisierte Zielobjekt seines Verstoßes nur einer der Anwesenden ist oder im anderen Extremfall die ganze Gesellschaft, eingeschlossen viele Anwesende, immer sind es die Anwesenden und nur sie, welche die *unmittelbaren* Adressaten der Kränkung sind. Und während sie es vielleicht freundlich vermögen, die Kränkung als nicht gegen die von ihnen gemeinsam konstituierte Zusammenkunft gerichtet anzusehen, ist dieses Verständnis keineswegs automatisch, sondern hängt eher von besonderer Information und der willentlich unternommenen Bemühung um Interpretation ab.

Auch wenn jemand in einer Lage ist, die es ihm ermöglicht, Zugehörigkeit zu (und Distanz von) der Zusammenkunft zu äußern, in der er sich befindet, und obwohl Zugehörigkeit ein recht allgemeines soziologisches Phänomen ist, ist diese Zugehörigkeit im Falle von sozialen Anlässen immer noch von ganz besonderer Natur. Zusammenkünfte sind Phänomene, die vom Augenblick leben, sich von Augenblick zu Augenblick bewegen; deshalb muß der Beweis von Zugehörigkeit unmittelbar, sofort und kontinuierlich sein. Weiter bedeutet diese Zugehörigkeit nicht das Drangeben solcher Dinge wie finanzieller Mittel oder Versprechungen für die Zukunft, sondern eher die von Aufmerksamkeit, Interesse und Orientierung – kurz, die Fähigkeit zum Engagement.

Geht man demnach von einem Interaktions-Bezugsrahmen aus, der mit institutioneller Analyse zwar verwandt ist, sich aber analytisch von ihr unterscheidet, so lassen sich die Hauptstränge der Interaktion bloßlegen. Wir blicken in eine Handlung hinein, um das Engagement zu sehen, das darin steckt; wir untersuchen das Engagement auf die Reglements hin, die es definieren; und wir betrachten diese Reglements als Zeichen dafür, was der Zusammenkunft und ihrem sozialen Anlaß als Realitäten eigenen Rechts gebührt.

Man sollte also abschließend eingestehen, daß der rein-situierte Aspekt von Aktivität in einer Situation oft viel wichtiger und ergiebiger sein kann als der situationelle Aspekt. Und es ist wahr, daß die Komponente von Aktivität, die zutiefst durch Engagementauflagen reglementiert wird, häufig trivial und banal ist. Und doch ist die zarte Realität sozialer Anlässe aus diesen nichts versprechenden Materialien gebildet. Wir sehen, daß unsere kleinen Verbote sorgfältig zu einem Netz verstrickt sind, daß die Abfallprodukte unserer seriösen Aktivitäten zu einer Struktur verarbeitet sind, um wichtige soziale Funktionen zu tragen. Sicher ist dies ein Beweis für die Gründlichkeit, mit der unser Leben in den Dienst der Gesellschaft gezwungen ist.

Es scheint typisch für diesen Nutzen, den die Gesellschaft aus ihren

Mitgliedern zieht, daß man Menschen, die es versäumen, Zeichen von Respekt für Zusammenkünfte zu bekunden, häufig mangelnden »Stolz« oder mangelnde »Selbstachtung« nachsagt. Die Implikation dabei ist, daß die Fähigkeit eines Menschen und die Bereitschaft, situationelle Anstandsformen zu wahren, so entscheidend sind für das fundamentale Urteil über ihn, daß man im Falle seiner Weigerung, sich korrekt zu benehmen, schließen muß, er gehe gegen etwas an, was auch er selbst für sein wahres Ich halten müsse.

Es wurde schließlich gesagt, daß das, was der Einzelne als Artigkeiten sozialen Verhaltens betrachte, in Wirklichkeit Normen seien, die seine Zugehörigkeit zu und seine Loslösung von sozialen Zusammenkünften lenken; die Artigkeiten selber liefern die Ausdrucksformen dafür. Häufig folgt der Mensch diesen Normen recht gedankenlos, nach seiner Meinung nur einen kleinen Tribut an die Konvention zahlend. Sollte er aber bei inkorrektem Handeln ertappt werden oder andere dabei ertappen, dann kann die Betretenheit erstaunlich tief sein. Er mag diese Reaktion rationalisieren mit dem Hinweis darauf, diese ungeschlachten Handlungen (etwa wenn er ärgerlich wird über jemanden, der zu laut Kaugummi kaut oder schnieft) seien die ärgerliche Folge von Klassenzugehörigkeit. Dem zugrunde liegt jedoch das Gefühl, der andere habe sich nicht in korrekter Weise in die Zusammenkunft und jenseits der Zusammenkunft in den sozialen Anlaß integriert. Mehr als irgendeiner Familie, einem Verein, mehr als seiner Klasse oder seinem Geschlecht, mehr als irgendeiner Nation gehört der Mensch Zusammenkünften an, und er tut gut daran, sich als Mitglied von gutem Ansehen zu präsentieren. Die letzte und höchste Strafe für Normenverletzungen ist hart. So wie wir unsere Gefängnisse mit jenen füllen, die die gesetzliche Ordnung übertreten, so füllen wir teilweise unsere Anstalten mit solchen, die unpassend handeln. Die eine Einrichtung dient dem Schutz unseres Lebens und Eigentums; die andere dem Schutz unserer Zusammenkünfte und sozialen Anlässe.

Bauwelt Fundamente

1. Ulrich Conrads, Programme und Manifeste zur Architektur des 20. Jahrhunderts · 180 Seiten, 27 Bilder

2. Le Corbusier, Ausblick auf eine Architektur · 216 Seiten

3. Werner Hegemann, Das steinerne Berlin · Geschichte der größten Mietskasernenstadt der Welt · 344 Seiten, 100 Bilder

4. Jane Jacobs, Tod und Leben großer amerikanischer Städte · 221 Seiten

5. Sherman Paul, Louis H. Sullivan · Ein amerikanischer Architekt und Denker · 164 Seiten

6. L. Hilberseimer, Entfaltung einer Planungsidee · 140 Seiten

7. H. L. C. Jaffé, De Stijl 1917–1931 · Der niederländische Beitrag zur modernen Kunst · 272 Seiten

8. Bruno Taut, Frühlicht – Eine Folge für die Verwirklichung des neuen Baugedankens · 224 Seiten, 240 Bilder

9. Jürgen Pahl, Die Stadt im Aufbruch der perspektivischen Welt · 176 Seiten, 86 Bilder

10. Adolf Behne, Der moderne Zweckbau · 132 Seiten, 95 Bilder

11. Julius Posener, Anfänge des Funktionalismus · Von Arts and Crafts zum Deutschen Werkbund · 232 Seiten, 52 Bilder

12. Le Corbusier, Feststellungen zu Architektur und Städtebau · 248 Seiten, 230 teils farbige Bilder

13. Hermann Mattern, Gras darf nicht mehr wachsen · 12 Kapitel über den Verbrauch der Landschaft · 184 Seiten, 40 Bilder

14. El Lissitzky, Rußland: Architektur für eine Weltrevolution · 208 Seiten, 116 Bilder

15. Christian Norberg-Schulz, Logik der Baukunst · 308 Seiten, 118 Bilder

16. Kevin Lynch, Das Bild der Stadt · 216 Seiten, 140 Bilder

17 Günter Günschel, Große Konstrukteure 1 · Freyssinet – Maillart – Dischinger – Finsterwalder · 276 Seiten, 172 Bilder

19 Anna Teut, Architektur im Dritten Reich 1933–1945 · 392 Seiten, 56 Bilder

20 Erich Schild, Zwischen Glaspalast und Palais des Illusions · Form und Konstruktion im 19. Jahrhundert · 224 Seiten, 157 Bilder

21 Ebenezer Howard, Gartenstädte von morgen · Ein Buch und seine Geschichte · 198 Seiten, 35 Bilder

22 Cornelius Gurlitt, Zur Befreiung der Baukunst · Ziele und Taten deutscher Architekten im 19. Jahrhundert · 166 Seiten, 19 Bilder

23 James M. Fitch, Vier Jahrhunderte Bauen in USA · 330 Seiten, 247 Bilder

24 »Die Form« – Stimme des Deutschen Werkbundes 1925–1934 · 360 Seiten, 34 Bilder

25 Frank Lloyd Wright, Humane Architektur · 274 Seiten, 54 Bilder

26 Herbert J. Gans, Die Levittowner · Soziographie einer »Schlafstadt« · 368 Seiten

27 Über die Umwelt der arbeitenden Klasse · Aus den Schriften von Friedrich Engels · 238 Seiten, 23 Bilder

28 Philippe Boudon, Die Siedlung Pessac – 40 Jahre Wohnen à Le Corbusier · Sozio-architektonische Studie · Etwa 160 Seiten, 70 Bilder

29 Leonardo Benevolo, Die sozialen Ursprünge des modernen Städtebaus · Lehren von gestern – Forderungen für morgen. 172 Seiten, 72 Bilder

30 Erving Goffman, Verhalten in sozialen Situationen · Strukturen und Regeln der Interaktion im öffentlichen Raum · 228 Seiten

31 John V. Lindsay, Städte brauchen mehr als Geld · New Yorks Mayor über seinen Kampf für eine bewohnbare Stadt · Etwa 170 Seiten

Bertelsmann Fachverlag

Bei Fragen zur Produktsicherheit wenden Sie sich bitte an:
If you have any questions regarding product safety,
please contact:

Birkhäuser Verlag GmbH
Im Westfeld 8
4055 Basel, Schweiz
productsafety@degruyterbrill.com